叢書・ウニベルシタス　882

マルクスとフランス革命

フランソワ・フュレ
今村仁司／今村真介 訳

法政大学出版局

本書をともに構想してくれた
コスタス・パパイオアヌの思い出に

目次

序文（フランソワ・フュレ、リュシアン・カルヴィエ）　1
I　青年マルクスとフランス革命（一八四二―一八四五年）　5
II　一七八九年に直面する一八四八年のマルクス　49
III　マルクスとフランスの謎（一八五一―一八七一年）　101

マルクスのテクスト
1　「歴史法学派の哲学宣言」　151
2　「マルクスのルーゲへの二つの書簡」　153
3　『ヘーゲル法哲学批判』　158
4　『ユダヤ人問題について』　160

5　『ヘーゲル法哲学批判　序説』　173
6　『論文「プロイセン国王と社会改革」に対する批判的評注』　195
7　『聖家族　批判的批判への批判
ブルーノ・バウアーとその一味を批判する』　203
8　（研究ノート）　214
9　『ドイツ・イデオロギー　その代表者フォイアーバッハ、ブルーノ・バウアー、シュティルナーにおける最近のドイツ哲学の批判およびさまざまな予言者たちのなかに現れるドイツ社会主義の批判』　215
10　「カール・グリュン著『フランスとベルギーにおける社会運動』（ダルムシュタット、一八四五年刊）または真正社会主義の歴史叙述」　243
11　『哲学の貧困　プルードン氏の貧困の哲学に答える』　247
12　「『ライニッシャー・ベオバハター』紙のコミュニズム」　250
13　「道学者的批判と批判的道徳　ドイツ文化史のために
カール・ハインツェンへの反論」　257
14　『コミュニスト宣言』　264

15　「一八四六年二月二十二日ポーランド革命二周年記念講演（ブリュッセル）、A・J・スノー、カール・マルクス、ルルヴェル、F・エンゲルス、ルイ・ルブリネ（弁護士）の諸氏による演説」　268
16　「封建的負担撤廃法案」　274
17　「ブルジョワジーと反革命」　278
18　「書評　フランソワ・ギゾー著『イギリス革命はなぜ成功したか　イギリス革命史論』（パリ、一八五〇年）」　282
19　『フランスにおける階級闘争　一八四八―一八五〇年』　284
20　「一八五〇年のコミュニスト同盟員への中央委員会のよびかけ」　291
21　「一八五〇年八月十五日付小コミュニスト同盟員中央執行委員会会議報告」　294
22　『ルイ・ボナパルトのブリュメール十八日』　296
23　「一八五四年七月二十七日付マルクスのエンゲルスへの手紙」　305
24　「一八五六年十二月二日付マルクスのエンゲルスへの手紙」　307
25　『剰余価値に関する諸理論』　308
26　「一八六五年一月三十日付マルクスのエンゲルスへの手紙」　310

27 『資本論』（第一巻） 311
28 「一八六九年四月十日付マルクスのジョン・マルカム・ラドローへの手紙」 313
29 「一八七〇年九月十四日付マルクスのセザール・ド・パプへの手紙」 314
30 『フランスの内乱』 316
31 「一八八一年二月二十二日付マルクスのフェルディナンド・ドミラ・ニーウェンホイスへの手紙」 326
訳者あとがき 329

序文

マルクスは、フランス革命に関する著作をいっさい書かなかった。その代わり、フランス革命について数多くの注釈やさまざまな示唆をおこなっており、それらは、彼の作品全般にわたって、また彼の人生や研究のあらゆる部分に見いだされる。ゆえに、この問題に関するマルクスの考え方について厳密な意味での分析をおこなうと同時に、マルクスの著述のなかからフランス革命を扱っているすべてのくだりを集めて刊行する必要があると思われた。なぜなら、この種の作業は、これまでいちどもなされたことがなかったからである。したがって、この書物は、二つのまったく別個の部分から成り立っている。前半部は、フランス革命についてのマルクスの所論を総合する試みであり、後半部では、マルクスからの抜粋の校訂版が、年代順に提示される。これらは、一方が他方を注釈しているという点では互いに独立したものではないが、しかし、別々に読まれてもかまわない。

私はマルクス研究者ではないし、ましてやドイツ研究者ではないので、これらの分野の専門家である私の同僚にして友人のリュシアン・カルヴィエに、マルクスのテクストの刊行を引き受けてくれるようお願いした。彼は、以下に示されるような批判的な規則にのっとって、その仕事を果たしてくれた。厳密であると同時に友情に満ちた協力をおこなってくれたことに対して、彼に感謝申し上げたい。マルクスのフランス革命解釈に関連する諸文献は、こうしてついに彼の手によってひとつにまとめられ、参照できるようになったのである。

私が担当するのはこの書物の前半であるが、そこでは、このマルクスの解釈についての私自身の解釈を提示することをめざしている。それは、マルクスのテクストを通じて、彼がフランス革命に関して彼が提起した問題や、それらの問題を扱うために彼が用いた概念、そして最後に、彼の思想生活においてこれらの問題や概念がどのように発展していったのかについて、余さず調べあげることを目論んでいる。だが、このように限定された作業の枠内では、そこにさらにマルクスに関する書誌情報を付け加えてみても、それがとくに役立つとは思えなかった。だから、私は私にとって貴重と思われる著作や論文だけを参照することに決めたのである。

フランソワ・フュレ (François Furet)

『マルクスとフランス革命』と題する本書において、フランソワ・フュレとともに仕事ができたことは、私にとって名誉であり喜びであった。後半部における私の仕事は、三つあった。すなわち、テクストの収集、その翻訳、そしてその解題である。

まずはじめに、テクスト収集の務めがあった。私は、すでに得られている知識や、当面の課題に関する出版物や、いろいろな索引を手がかりにしながら、フランス革命を扱っているマルクスのテクストの所在を特定した。こうして集められたテクスト群は、もちろん網羅的なものではない。というのは、一方では、いくつかのくだりが私の調査を免れた可能性があり、他方では、熟慮のうえでのテクスト選択がなされたためである。つまり、短くて似たりよったりのいくつかのテクストを引用するよりも、むしろ根本的なテクスト（たとえば、テクスト５）により大きな場所をさくことによって、フランス革命というテーマそのものよりも、むしろ、マルクスとりわけ「青年」マルクスの思想の動きそのものをよりよく感じ取ってもらうことを優先したのである。マクシミリアン・リュベルとルイ・ジャノヴェルは、二つのテクスト（テクスト15と29）にフランス語原本が存在するという貴重な情報をもたらしてくれた。

つぎに、翻訳の仕事があった。私自身が訳したのは、五つのテクスト（テクスト18、20、21、28、そして31）にすぎない。他のテクストは、マクシミリアン・リュベル監修のプレイアード叢書に収められているマルクスの〈著作集〉のうちの三つの巻から採録されたものであり、この著作集のなかに見いだされない、あるいはまだそこに含められていない分については、エディシオン・ソシアル社から刊行された翻訳に依拠した。これら二種類の翻訳テクストを用いることによって生じる問題、とりわけ、哲学的、政治学的、経済学的な用語法の問題があることを、私は知らないわけではない。だが、それらを完璧かつ厳密に統一しようとすれば、本書の後半部が前半部に対してとってしまった耐えがたい遅れと同じぐらいの遅延が、そのために生じることになるだろう。さらにいえば、マルクスのテクストと思想につきものの翻訳や翻訳可能性そのものにまつわる困難さの問題があることも、私は知らないわけではない。したがって、翻訳テクストを利用するということが、あらゆる場合において、その翻訳の妥当性を承認したことを意味するわけではない。ただし、ここで用いられたこれら二つの翻訳テクストは、質的にはそれぞれ異なる点はあるものの、あらゆる点において、現在あるもののなかでは最良のものであると思われる。

最後に、解題の仕事がある。私は、これらのテクストのほとんどにささやかな導入部を付け加えたが、それらは可能なかぎり簡潔かつ正確な仕方で、これらのテクストが書かれ発表されたさいの伝記的、歴史的、思想的背景を紹介している。とくに、マルクスの考察と同時代の幾人かの作家や哲学者たちの考察とのあいだの、たいていはほとんど知られていない関連性と、マルクスの思想の「ドイツ的」側面、つまり、特殊ドイツ的な国民史と結びついている側面とを、明確に浮かび上がらせるように心がけた。

リュシアン・カルヴィエ（Lucien Calvié）

I　青年マルクスとフランス革命[1]（一八四二―一八四五年）

フランス革命に関するすべてのマルクス主義的解釈は、マルクス以降のものである。このパラドックスは、マルクス主義が、あらゆる偉大な教義と同様、その創始者のものではないということを証言している。だがこのことは、たとえマルクスがフランス革命に関する書物を書こうとしていたにせよ[2]、結局はそれが実現しなかったということをあらためて思い起こさせる。もっとも、マルクスはその生涯を通じて、十八世紀末のフランスで起きた一連の出来事に関する注釈をいたるところで提示し続けた。マルクスがけっして書かなかった著作と、代わりに彼がその仕事全般を通じて提示したさまざまな考察とのあいだにある隔たりが、われわれにとっての出発点になるだろう。この隔たりによって、マルクスの思想をその後継者たちから解放し、その思想が本来もっていた動きやその思想が提起した諸問題を回復することが可能になるのである。

〔マルクス革命論の〕系譜における〔青年マルクスの〕位置づけ。フランス革命をめぐる青年マルクスの思想的営みを理解するためには、一八四四年の初頭に『独仏年誌』に掲載されたヘーゲルの『法哲学』に関する論文のなかで[3]、彼が明らかにした二つの中心的な観念から出発するのがよいであろう。その第一は、ドイツの立ち遅れという強迫観念である。マルクスは、自国の歴史が実践的には存在しないも同然という、フランス革命の普遍的な輝きによって際だたせられた事態をいつか払拭したいという情熱を、すべてのドイツ知識人たちと共有している。彼がやろうとしているのは、新たな革命、それもドイツの革命を想像することである。それは、フランスの解放という枠を超えて、フランス革命が制約してしまったものを完成させる歴史的役割を果たすことになるだろう。こうして、なによりもまず、フランス革命に関する批判哲学を練りあげる必要が生じたのである。(4)

ところで、彼がこうした仕事に取り組んだのは、フォイアーバッハのヘーゲル批判に依拠しながらその批判をいわば倍加することを通じてであった。そこでは、フランス革命それ自体の歴史よりもむしろ、イエーナの巨匠〔ヘーゲル〕が『法哲学』に基づいて提示したフランス革命解釈を再考することこそが問題なのである。こうして、ヘーゲル的国家に対するラディカルな批判の産物としての新たな国家概念が作りだされることになる。それが、一八四四年初頭に書かれた『法哲学』に関する論文における第二の中心概念であるが、それに関しては、『ヘーゲル国法論批判』草稿〔『ヘーゲル法哲学批判』〕のなかでより詳しい説明がなされている。『ヘーゲル国法論批判』草稿は、一八四三年の夏にマルクスによって書かれたテクストであるが、一九二七年に至るまで未発表のままになっていたものである。(5)

まずはじめに、ドイツの立ち遅れという観念について検討しよう。それは、歴史のなかで自らを開示する理性という枠組みのもとでは、ドイツ哲学がもっているはずの現実理解の特権とうまく整合しない。マルクスはヘーゲルと同じく、そしてヘーゲル以上に、ザヴィニーと歴史法学派を伝統と**現状**を容認するものとして激しく非難している。(6) しかも、マルクスの眼前にあるドイツはもはや、一八一八年から一八二〇年にかけての啓蒙的プロイセンではなく、一八三〇年代および一八四〇年代の反動的プロイセンである。

ドイツは、革命をおこなわず、革命を恐れている。ドイツは、フランスのように歴史の主体になることがけっしてできずに、歴史の客体と化している。「我々が旧体制に復したのは、第一には他の国民たちが革命を敢行したからであり、第二には、彼らが反革命の憂き目にあったからである。はじめの方、つまり、革命をしなかったのは、我々の大旦那たちが恐がりだったからであり、後の方は、旦那たちが恐がらなかったからである。我々は、我々の羊飼い〔聖職者たちのこと〕たちを先頭に、いつも一度だけ自由の傍らにいるのだ。それは**自由の葬式の日**なのだ」〔『ヘーゲル法哲学批判　序説』一六〇ページ、三島憲一訳、『マルクス・コレクション』Ⅰ、筑摩書房、二〇〇五年、所収〕。ドイツ史を教える方法がもしあるとすれば、ドイツの立ち遅れこそはまさに哲学者があらゆる人々に痛感させなければならないことである。フランスにおいて悲劇的結末を迎えたアンシアン・レジームは、「ドイツで再生して喜劇を演じている」〔前掲書、一六三ページ〕。ここではじめて、歴史がその流れのなかで見せ場を何度も演じるという考えがマルクスのなかに現れる。まずいちど、悲劇的に演じられたのがフランスにおいてであり、ついで、喜劇的な仕方で演じられるのがドイツにおいて、というわけである。悲劇は新たな時代の到来を告知し、喜劇は古い時代の最終局面の延命を告げ知らせる。それは、「人類が自らの過去に**明るい**気持ちで別れを告げうるため」〔前掲書、一六四ページ〕なのである。

では、こうしたドイツ史の悲惨さのなかにあって、ドイツのすべてが非難されるわけではないのは、いかにして、またなぜなのであろうか。二つの理由によってである。ひとつには、ドイツがその未来（マルクスのいう「後史」）を思想のなかで、つまり、哲学というかたちで生きたという特殊性をもつからである。ドイツは、他の諸国民の理論的良心であり、その反動的な過去すら哲学的である。なぜなら、それはルターであり、宗教改革だからである。では、現在はどうかといえば、ドイツはその悪徳によって麻痺させられたまま、アンシアン・レジームのなかに沈み込んでしまっている。だが、その哲学のおかげで、ドイツ人は、フランス人が実際に発明した近代国家というもののもつ欠陥を分析することができるのである。だからこそ、ヘーゲルの『法哲学』は、ドイツの擬古趣味を思想的に清算する一方で、フランス革命がうち立てた国家をも批判の対象にすることができたのである。ところが、これが第二の理由なのだが、マルクスにとっては、思考された歴史が現実の歴史に取って代わるというドイツの呪いを打破することによって、言い換えれば、ヘーゲル哲学をその実現によって否定してみせることを通じてヘーゲルを乗り越えることこそが、問題なのである。こうして、ブルーノ・バウアーとの論争が芽生えはじめる。マルクスは、ドイツの立ち遅れという欠陥そのもののなかに、フランス革命よりもさらにラディカルな、したがってまた、ドイツ哲学の水準に見合うような革命の諸条件を見いだす。実際、フランス人がおこなった革命は、「部分的」で「政治的側面のみの」革命でしかなかった。というのは、それが市民社会のある部分、すなわち、所有者ブルジョワジーを解放しただけだったからである。要するに、それは、「普遍人間的な」解放を生みだしえなかったのである。マルクスはこのように、『法哲学』における批判的分析を彼なりのやり方で復唱してみせる。その反対に、ドイツのアンシアン・レジームでは、まさにその立ち遅れゆえに諸原理や諸階級がまぜこぜになっている。そこでは、支配的な位置を占めるようないかなる原理も階級も存在せず、それらは互いにうち消しあう関係にある。したがってそこでは、いずれの原理や階級も、フランス流の部分的解放を実現するために社会を全体として代表するといった役回りを演じることができないのである。この臆病で「俗物的」な社会のパラドックスとは、そこではただ全体的な解放のみが可能であること、そしてこの解放は、**ラディカルな鎖**につながれて自分よりも下には排除すべきいかなる残余の人間もけっしてもたないが、まさにそれゆえに今度こそ人間の解放をもたらす階級によって実現されるということである。こうしてマルクスにおいて、プロレタリアートという観念が、ドイツの実践〔praxis〕をドイツ哲学の水準へと引き上げるチャンスとして浮上する。

マルクスは、数カ月後のパリ滞在の折発表した論文のなかでこの観念に再び立ち戻ることになるが、それはちょうど一八四四年六月のシレジア労働者たちによる反乱が起きた時期にあたっていた。(7) マルクスは、これより先に『フォアヴェルツ！』紙に発表された、彼の目にはシレジアの織工たちの潜在力を過小評価する過ちを犯していると映った論説に反駁を加えるなかで、(8) ヴァイトリングの「才気あふれる」記述とともにドイツのプロレタリアートの理論的精神をほめ称えている。マルクスはそこに、フランス流の政治革命をドイツ流の社会革命によって乗り越える可能性を見て取ったのである。前者は、公民〔citoyen〕の革命であったが、後者は人間の革命になるだろう。前者では、フランスのブルジョワたちは、アンシアン・レジームの政治共同体から疎外されていた。後者では、ドイツの労働者たちは、人間の共同体、人間の類的存在、人間の本性そのものから疎外されている。そこから、以下のような法外なパラドックスが生じるのである。「イギリスのプロレタリアートがヨーロッパのプロレタリアートの**エコノミスト**であり、フランスのプロレタリアートがその**政治家**であるのと同様に、ドイツのプロレタリアートはヨーロッパのプロレタリアートの**理論家**である。我々が認めるべきは、ドイツが**政治的**革命に適さないのと同程度において、それが**社会的**革命への**古典的**使命を帯びているということである。実際、ドイツのブルジョワジーの無能さこそがドイツの政治的無能さであるのと同じように、ドイツのプロレタリアートの資質――ドイツの理論をそこから差し引くとしても――こそがドイツの**社会的**資質にほかならない。ドイツにおける哲学的進化と政治的進化の不一致は、**異例**ではない。それは、必然的な不一致なのである。哲学的民族がみずからにふさわしい実践を見いだすことができるのは、ただ社会主義においてのみであり、したがって、哲学的民族がみずからの解放の能動的要素を見いだしうるのも、ただ**プロレタリアート**においてのみなのである。」

この長い引用文は、多くの点で興味深い。まず第一に、マルクスはそこでシレジア織工の蜂起を、ひろくドイツ・プロレタリアート一般の歴史的潜在力を示す事例として引きあいに出すことで、ドイツ知識人の実存的問題を「解決する」からである。またさらに、彼がそこで、一種の修辞的手品を披露してみせるからである。マルクスは、それを近代の哲学的思弁に最初に持ち込んだものたちの一人であり、それは筋道だった論証よりもむしろ有無を言わせぬ詭弁に通じるところがある。そもそものはじめから、マルクスはドイツの哲学的優位や特殊ドイツ的な普遍性の存在を想定しており、しかも論点先取によって、それらの恩恵がマルクスを通じてはじめて「哲学的」になったはずの「民族」のすべてに及んでいるとするのである。この哲学的民族が純粋な理念の外部にあっても歴史をもちうるためには普遍的な目的を獲得する必要があるし、また、それだけで十分である。それは、ブルジョワの解放ではなく人間の解放であり、その解放は、完全な人間性を求める以外にいかなる利害関心ももたない階級すなわちプロレタリアートというただひとつの階級によって遂行されるであろう。こうしてシレジア蜂起は、このような哲学と歴史が渾然一体となった課題に取り組むドイツ労働者たちに固有の使命を告知するものになる。ここには、「理論的な」プロレタリアートすなわち実践を通じてそうとは知らぬままにすでにマルクス主義的になっているプロレタリアートがいる一方で、ブルジョワジーさえも、その非存在という罪から解放されるドイツがある。なぜなら、ブルジョワジーは定義によって、およそ哲学とは無縁なブルジョワ的目標以外のものを得られるはずもなかったからである。

こうして、政治的解放と社会的解放という二つの解放の区別から出発することによって、また、〔一方は公民の革命、他方は人間の革命というように〕意味の割り振りを次から次へと過剰なまでに繰り出すことを通じて、マルクスはドイツをヨーロッパの歴史の前衛へと連れ出し、その哲学的歴史と現実の歴史とを分け隔てていた深淵を最終的に埋めることになる。ドイツが政治的に甚だしく立ち遅れていることにともなう良い側面とは、ドイツが最良の哲学者と最も「理論的な」労働者をもっていたことであり、それはおのずとその究極目標を社会主義革命のなかに見いだすような組み合わせであった。すなわち、〔政治的解放と〕同じようにラディカルだがしかし〔政治的解放とは〕ラディカルなまでに異なる種類の解放、すなわち、もはや政治的な解放ではなく人間の解放のなかに。

したがって、ドイツの革命は、フランス革命を否定すると同時に乗り越えるものとなるだろう。ザヴィニーは、ドイツの過去を反動的に賞賛することへと意気地なく退避することでドイツを救い出そうとしたが、マルクスは、フランス人がドイツに屈辱を与えたまさにその現場においてドイツに優位性を取り戻させるのである。だがそのためには、歴史法学派を笑いものにするだけでは十分ではなかった。ヘーゲルが『法哲学』のなかでおこなったフランス革命の分析を批判することが必要だったのである。もしドイツの革命が、フランス型の民主的な政治国家を否定するものになるはずだとすれば、それは、新たな国家共同体の概念、すなわち、歴史的英雄によって体現された民族精神が時代精神に奉仕するといった概念には何の利益ももたらさない。逆にそれは、社会を国家の終焉へと導き、政治を支配関係から解放された社会活動のなかへと吸収することになるだろう。一八四三年から一八四四年にかけてのマルクスは、フォイアーバッハ的熱狂のさなかにあった。当時のマルクスにとっての課題は、ヘーゲルの国家概念を批判し、かつてフォイアーバッハが宗教的疎外に対しておこなったことを今度はヘーゲル的国家に対しておこなうことだったのである。

ここで、少し回り道になるが、マルクスとフランス革命のあいだに位置する偉大な媒介者〔ヘーゲル〕の作品を見ておかなければならない。青年マルクスの仕事は、自分が普遍史の読み方を学んだ当の著作における師匠〔ヘーゲル〕を「批判する」ことに全面的に向けられていた。思想の歴史は葛藤に満ちた師弟関係の事例にことかかないとはいえ、これほどまでに先駆者の著作によって影響されとりつかれていた哲学者を生みだしたことはめったにない。青年マルクスはヘーゲルをすみからすみまで読んでいたし、また、彼がフランス革命と出会ったのは何よりもヘーゲルを通じてであった。しかもそれは、彼がフランスの歴史書によってフランス革命を研究するようになる前のことであった。なぜなら、ヘーゲルは国家の観念をフランス革命とその挫折の歴史の中心に位置づけたからである。事実ヘーゲルから見れば、フランス革命の出来事につきものの政治的不安定さは、革命家たちが市民社会から離れて国家というものを考えることができないことの表れなのであった。ナポレオンが偉大であったのは、国家を考えるに至ったからであるが、しかしそれも一時のことにすぎなかった。一八一八年の『法哲学綱要』におけるヘーゲルは、フランス革命の挫折が国家という「思考された概念」に対する無理解に起因していたことを、それまで以上に強く確信していた。そしてマルクスは、このヘーゲルの国家概念を批判することによって、フランス革命という問題に不可避的に立ち戻るのである。(9)

『法哲学綱要』は何を語っているのか。ヘーゲルはそこで、政治哲学の古典的テーゼに対する批判を通じてみずからの国家概念を提示している。そこでは何よりもザヴィニーが拒否され、また、ザヴィニーとともにバークが拒否される。つまり、国家を慣習すなわち何世紀にもわたって蓄積されてきた慣習的行為によって基礎づけることは、国家を社会の偶然的な産物というかたちで考えることへの逆戻りである。イギリス的システムに対して厳しい眼差しを向けるヘーゲル（彼は、この「ほとんど哲学的でない」国民に対するニーチェ的軽蔑をはっきり口にする）が、バークに続いてザヴィニーのドイツ的反動思想をも批判の標的にするとき、その口調はいっそう激しいものになる。だが、ヘーゲルから見れば、イギリスはけっして市民社会の枠を超えて国家の水準に到達しなかった。国家の概念のもうひとつの古典的な基礎である宗教に関していえば、その私的な性格や彼岸を称揚する性質ゆえに、宗教が果たすとされる公的な機能にはほとんど適さない。その論理は逆に、公的世界と私的世界とを分離し、公的な事柄に対する無関心を帰結する。臣民〔sujet〕とは、信者の公的な外面なのである。

だが実のところ、ヘーゲルがとりわけ不快に感じているのは、経済学すなわち国家を公民の所有と安全の保証とみなす功利主義的な考え方であった。それは、啓蒙思想〔Aufklärung〕が宗教を掘り崩してしまった結果、欲求の普遍性によって定義されるホモ・エコノミクスだけが生き残った十八世紀末に支配的となった考え方である。だが、欲求の普遍性は社会の統一原理を構成できそうにない。有用性のみを認める考え方の行き着く先には、ただ諸個人の分断だけがある。なぜなら、あるものにとって有用なものは、別のものにとってはそうではないからである。こうして、権力の不安定性が帰結する。憲法制定議会における国王は、社会全体にとっての有用性によって定義されていたが、この原理が一貫性を欠いていたために、長くは生き延びられなかった。

国家に関するこれらの解釈をひとたびしりぞけてしまえば、もはやヘーゲルにとっては一人の特権的な対話者だけが残る。すなわち、ルソーである。このジュネーヴ出身の哲学者は、理性のなかに国家を基礎づけ、国家に意志という霊的原理を与えることを試みた。こうしてルソーは、国家に関する従来のさまざまな説明と袂を分かち、それらが有用性と外面性に与えていた価値を拒絶した。これこそが、ヘーゲルから見れば、ルソーを近代最初の国家理論家たらしめている巨大な進歩なのである。だが、ルソーの誤りは、その先駆者たちから契約の観念を引き継いだ点にあった。なぜなら、一般意志〔volonté générale〕が契約に由来するのであれば、一般意志は諸個人の意志に対して二次的なものになり、したがって、国家は市民社会に対して偶有的であり続けることになるからである。もっとも、こうした見方は、『社会契約論』の著者が一般意志を全体意志〔volonté de tous〕から注意深く区別していたことを念頭に置くならば、ルソーをいささか単純化している（ヘーゲルはこうした単純化をフィヒテに見いだした）というべきである。いずれにせよ、ルソーとヘーゲルのあいだには根本的な違いがある。その違いは、一般意志についての考え方よりもむしろ、人間を公民にするためにはその「変質」が避けられないとする考え方にある。ヘーゲルにとって『社会契約論』以上に違和感があったのは、『人間不平等起源論』と『エミール』である。なぜなら、ヘーゲルにとって人間とは、生まれながらにして、すなわち、本質的に国家公民であり、自己意識がその実質的な自由を見いだすのは国家においてだからである。あらゆる国家に先だつ自然状態という仮説は、たんなる理論としてでさえヘーゲルから見れば常軌を逸しており、それはアリストテレスにとっても同様であった。国家は近代人のポリスである。ましてや、古代の都市国家がそれに先だつ個人から出発すると考えられていたはずはない。ヘーゲルは、キリスト教のもとで長らく続いてきた公と私との対立関係を和解させようとしたのである。

ヘーゲルにとって、フランス革命はまさしく、「国家における諸個人の結合を、契約、すなわち、諸個人の恣意的な意志のなかにその基礎をもつ何かへと還元してしまった」[10]ルソーの誤りを例証するものであった。ルソーがみずからの誤りから引き出すことができたものは、抽象論だけである。「このため、ルソーの抽象的な結論がひとたび権力を掌握すると、それは人類史上はじめて、偉大な国家をそもそものはじめから〔ab initio〕純粋な思想のみに基づいて創造し、かつ完全に再構成するという、驚くべき光景を展開したのである。現存するあらゆる素材が破壊された後に、国家の創設者たちの意志によって、彼らが純粋に合理的な基礎と考えたものが国家に与えられたが、彼らが利用したものは抽象論にすぎなかった。こうして観念は失敗に終わり、経験は最も悲惨な恐怖政治のなかで終焉を迎える。(11)」ルソーの作品は、フランス革命の「未曾有の」偉大さとその宿命的な挫折を予告していた。その偉大さとは、国家を思想の上に、しかもそれのみの上に築きあげるという目標を掲げ、歴史的な出来事に対してはじめて厳密に哲学的な性格を与えようとした企ての偉大さである。このフランス的大胆さによって、一七八九年は、バークがあれほど絶賛した一六八八年のイギリスの制度的つぎはぎ細工の水準をはるかに超える高みにまで達した。だが、一般意志を自然意志〔volonté naturelle〕の疎外や変質や新たな開始として提示することによって、ルソーとフランス革命は、一般意志を純粋な外的な形式として出現させる。それは、国家における自由の実質的な性格を開示する代わりに、諸個人の自由を制約するのである。フランス革命を通じて見いだされるのは、このルソー的な抽象論である。それは、みずからがめざしたものとは正反対の結果をもたらすことになる。すなわち、自由の専制、恐怖政治である。理性という唯一の基礎の上に新しい国家を作りあげるという野望を掲げたフランス革命は、特殊のなかに普遍を具現しようとした。そのために、フランス革命は、諸個人のなかの自己意識を承認することがもはやできなくなって終わる。こうして一七九三年には、多くの頭部が、まるでキャベツのように切り落とされたのであった(12)。

このドラマには、もうひとつの結末がある。すなわち、革命後の時期に特徴的な政治的不安定性である。すべての同時代人たちと同様にヘーゲルは、持続的な国家を設立できなかったことを革命の企ての失敗とみなしている。ナポレオンの失脚によってあらためて提起されたこの問題について、ヘーゲルは憂鬱なまでに実存的な言葉で語っている。「私も、今では五十歳だ。三十年この方、恐れと希望を代わる代わる抱きながら、つねに落ち着かない時間を送ってきた。だから、この状態からできれば脱却したいと思っている。ところが、いつまでもこのような状態であり続けるしかないのだ。[13]」同じ時代を生きたヘーゲルとギゾーにとって、政治的安定化はすぐれて革命以降の問題であり、その時代が解決しなければならない問題なのである。

このように、ヘーゲルがその国家理論を構築したのは、フランス革命批判を通じてであった。このことは、『法哲学』によってはっきり示されている。国家は、フランス革命が試みて失敗したことを成功させなければならない。つまり、近代の歴史のなかで理性を実現しなければならない。重要なことは、国家の歴史的起源を探ることではなく、『社会契約論』の優れた部分、すなわち、国家とはみずから決断する一個の意志であるというルソー的な直観を維持しながら国家の概念を定義することである。したがって、国家をそれに先行する現実から出発させるというのは本末転倒である。なぜなら、その反対に国家は、それが結びつけている諸個人に対して原理上は哲学的に先行するからである。社会が合理的に組織されることを可能にするのは、国家なのである。ヘーゲルはこうも言っている。国家とは、「人間が理性的に意欲するかぎりにおける、人間の意志」、あるいは「意識がそのなかでみずからよりも高い目的を見いだす、それ自体として絶対的な目的」であると。「理性のヒエログリフ」としての国家、すなわち、歴史をその目的〔fin〕（その終焉であると同時にその目標）として照らし出すがゆえに、哲学によって解読されなければならないものとしての国家は、歴史が人間の自由の歴史としての意味を獲得するためにある。すなわち、ギリシア人たちのもとでは「あだ花」であり、キリスト教にあっては私的な普遍性、フランス革命においては抽象的な普遍性であった自由は、[14]近代国家のもとで実質的な自由になるのである。

ところで、近年指摘されているように、ヘーゲルが導入した市民社会と国家の区別がヘーゲルの作品においてもつ意味は、バンジャマン・コンスタンのような自由主義的な作家たちのあいだでもつ意味とは異なっている。ヘーゲル的国家は、市民社会を包摂すると同時に乗り越える一個の全体性である。それは、自由主義的国家とは何の関係もない。自由主義的国家は市民社会の産物であり、市民社会の諸々の「権利」をたんに保証するものでしかないからである。こうした意味的な混乱のアイロニーは、この混乱をヘーゲル哲学のなかに事後的に持ち込んだのが、マルクス主義的批判であったという点にある。非常に長く未発表の状態にあった一八四三年夏の『法哲学』批判に関する草稿〔『ヘーゲル国法論批判』〕のなかで、マルクスはヘーゲルによる国家と市民社会の区別を踏襲している。だが、ヘーゲルの国家概念に対するマルクスの批判は、ヘーゲルが設けた国家と市民社会の区別を自由主義的に解釈するという事態をまさしく招いてしまった。師匠の思想をフォイアーバッハ的に批判し、全体性としての国家という幻想の背後にあるブルジョワ的現実を見いだすために、マルクスは、イギリス経済学とテルミドール期のフランス自由主義すなわちアダム・スミスとバンジャマン・コンスタンへと向かう。政治的なものに対する社会的なものの優位はこうして、マルクスにおいて思弁的な様相を帯びはじめる。

　マルクスは、ヘーゲルの歴史観を踏襲している。国家と市民社会の分離について考えることを可能にする概念が現れたのは、古代国家末期においてである。古代国家では公私が混同されていたが、キリスト教とともに私的な人間が誕生する。中世においては、私生活の各領域が公的または政治的な性格をもっていた。そこでは、諸個人間の権力ヒエラルヒーは、各自が帰属する物質活動の全体組織、たとえば、農奴や封建領主や職業団体等々の違いに応じて組織されている。つまり、各人が、社会におけるそれぞれのしきたりや身分に応じて政治的国家を構成している。この意味で、中世は民主政なのである。だが、そこでは誰も自由に身分を変えることができない以上、それは「**非−自由の民主政**(15)」である。ヘーゲルにとって中世とは、市民社会と政治社会が近代において分離される以前に、それらが史上最も融合していた時代にほかならない。

したがって、「**国家としての国家**、このような抽象は近代にしかない。なぜなら、私生活という抽象自体が近代にしかないからである」[16]。事実、近代性は、自由な個人、すなわち、みずからの労働のみならず、みずからの社会的身分に関しても主人であるような個人と切り離すことができない。私生活という抽象、すなわち、政治的システムからのラディカルな分離は、国家という抽象、すなわち、人間の物質活動からのラディカルな分離をもたらした。だがヘーゲルは、すでに見たように、国家こそが歴史の主役であり、観念を実現する主役であるという考えをもち続けている。市民社会は諸個人が争いあう場であり、したがって、政治革命がおこなわれる場である。これに対して、国家すなわち万人の利益の場は、より上位の合理性を体現する連続性と共同性の中心的制度である。市民社会と国家の矛盾は、観念における対立物の統一を覆い隠してしまうが、国家こそはまさにその和解の場にほかならない。ヘーゲルのこうした考え方から、あらゆる人民主権に対する拒否や、普遍精神の担い手として概念化されたナポレオンに対する礼賛や、プロイセン国家が体現する合理的な君主制国家といった観念が生じてくるのである。ヘーゲルにおいては、青年マルクスの言葉でいえば、政治的なものが社会的なものに覆いかぶさっている。なぜなら、前者が後者に意味を与えるからである。

マルクスにおいては、フォイアーバッハ的転倒がおこなわれた結果、それが逆になっている。そこにあるのは国家に対する市民社会の優位であり、近代性を何にもまして特徴づけているのも同じこの優位である。なぜなら、社会と国家の分離によって特徴づけられる近代文明における現実とは、自己の欲求や利害に身をまかせる個人であり、市場の人間にほかならないからである。ここにあるのは、ヘーゲルの有名な対概念のうちのより根源的な現実であり、歴史やイギリス経済学が明るみに出したのもこの現実である。マルクスは、このようなかたちで近代個人主義を概念化する。ただしそこでは、近代政治哲学の中心問題が転倒される。社会を構成する諸々の統一を、自己に固有のものによって定義される諸要素のかたちでしか考えることができないとすれば、社会（あるいは、青年マルクスの表現では、人間の共同体）とは何か。マルクスが熱心に読んだ[17]バンジャマン・コンスタンや、そこまで熱心には読まなかったトクヴィルにおいて[18]と同様に、マルクスにおいても私的な個人はすぐれて近代文明の発明であり、自己の利害や打算や享楽に閉じ込められ、自己の同類たちから切り離され、共同体という観念にすら無縁なモナドである。なぜなら、この個人はもはや、所有（ロック）や競争（スミス）のない宇宙において生まれるはずの究極の調和を、神の摂理によってもたらすものではないからである。マルクスがこれまたよく読んでいた[19]ルソーは、自然のままの個人が人間の共同体へと移行することにともなう法外な困難さを克明に描き出している。すなわち、社会契約が要求するものが、まさしく個人の変質にほかならないということである。ルソーはロックに応答したが、マルクスはスミスを念頭に置いている。ホモ・エコノミクスは、その失われた政治的次元を再構築しなければならない。だが、どのようにしてか。

社会的なものと政治的なものが近代において大きく分裂したことは、青年マルクスの考えでは社会的なものにとって有利に作用する。この分裂は、ヘーゲルにおいては、対立物を和解させる国家という概念を無傷のままに残したが、マルクスにおいては、この分裂は何よりも、富の増大や貨幣が引き起こす人間関係の解体によって規定される新たな社会の誕生を意味している。そして、個別利害に基づくこの個人主義的社会のなかから、従属的な役回りとしての近代国家が立ち上がるのである。すでに見たように、この近代国家は、フランス革命のなかから君主制国家に続く代表制民主国家として浮上したのであった。その代表制的な性格は、社会が国家から分離されていることを物語っており、その民主的な〔普遍的な〕性格は、平等主義的公民性なるものが、社会的身体の四肢たる諸個人を取り巻く現実からいかに遊離しているかを物語っている。代表制民主国家は、富が偏在しブルジョワが支配する現実の歴史の共同幻想を構成する。近代市民社会のなかで互いに孤立した諸個人は、国家という想像の共同体へとみずからを疎外するのである。それは、フォイアーバッハ的にいえば、彼ら自身の幻想的イメージを神へと投影するようなものである。ヘーゲルを転倒させることによって、マルクスは、こうしたフォイアーバッハ的批判を疎外の世俗的な形式へも適用する。「それゆえ、天国への批判は地上への批判に、**宗教への批判**は**法への批判**に、**神学への批判**は**政治への批判**に変わっていくことになる。[20]」

このように、マルクスはヘーゲルに対抗して、革命の理念がもつ卓越した歴史的尊厳を擁護する。事実、(たとえば、君主制国家から代表制国家への移行に見られるように、)国家のかたちは現実の社会生活の諸条件に従属しているのだから、まさしくその市民社会のレベルにおいて作用する諸々の革命こそが歴史の産婆なのである。フランス革命は、アンシアン・レジームを覆すことによって、商品社会特有の近代政治というものを創りだした。だが、この政治的なものは、「民主主義的な」公民たちが新たな国家へと疎外されることによって生じるひとつの幻想であるから、フランス革命はいずれ「真の」革命にその場を明け渡すことになるはずである。そして、この「真の」革命は、政治的なものを社会的なものへと吸収することによって政治的なもの自体を破壊するであろう。それは、この真の革命が実現するはずのものが、もはや国家の変革ではなくて国家の廃止であるということ、またこの革命が、政治的幻想へと人間が疎外されている過渡的形態すなわち公民性を破壊することによって、人間にマルクスのいう「類的存在〔être générique〕」すなわち人類〔humanité〕を取り戻させるはずだということを、意味している。こうしてマルクスは、フランスの先例を否定すると同時に乗り越えることのなかにドイツの革命の将来を見いだすのである。

こうした分析をよく示す歴史的な証拠が、先に引用した一八四四年八月の『フォアヴェルツ！』紙の論文のなかに見いだされる。マルクスは、そのころ絶交状態にあった友人のルーゲの主張に反駁している。ルーゲによれば、フリードリヒ・ヴィルヘルム四世やドイツ社会がシレジア職工の暴動を知らされたときに示した反応を特徴づける一種の諦念は、ドイツ人と政治の関係の原始的性格によって説明できるという。そこに自然災害にも似た局地的な災難しか見ないドイツ人は、こうした事態に対して、国民の利益にかなった対処法を考えだすことができないのである。マルクスは、イギリスの事例やフランスの事例を引きあいに出しながらこうした解釈を批判する。イギリスのブルジョワジーはたしかにきわめて政治的であるが、エリザベス女王以来、労働者の貧困問題に直面している。だが、彼らがその解決法として、プロイセン国王が思いつく程度のもの、すなわち、行政措置や慈善事業くらいしか見いだせなかったとすれば、それはまさしく、社会を変える以外に社会問題を政治的に治療する方法は存在しないということである。近代政治のもう一人の立役者であるナポレオンもまた、あるとき、フランスにおける物乞いを徹底的に撲滅する決断をした。マルクスがいうには、「**政治的エネルギー、政治権力、政治的知性の極致**[21]」を象徴しているはずの国民公会すらも「貧困層の除去を命じる」計画を立案したが、それで得たものといえば、その翌年に飢えた女性たちによって包囲されたことぐらいであった。たしかに、まやかしの計画にはちがいないが、青年マルクスのフランス革命解釈によれば、それは思想的には一貫しているのである。その解釈によれば、フランス革命は、政治的精神すなわち政治的なものに特有の幻想の行き着く果てを表現している。政治的なものは、市民社会の現状を変えることができると信じているが、実際にはその反対に、政治的なものは、市民社会を欺瞞的に表現するものでしかない。政治的なものは、不平等と貧困を是正できると思っている。なぜなら、それは定義によって何でもできると信じ込むからである。だが、市民社会がもつこの「反社会的な本性」は、非常に厳密な意味で市民社会の存立条件なのである。こうした暴露を通じて、マルクスはフランス革命に対する体系的な批判を構築したが、それでもなお彼は、フランス革命のラディカリズムとりわけ一七九三年をたえず賞賛し続ける。それは、このラディカリズムがたんに英雄道徳のようなものを示しているからというだけでなく、それが哲学者の反省にとって透明なものを提供してくれるからである。「政治的知性の**古典**期、それは**フランス革命**である。フランス革命の英雄たちは、国家という原理を社会の欠陥の源泉とみなすどころか、逆に、社会の欠陥を政治的害悪の源泉とみなしたのである。かくして、ロベスピエールが極端な貧困や極端な富のなかに見たものは、純粋な民主主義への障害物だけであった。だからこそ彼は、スパルタ風に社会全般の倹約精神を確立することを望むのである。政治の原理、それは**意志**である。政治的精神は、排他的になればなるほど、ますます完璧になり、意志の全能性を信じれば信じるほど、ますますそれは意志のもつ自然的・精神的限界の手前で盲目になるのである。その結果それは、社会の欠陥の源泉を発見することがますますできなくなる。[22]」ジャコバン主義、そしてそれ以上にロベスピエール主義は、政治的なものが社会的なものに対して抱く幻想を最も完成されたかたちで示しているがゆえに、フランス革命の真実を暴露しているのである。ここでもマルクスは、ヘーゲルとは異なる前提から出発しながらヘーゲル的な考えを反復している。つまり、革命家たちの抽象的な主意主義が行き着く先はギロチンしかなかったということである。

フランス革命による解放を特徴づけるこうした国家と社会の弁証法の、最も完成された最も精緻な説明は、マルクスが『ヘーゲル国法論批判』〔一八四三年草稿〕の直後に書き、一八四四年初頭に『独仏年誌』に発表されたテクストのなかに見いだされる。すなわち、『ユダヤ人問題について』である。[23] マルクスは、パリに到着するとすぐに、経済学やフランスの社会主義者やフランス史の研究に没頭する。[24] この時期にフランス革命に対する批判的な言及がなされているのは、ちょうどそのころ彼が国民公会の歴史を書こうとしていたからである。[25] 国民公会すなわち政治革命を明日の社会革命へとどう結びつけるかという問題が、『ユダヤ人問題について』の中心にある。マルクスがこの小著を書いたきっかけは、いつものように別の著作に対する反発から生まれた。そこで問題となったのは、ヘーゲル左派の指導者の一人であるブルーノ・バウアーのテーゼを論駁することである。そのテーゼによれば、ドイツ・ユダヤ人が法的な解放を要求することの妥当性は、二重の意味で疑わしい。実際、プロイセン国家がキリスト教（この場合はプロテスタント）国家であり続けるとすれば、このような国家がはたして、ユダヤ人のためにその宗教的偏見を棄て去ることができるのであろうか。また、もしユダヤ人がユダヤ人であり続ける、つまりユダヤ教徒であり続けるとすれば、ユダヤ人はいかにして近代的な公民になれるのであろうか。ユダヤ人は、公民性の原理を知らない国家に対して公民性を要求している。しかも、その要求とは裏腹に、特定の宗派の名においてである。

マルクスにいわせれば、ここには政治的解放についての理想化された考え方がある。ブルーノ・バウアーは、フランス革命がみずから言い、かつ考えたことを額面通りに受け取るとともに、公民性を人間の解放の最終形態とみなしている。ところが、この政治的解放とは、国家と宗教が分離されたことのたんなる結果でしかない。つまり、この分離は、国家を世俗化された公共空間の付託先とする一方で、宗教を個人の選択によって決まる私的な事柄にしたのである。したがって、このような分離は、アメリカの事例が示しているように、宗教的疎外ないし公民の宗教性の終焉をもたらすものではない。そのアメリカでは、各宗派に対して国家が中立性を保つ一方で、すべてのものが一致して神を信じているのである。近代の宗教的人間は、公民としての生活を営む傍ら、ブルジョワや地主や賃金労働者というように、自分自身の生活を営んでもいる。要するに、政治的解放は、人間の再統一、すなわち、人間がその類的存在やその本性と和解することを意味しない。むしろ逆に、公的人間と私的人間、あるいは国家の領域と市民社会へと、人間を二分するのである。

政治的解放が暴力によってなされるとき、それはすべての私的領域を公的領域によって覆い尽くし、すべての個人の活動全体を公民にふさわしいものへと還元しようとする傾向がある。こうして、公民性をうち立てる革命のために宗教の廃絶を宣言することは、最高価格や財産没収の通達を出したり、「さらには、生命の廃止すなわちギロチン」を宣告したりすることと大差ないものになった。ここでもマルクスは、ヘーゲルの分析をみずからの言葉に置き換えながら、恐怖政治を「政治的生活」が「みずからを生みだした原理すなわち市民社会を窒息させる」ための試みとして説明しているのである。

だがこの試みは、みずからの存立基盤を否定してしまうために長続きせず、やがて社会がみずからの存在の優先性を認めさせることになる。フランス革命は、端的に暴力の発作であり、アンシアン・レジームに抗して立ち上がった近代政治は、この暴力の発作によってみずからを生みだした当のものを否定しようとする。だが、「**恒久的な**革命」という幻想は、私人や宗教や所有、および、革命をそれ自身の創造物へと疎外するあらゆる現象の回帰によって終わる。

こうしてマルクスは、アダム・スミスとヘーゲルとバンジャマン・コンスタンという三人の論者の後継者となった。マルクスは、「政治的」革命すなわちフランス革命のなかで、生産の諸条件がしだいに熟し、さまざまな利害や欲求が発達し、個人主義が確立していくのを見いだす。近代的公民性は、十八世紀が「文明」とよんだものの産物である。この公民性は、諸個人の利害やエゴイズムを消し去るどころか、むしろそれ自身がこれらの利害やエゴイズムの抽象的な産物にほかならない。それは、宗教を引き継ぐと同時に、宗教の機能を集合的なレベルにおいて完成させる何かである。なぜなら、公民性は宗教と同様に、共同体や普遍的なものを求める人間の願望に由来するからである。民主国家は、キリスト教の人間的な基礎を一時的に実現するが、その代償として、新たな偽装がもたらされる。その偽装は、政治的解放が人間を全面的に解放するものであると信じさせるが、実際にはその解放は、疎外の新しいかたちでしかないのである。

このように、マルクスの考えの出発点は、イギリスやフランスの自由主義思想と同じである。つまり、個人主義こそが近代性の本質だということである。私的利害の網の目の中心として定義される近代的人間は、互いに孤立して自己充足的な存在と化している。自由主義者たちは、そこを起点として政治的公共性を再構成する。そこでは、論点先取によって、対立しあう諸個人の利害の総体が、全体の調和すなわち社会を生みだすとされたり、あるいは端数切り捨ての操作によって、諸個人の活動に対する国家の干渉を最大限に抑止しながら公共空間の範囲をできるだけ限定しようとする。

もっとも、これら二つの方向性は両立しないわけではないし、そもそも同じ精神に由来している。なぜなら、前者は、政治的なものを社会的なものへと還元することによって政治的なものを消去してしまうし、後者は、政治的なものの役割を社会的なものの残余としての公共空間を管理することだけに限定するからである。だが、マルクスをこうした自由主義的な政治哲学からはっきり区別するのは、マルクスがそこにルソー的批判を組み入れた点である。もっとも、マルクスから見れば、ルソーは抽象的な民主国家の理論を作ったにすぎなかった(26)。そこで今度は、ヘーゲルに学んだマルクスが、人類学的歴史観のなかでこの民主国家に対する批判に着手するのである。政治的なものは、近代における疎外の新たな形式であると同時に、ブルジョワ社会と一体化したブルジョワ社会についての想像的思考である。貨幣によってたえず解体され、互いに孤立させられたものたちの寄せ集めからなるこの社会は、定義によって、みずからをこのようなものとして考えることができない。それは、国家すなわち虚構的だが不可欠な自己統一の場を設立することができる想像上の空間をみずからに与える。それがまさに公民性であり、民主主義的な平等性なのである。フランス革命の意味は、それが近代社会の政治的形式を発明したという点にある。

その反対に、国家と宗教の同一視と、神の代理人たる王の存在によって特徴づけられるアンシアン・レジームは、至上者たる人間の不在に基づいていた。それは、臣下しか知らなかった。そこでは人間は、みずからの人間性を宗教という想像上の王国へと投影していた。近代国家は、キリスト教的な平等観を政治的なレベルへと移しかえることによって、宗教的精神を世俗化する。こうしてマルクスは再び、フランスの政治哲学や、とりわけフランス革命に関する歴史記述の根底にある古典的な考え方を見いだす。ただしそれは、いつものようにこの観念を哲学的「批判」に付すためである。実際、すでに見たように、国家はキリスト教を実現するのではなくて、キリスト教が人間にもたらしたもの、つまり、キリスト教の「人間的な基礎」を実現するのである。国家は、私的な人間を宗教すなわち人間のあらゆる疎外形式のなかでも最も古いものから離脱させるわけではない。つまり、政治的解放はアンシアン・レジームに比べれば進歩であるといえるが、その解放は同時に、ブルーノ・バウアーのテーゼとは反対に、私人としてはカトリックやプロテスタントやユダヤ教徒であり続ける諸個人、すなわち、宗教的であり続ける諸個人によって達成されることが可能なのである。だが他方で、この解放は、集合的なレベルで宗教的疎外を政治的疎外へと置き換えたにすぎない。臣下が信者の真実であったように、公民の真実はブルジョワにほかならないのである。

こうして、フランス革命が生んだ最も重要な憲章である『人間と公民の諸権利の宣言』〔『人権宣言』〕においては、市民社会のメンバーたる人間〔homme〕が、新しい民主国家の主人公たる公民〔citoyen〕に対してつねに優先すると説明される。公民の諸権利と区別される人間の諸権利とは、人間一般の諸権利ではなく、ブルジョワ社会のエゴイスト的な人間すなわち「他の人間および共同体から疎外された人間」の諸権利ということである。また、一七九一年と一七九三年および一七九五年の三つの『宣言』においては、たとえば、自由と平等は、諸個人がその私的な楽しみを安全に享受できるようにするための枠組みとして定義される。「政治的生活は、〔と、マルクスは注釈する〕みずからがたんなる**手段**にすぎないと宣言する。その目的は、市民社会の生活なのである。」だが、実際に革命でおこなわれたことは、人間の諸権利の理論と矛盾する事例に満ちている。たとえば、通信の秘密の侵犯や所有物の徴用、個人の自由の侵害などは、フランス革命においては当たり前のようにおこなわれていた。だが、政治的なものが市民的なものに対して、一時的にではあれ、こうした簒奪をおこなったことは、マルクスにとってはまさしく、革命がもたらす解放の特徴を示すしるしのひとつにほかならないのである。事実、フランス革命は、封建社会において政治的なものと市民的なものとを結びつけていた絆を断ち切る出来事であった。フランス革命とはまさに、この〔切断をおこなう〕緊張であり、この〔切断がもたらす〕裂け目であって、そのなかで公民は、まず何よりもマルクスが「国家の観念論」とよぶものを確立するのである。フランス革命は、アンシアン・レジームの社団的構造を体系的に廃止する。その構造は、諸個人が共同体から疎外されていることや、市民社会がもつ政治的特徴を表現するものにほかならなかった。また、フランス革命は、封建的な分裂状態から解放されたのを契機に政治的精神を取り戻す。そしてこの政治的精神は、ひとたび解放されれば、集合性の領域を社会全般にわたって構成することができるのである。フランス革命はその絶頂期において、ということは、マルクスにとっては一七九三年のジャコバン独裁期においてということだが、このとき革命は、新しい共同体観念が市民社会の個別利害に対して絶対的な支配を及ぼすということを明確に示した。だが、政治的なものを自律的な領域として構成するこの運動によって、社会もまた、諸個人のエゴイズムの自由な戯れに歯止めをかけるものから解放されるのである。政治的解放はさらに、市民社会を政治からも解放することによって、諸利害の織りなす物質主義へと道を開け放つ。この不平等な戯れのなかでは、社会的人間こそが政治における想像的人間の現実的基盤にほかならない以上、社会が、政治的革命によって一時的に奪われていたものをいずれ取り戻すことになるのは当然であった。そこから、共和暦二年に始まりテルミドール反動に至るまでの一連の出来事が生じる。政治的なもののフォイアーバッハたらんとして出発した青年マルクスは、こうして最終的に、フランス革命に関する批判的理論の輪郭を描き出すに至った。

残るいくつかの理論要素は、『聖家族』[27]のなかに見いだされる。この書物は、『ユダヤ人問題について』の数カ月後に書かれたものであり、それらはいずれも同じ思想系列に属している。ここでもやはりフォイアーバッハ的に思考するマルクスは、ブルーノ・バウアーやヘーゲル左派の「批判のための批判」の観念論を批判の標的にしている。ところで、すでに見たようにマルクスは、パリ滞在中に、つまり、『ユダヤ人問題について』と『聖家族』のちょうどはざまにあたる時期に、フランス革命に非常に強い関心を寄せていた。だが、彼がもともと書くつもりでいた国民公会の歴史を結局は書かなかった理由については、これまで誰も納得のいく説明を示していない。他の多くのものたちと同様に、彼もまた、当時のあらゆる左派的な歴史記述の根本資料であったビュシェとルー[28]の手になる文書集成を入手していた。M・リュベルの言う通りであるとすれば、そこにはおそらくカベーの『一七八九年から一八三〇年までのフランス革命の民衆史』もあったという。国民公会の歴史の代わりに、バウアーとの新たな論争の一部で問題となったのはまさしくフランス革命のこの時期にほかならない[29]。

マルクスははじめに、彼にとっては目新しいが、当時のフランス歴史学においてはごく一般的であった考え方を提示する。それは、フランス革命が、今まさに実現しつつあるものをさらに超えてしまうようなさまざまな観念を開花させたというものである。要するに、フランス革命が、コミュニスト的な観念すなわち「新しい世界秩序という観念」の起源にあるとする考え方であり、そこでは、一七八九年以来の社会サークルに始まり、ルクレールやルーなどのパリ民衆運動左派を経て、一七九五年のバブーフ事件へと至る流れが想起される。もっともマルクスは、こうした考え方から早々と遠ざかってしまうのだが、他方ではそうした観点を通じて、現実の状況やその表象を跳び越えて思弁的に思考するというドイツ的な特権の適用対象を、「実践的」で「政治的」な革命下のフランスにまで押し広げる。その注釈の本質は、国家と市民社会という対概念をあらためて問いなおすことであり、それこそが、ロベスピエール期に対象を限定した彼の解釈の核心をなしている。それはあたかも、いずれ国民公会に関する書物としてまとめられるはずであったさまざまな材料をそこで披瀝してみせた観がある。

バウアーは、国家とりわけロベスピエールとサン゠ジュストの有徳な国家を、社会の種々雑多なエゴイスト的原子をつなぎとめておくための手段とみなした。だが、この徳なるものを義務づける手段は恐怖政治以外になかったために、この矛盾は独裁体制を破滅に導いたのである。マルクスは、こうしたあまりに単純化された見方に対しては反旗を翻す。諸個人を結びつけているのは、国家ではなくて利害、すなわち、あるものが自分自身の欲求を実現するために他のものに対して抱く欲求であり、市民生活であって政治的生活ではない。国家が必要〔必然〕であるということは、これら諸個人がみずからを同類たちから切り離された自己充足的な存在であると想像するということ、また、その彼らが自分たちのことを共同体として想像することができる空間を作りだすということである。国家が市民社会を維持するのではなく、その逆である。バウアーは、想像上の天国を現実の地上と取り違えているのである。

これは、すでに『ユダヤ人問題について』で見たように、ロベスピエールの挫折の原因になったものと同じ種類の誤りである。ロベスピエールは、政治的国家を歴史と社会の中心的現実をなすものとして実体化したが、実のところそれは、歴史や社会の想像的な表現にすぎなかった。だが、ジャコバン独裁をこのように特徴づける一方で、マルクスは『聖家族』のなかで一種の文化論的な説明もおこなっている。彼は、おそらくそうした説明の着想をバンジャマン・コンスタンのなかに見いだしたと思われる。[30]『古代人の自由と近代人の自由について』の著者〔コンスタン〕にとって重要であった考え方を自分の言葉に置き換えながら、マルクスは、ロベスピエールとサン゠ジュストが抱いた幻想が古代の事例にならったものであることを指摘する。革命下の恐怖政治は、時代錯誤の産物にほかならない。「ロベスピエールとその仲間たちが敗北したのは、彼らが、**現実の奴隷制**という土台の上に成り立つ現実主義的かつ民主主義的な古代共和政と、**解放された奴隷制**、**すなわちブルジョワ社会**の上に成り立つ**精神主義的かつ民主主義的な近代代表制国家**とを混同したからである。」このいささか省略的な表現によってマルクスが言わんとしているのは、古代共和政における社会的活動すなわち生産労働は、奴隷が担っていたということである。自由人はもっぱら政治の担い手であり、また政治のみによって定義されていた。したがって、そこでの市民社会と国家は、自己完結的な二つの領域を構成しており、それらは互いに矛盾するがしかし欺瞞的ではない二つの原理、すなわち自由と非自由によって規定されていた。つまり、古代民主政は「現実主義的」なのである。その反対に、近代市民社会は賃金労働の上に成り立っているが、その賃金労働は、諸個人間の契約という見せかけだけの自由のもとで有産ブルジョワジーによる支配を隠蔽する。そこから、平等な政治的権利という共同幻想的な外観のもとで、「代表制」国家、すなわち、それに主権を与えるとされる当の人々から疎外された国家が、立ち現れる。なぜなら、そこには直接選挙が存在しないからである。また、この国家が「精神主義的」であるのは、それがみずからの本性とみずからの根底にあるものとを見誤っているからである。その民主政の根底には賃金労働があり、その政治的平等の根底には社会的不平等がある。ロベスピエールは、近代社会特有の人間の諸権利によって、古代にならった民主政を基礎づけることができると信じた。そのことは、彼が一七九三年から一七九四年にかけておこなった演説に現れるギリシアとローマへの言及を見れば明らかである。したがって、その試みの宿命的な挫折は、近代民主政が想定する抽象的な平等性と、ブルジョワ社会を特徴づける現実の不平等性とを分け隔てる深淵に起因するのである。コンスタンが認識していたように、近代世界においてはもはや、公民性と自由は同義ではない。だが、ジャコバン派は恐怖政治に訴えることによって、歴史が生みだすこの隔たりを何とかして埋めようとしたのである。このように、革命下における暴力は、政治的なものが社会的なものを一時的に圧倒するというフランス革命の性質に起因するだけでなく、革命ドラマの主人公たちが今まさに自分たちがなしとげようとしているものを十分に理解していなかったことにも原因がある。十八世紀のフランスを古代ローマに見立てることによって、彼らは社会認識を誤ってしまった。アナクロニズムがジャコバン・イデオロギーの別名と言われるゆえんである。

こうしたアナクロニズムに依拠する権力は、定義上、存続しえない。なぜなら、その存続の鍵を握っているのは、結局のところ、社会だからである。ゆえに、フランス革命の真実が明らかになるのは、まさしくロベスピエールの没落以降においてであり、またその没落を通じてである。こうして、政治的なものは社会的なものの前に膝を屈することになる。総裁政府のもとで「封建的な桎梏から解放され、フランス革命自身――もっとも、恐怖政治はこの革命を、政治的生活の古代的様式にささげようとしたわけだが――、のお墨付きも得た**ブルジョワ社会**は、生命の奔流となってほとばしりでる」。啓蒙の運動は、テルミドール政変とともに「**散文的に**」みずからを実現しはじめる。「革命のハンマー」によって、封建社会のあらゆる構造から解き放たれたブルジョワジーは、こうしてますます完璧に社会と国家の上に君臨する。と同時に、まるで偶然のように、人間の諸権利が、かの有名な人間の諸権利が、こうしてついに現実のものとなる。なぜなら、この人間の諸権利はいまや、ブルジョワジーと人間の諸権利をともに根拠づけている社会に合致した政治的国家によって保障されているからである。

だが、再び見いだされた調和がどれほど完璧であったにせよ、それはブリュメール十八日に崩壊してしまう。ボナパルトは、ブルジョワ社会がブルジョワジーによって代表され指導されていると思い込んでいた時期に終止符を打つ。「ブリュメール十八日にナポレオンの餌食となったのは、革命運動そのものではなく、［……］**リベラルなブルジョワジー**であった。」ここでマルクスが言わんとしているのは、国家が市民社会に対して一定の自律性を回復するということである。たしかに、ナポレオンは、革命後の国家がもつ性質や、その国家がブルジョワの利害に対して負っているものを知らないわけではない。ナポレオンが最も考慮したのはそれはまさに、その帝国のもつ「成り上がり大土地所有者的な」側面にほかならない。だが同時にナポレオンは、必要とあれば、ブルジョワの物質的利害や道徳的利害、さらには、企業家であれイデオローグであれその代表者とみなされるものたちを含め、それらすべてを犠牲にすることも辞さない。要するに、ナポレオンはブルジョワジーに対して、彼らの利害とは別の目的をもつ国家、つまり、自己の目的を自己自身に対してもつ国家、あるいはこういってよければ、自己自身を目的とし、市民社会はせいぜいその「金庫番」にすぎないような国家を、認めさせたわけである。この意味で、ナポレオンは、恐怖政治の意味を再発見したといえる。それは、社会的なものに対する政治的なものの実体化された自律性である。だが彼は、恐怖政治に対して別の内容、すなわち、徳ではなく征服という内容を盛り込むことによって、恐怖政治をいわば再発明する。「彼は**恒久革命**を**恒久戦争**に置き換えることによって**テロリズムを完成した**。」皇帝独裁は、恐怖政治の行政的ヴァージョンとなる。ただし、その目標を変更することと引き換えにである。このように、ブルーノ・バウアーとは反対に、ここでの青年マルクスは、ロベスピエール主義とボナパルティズムを連続性の観点から分析する歴史記述の伝統に従っている。[31] これら二つの政体は、マルクスから見れば、市民社会に対する国家の自立性によって特徴づけられる。この自立性は、近代政治がアンシアン・レジームに対抗するかたちで現れたということを如実に示しているが、第一のケースすなわち徳による恒久革命においては、その自立性が古代崇拝によって覆い隠されてしまう。それに対して二番目のケースにおいては、革命特有の現象であるがゆえにつねに革命のなかに現れるこの同じ自立性が、逆に恒久革命の終焉を表現するものになっている。ただしそれは、恒久革命を恒久戦争に置き換えるという代償を支払うことによってであった。こうして国家の自立性は、徳の代わりに国家それ自体に対する崇拝をもたらすのである。

このかぎりにおいて、革命国家の歴史は市民社会の歴史から区別されると同時に、この時代特有の歴史的背景を構成する。[32] なぜなら、青年マルクスにとって、フランス革命とは**近代国家の生成**にほかならないからである。市民社会の変遷は、ヨーロッパ史の基本性格であるし、またそうあり続けるであろう。にもかかわらず、フランス革命の研究は、ヨーロッパ史の別の側面も明らかにする。それは、市民社会の変遷に従属しながらも同時にそこから独立している現象、すなわち、民主主義的公民性とその幻想の誕生である。マルクスによれば、フランスのブルジョワジーが、フランス革命の期間中はテルミドール政変からブリュメール十八日までのあいだでしか（というのは、これまたマルクスによれば、フランスのブルジョワジーは一八一五年から一八三〇年にかけて「反革命」の支配のもとに置かれていたからである）果たすことができなかった政治的役割を再び取り戻すためには、一八三〇年を待たねばならない。だが、このときを境にフランスのブルジョワジーは、人類の最終目標を実現するために国家の普遍的理想を体現しなければならないという主張を放棄するに至った。フランスのブルジョワジーは、一八三〇年国家のなかで最終的に「その排他的な力が公式に表明されたこと、および、その個別利害が政治的に確認されたこと」[33]を受け入れるのである。マルクスがちょうど『聖家族』を書いていた頃、フランスの歴史は諸国家の共通法へと復帰することになる。すなわち、立憲君主制である。それは市民社会の産物であって、けっしてそれ以上のものではないのである。

このように、フランス革命の歴史は、一八四三―一八四四年当時のマルクスの考えでは、国家と市民社会の弁証法の枠内に収まる。社会の発展はフランス革命の原因にほかならず、それは、ブルジョワジーが政治から排除されていることとブルジョワジーのもつ経済的・社会的な力との落差から生じるのである。ヘーゲル学徒たるマルクスは、この点に関しても、彼がよく知るフランスの革命史家たちに近い。だが、フランス革命そのものは、ひとたび始動すればもはやその起源に縛られることはない。フランス革命の特徴とは、政治的なものの一時的な肥大化である。政治的なものは、みずからを生みだした諸条件から自立するのである。そうした傾向性は、人類全体の解放を実現しようとする姿勢や、恐怖政治をもたらすような政治的主意主義を信奉することや、古代に範をとる時代錯誤的なイデオロギーを利用することなどにはっきり現れている。これらの特徴は、ブルジョワ社会と革命国家のあいだに存在するずれを三つの異なるかたちで明らかにしているのである。その後で、ロベスピエールの失脚とともに、ブルジョワジーがみずからの利益とその「散文的」な支配とを存分に享受する数年間が再び訪れる。だが、ブリュメール十八日において革命下の恐怖政治が新たに行政機構と軍事力をともなって復活したために、それらは再び失われてしまうことになる。フランスのブルジョワジーがそれらを取り戻すことになるのは——結局のところ、一八四四年当時のマルクスがまちがっていたのは、この点に関して世間一般が抱く幻想を彼自身も共有していたせいである——ようやく一八三〇年七月以降のことであり、そしてそれは、ブルジョワジーがみずからの歴史的使命に多くの限界があることをはっきり認めるというかたちで最終的に決着したのである。この決定的な四十年間は、ブルジョワジーがシェースとギゾーのあいだで教育される年月であったということになろう。

フランス革命を一七八九年から一八三〇年までという最も長い時間的尺度のなかで捉えるならば、とはいえフランス革命の真の意味が最終的に明らかになるのはこの尺度においてだけであるが、そこでわかることは、フランス革命が歴史的な勝利であるとともに歴史的な敗北であったということである。勝利というのは、それが逆風や荒波を乗り切り、出来事の真実にそってブルジョワの利害こそがこの巨大な変化の唯一の受益者になるような社会を樹立したからである。事実この利害は、みずからが生まれでる現場を取り巻いていたさまざまな「情念」やレトリックのなかを生き延びることによって、「失敗するどころか」完全に「勝利し」、「最も持続力のある結果」を手にしたのである。「この利害たるや、マラーの文才や恐怖政治の支配者たちのギロチンやナポレオンの剣を、あっぱれ征服してしまうほどのものであった。あたかも、キリストの磔刑像やブルボン家の青い血のように[34]。」こうした見方において、またその独特の言葉遣いにおいて、マルクスが想像するフランス革命の歴史はギゾーのそれにかなり近い。つまり、政治的なものに対する社会的なものの最終的な優位性を前提している点や、ブルジョワジーが恐怖政治や帝国や王政復古といった偶発的な出来事の後に市民社会の真実に従って国家を再び手中に収めてしまうことを不可避とみなす点が、共通しているのである。

だが、一八三〇年七月がギゾーにとってフランス革命の最終的な勝利を意味しているとすれば、マルクスはそこにまたしても失敗のしるしを見ている。なぜならそれは、フランス革命が普遍性をもつということや社会全体を解放すると訴えるその主張を否定してしまうからである。階級闘争という考え方は、ギゾーがマルクスに伝えた遺産である。だが、ギゾーが階級闘争を一八三〇年時点で打ち止めにしてしまうのに対して、マルクスはブルジョワジーに対抗するために、階級闘争がもたらす利益を彼がときに「大衆」とよぶものたち、すなわち、社会の最大多数を占めるものたちへも行きわたらせる。もし、これらの恵まれないものたちにとってフランス革命が失敗であったとすれば、それは、彼らが自分たちの真の利害を生まれたばかりの近代政治国家へと疎外してしまったからである。彼らは「**政治的な**〈観念〉のなかに自分たち自身の現実の〈**利害**〉という観念をもたなかった。したがって、その利害の真の生存原理は革命の生存原理と同じではない。また、その利害を解放するための実際の条件は、ブルジョワジーが自分自身やその社会を解放することを可能にする条件とは本質的に異なる[35]。」

このように、市民社会と国家の対立は現実の利害と政治的疎外の矛盾の根底にある。興味深いことに、この対立は、これまでも暗に提示されていたさまざまなタイプの歴史分析に見いだされる二元性とも符合する。フランス革命の起源ないし原因は、市民社会のなかにある。だが青年マルクスは、この問題をいちども詳しく検討しないまま、みずからがあたかも自明であるかのように主張し続けている考え、すなわち、ブルジョワ社会の発展が一七八九年の政治的な変化の根源にあるという考えに満足してしまっている。そこにはすでに、政治的なものが社会的なもの（あるいはむしろ、経済的＝社会的なもの）によって決定されるという考えが含まれている。この決定のパラドックスを、マルクスは終生、正当化し続けるだろう。とりわけ、十九世紀フランスに関する彼の著作においてはそうである。だが、かりにフランス革命が市民社会の変化によって引き起こされるとしても、革命の経緯全般は、市民社会の変化とはやはり別のレベルにあると言わざるをえない。なぜならその経緯は、みずからの起源とのつながりをまったくもたないと思わせるほどだからである。こうして、国家が次々に変貌をとげる歴史が後に続く。なぜなら、マルクスが「封建社会」とよぶものの破壊は、一七八九年時点で早くも成果を挙げ、一七九三年には完了するからである。ある。フランス革命はこのように、その必然性に根ざした客観的な歴史的役割とは無関係な展開をみせる。また逆説的なことだが、この革命を歴史的にきわめて重要な出来事にしているのも同じこの展開なのである。事実この展開は、その暴力の真っ只中で近代国家の誕生を告げるとともに、この近代国家特有の幻想をも顕在化させる。歴史は、近代国家の誕生という出来事を通じてはじめて、エゴイズムと貨幣によって変容させられた市民社会を土台とする政治的なものが、近代特有の共同幻想的な目くらましの仕掛けをいかに隠しもち、また見せつけるかを暴露する。こうした見地からマルクスは、新たな出来事が次々に立ち現れる事態が表面的にはいかに偶然的であっても、その根底では何らかの法則が働いているとみなすのである。

フランス革命を非常に頻繁にとりあげている一八四三年から一八四四年にかけてのすべてのテクストの

なかで、マルクスは政治的なものの理論を何よりも近代的な疎外の出現として構築しようとしている。文明の支配的幻想が宗教的なものから政治的なものに置き換わったのと同じように、マルクスもまた新たな幻影を批判するなかでフォイアーバッハを引き継いだ。民主主義がキリスト教の変容した姿でしかないとすれば、このような引き継ぎはけだし当然というほかはない。こうしてマルクスは、世俗化された普遍主義のフォイアーバッハとなるだろう。この普遍主義が体現される場としての政治的なものは、無である。なぜならそれは、市民社会が自分自身に対して抱く幻想だからである。と同時に、それはすべてでもある。なぜなら、歴史はこの表象を通じてみずからの道を切り開くからである。一七八九年に始まりようやく一八三〇年に至って終結するフランス革命の歴史が明らかにしたのは、まさにこうした事態であった。

このように、政治的なものの実体によって特徴づけられるこの歴史について考えるためには、それが現実的なものと想像的なものの弁証法から成り立っているということ、またそこでは、フランス人たちが自由で平等な人間からなる新しい社会を樹立すると主張しているかぎり、想像力が現実に勝り表象が利害に勝るということを認めなければならない。換言すれば、フランス革命によって発明された想像の共同体というあり方は、現実的歴史の現実的プロセスとしても機能するということである。近代政治国家は、虚構的ではあるが社会的な存在なのである。概念の働きはその虚構性を暴露するが、だからといって、その虚構の役割が歴史的な力をもつことを示せなくなるわけではない。それは客観的な現実ではないが、歴史のなかでは、宗教と同じ理由によってあたかも客観的な現実のように存立するのである。なぜなら、万人がそれを信じるからである。「批判」とはまさに、この幻想的であるとともに並外れた役割について考えることを可能にするものでなければならない。

だが、もしマルクスが〔幻想的という〕第一の側面を〔並外れているという〕第二の側面よりもはるかに強調するとすれば、それは、彼の精神が二正面作戦という考えにとらわれているからであり、そのことは、ブルーノ・バウアーとの論争を見ればまったく明らかである。概念崇拝が実践面でのドイツの無能さに結びついていると考えるマルクスとしては、ヘーゲル的な概念崇拝もポスト・ヘーゲル的な概念崇拝もともに哲学的に根絶しないわけにはいかない。こうして、歴史の現実が行為主体から絶対的に切り離されて構築されるということ、また、それが意識の外部にある純粋与件として展開するということが強調される。現実とは、行為者の意図とは独立に哲学によって明らかにされる歴史であり、これ以降、行為者の意図は後背にしりぞくことになる。その一方で、青年マルクスは、みずからの政治的立場がフランスやドイツのジャコバン的伝統といかに違うかを強調しようとする。これらの伝統に対する批判は、彼のラディカリズムがまず第一に要請するところである。この批判を見れば、フランス革命がみずからの真の意味を誤解させると同時にみずから誤解しているということをマルクスが特段に強調するのはなぜかがわかる。要するに、この真の意味だけが重要であるならば、民主主義的普遍なるものの欺瞞のあいつぐ諸形式は二次的な役割しかもたなくなるからである。

この二重の思想的強迫観念は、人間の権利と公民の権利という概念の分析において完璧に示される。マルクスは、この概念が自然権の理論やカント主義が構築した主体の哲学と不可分であることを理解していた。カント的主体のなかにブルジョワ的個人しか見ないマルクスは、同時に、公民の自由のなかに潜む貨幣と市場の力関係を明るみに出す。概念の背後にある現実をあばきだすことに情熱——フォイアーバッハ経由の彼のヘーゲル批判を支配する情熱——を燃やすマルクスは、うわべの歴史と真の歴史の対立という図式のなかで思考することになる。マルクスは、イギリス経済学（個別利害によって定義される市民社会）を学んだり一八三〇年のフランス・ブルジョワジーの現実主義を賞賛したりするなかで、思弁的なドイツに対する激しい反発を育んでいった。人間の諸権利の真実とは諸利害であり、その虚偽とは公民性である。こうした政治哲学的な還元操作ゆえに、マルクスは民主主義を幻想や欺瞞といった概念とは別の概念によって捉えることができず、また、同時代にトクヴィルが理解していたこと、すなわち、民主主義の幻想こそがまさに民主主義の真実にほかならないということを見抜くことができなかった。

だが実際には、マルクスが用いる「民主主義的抽象」という表現には、トクヴィルを魅了した考え方がよく示されてもいる。その考えによれば、民主主義的平等とは、いまだ手の届かない目標をめざして諸個人が不断に緊張し続けることである。民主主義的個人は、みずからを他のいかなる個人とも平等であり類似していると考えるが、その一方で、自然と社会はつねに諸個人間の不平等を生みだしている。マルクスは、事実と表象のあいだのこうした矛盾を、幻想の特徴として告発する。観念の背後にある現実を探し求めることに熱中するマルクスは、平等が最終的に現実のものになるための歴史的条件を定義しようとする。だがトクヴィルにとっては、こうした野心は意味をもたない。なぜなら、民主主義的な平等の本性をなしているのがまさにその抽象的な性格にほかならないからである。民主主義の「幻想」とは、民主主義の現実とその力をなしている当のものである。事実、トクヴィルが分析する世界において、不平等とは何よりも、個人がその同類との関係を想像する仕方のことである。その仕方は、万人が平等であることを想定するのではなくて、万人が平等でありうるし、またそうでなければならないと考えるのである。ゆえにそれは、平等が向上すればするほど、ますます不平等に対する感情を刺激することになる。社会全体を近代社会特有の分子運動へとたえず陥れる終わりなき弁証法。この分析によれば、「現実の」平等の条件を追求することは、不平等を告発することと同じく民主主義的宇宙の構成要件なのである。だがそれは、いかなる場合においても、この宇宙そのものを乗り越えることはできない。また、マルクスを経済学批判へと駆り立てるものは、平等主義的抽象の不断の作用以外の何ものでもない。なぜなら、平等主義的抽象は原理上、平等の実現の追求をたえまなく、そして際限なく鼓舞せざるをえないからである。

事実、マルクスが近代史の真相を探るべく経済のなかに身を投じるのは、そこで幻想の真実を見いださんがためであった。したがって彼としては、国家をおよそ歴史を成り立たせるための共同幻想として定義ないし再定義しただけでほとんどこと足りているのである。というのは、貨幣という王をあがめる市民社会という現実にとって、人間の平等の想像的な裏面を分析することがなんだというのか、というわけである。このきわめて重要な問題は、この時期以降の青年マルクスを別の「批判」、それも最優先におこなうべき批判、すなわち、経済（学）批判へと向かわせることになる。[36]そのことを、一八四四年草稿はよく物語っている。彼は、その後もしばしばフランスとその政治革命の歴史に立ち戻ることになるが、ただしそれは、話のついでや、時事的な関心から言及するといった具合であった。彼の最も重要な著作は、近代経済とその比類なき実験場としてのイギリス史に関するものである。市民社会がみずからの政治形態に関してこの種の特権を現実に与えられたことは、非常に早い時期に、青年マルクスを近代国家の体系的な研究から遠ざけてしまうことになった。このことがおそらく、マルクスがパリ滞在中に書く予定でいた国民公会についての書物をついに書かなかった理由である。いずれにせよ、このことが、フランス革命に関するマルクスの分析に暗示的で未完成な趣きを与えており、それは、彼の政治批判から導き出された全体解釈の体系性と好対照をなしている。

事実、一七八九年から一七九九年にかけて、あるいは、一七八九年から一八三〇年までと言っても同じことだが、そこでフランス革命が近代民主国家の誕生を告げているとしても、この誕生がなぜあれほど多くの政治形態をともなっていたかは、なお説明を要する問題である。なぜなら、厳密な意味でのフランス革命の歴史を構成しているのは、マルクスがその歴史の根本的意義とみなしているものによれば、新しい国家を体現する一連の政治体制だからである。立憲君主制、ジャコバン的恐怖政治、議会制共和主義、そしてボナパルトの独裁。互いに異なるこれらの体制が、いかにして同じ原理や同じ集合的幻想の目覚ましい開花でありうるのか、また、これらが十年のあいだにあれほど急速に入れ代わったのはなぜか。マルクスがいちども体系的に取り組もうとしなかった諸問題は、このように総括できる。だが、もともと彼の問いかけは、これらの問題を体系的に扱うことを要求するものであったように思われる。

ブルジョワ市民社会は、フランス革命によって封建的桎梏から解放され、人格の自由と市場の自由に委ねられる。これが、フランス革命の決算書の「散文的な」部分である。と同時に、市民社会は、絶対君主に対するそれまでの従属を公民性に基づく政治システムに置き換える。これが、革命現象の飛躍と熱狂の部分であり、マルクスがこの時代の「トーン」とよんでいるものもそこに由来する。だが、フランス革命が見かけ上はその現実的基盤に依存していない政治的実体を生みだすことに関する青年マルクスの考え方には、その創出過程をイデオロギーとみなす解釈、つまり、イデオロギーがみずからの使命について抱く虚偽意識とみなす解釈が透けて見える。そして、この虚偽意識はさらに、現実の歴史をイデオロギーの使命から逸脱させてしまうのである。このかぎりにおいて、一七九三年はまさに人間の解放という革命イデオロギーの絶頂期にほかならず、それは、国家の理想化とともに国家を市民社会から一時的に解放する結果ももたらしたのである。マルクスが一七九三年に対して抱いている特別な関心は、このようにして説明できる。なぜなら、マルクスが最も頻繁に注釈を加えているのがまさにこの時期であり、ロベスピエールのイデオロギーを古代と近代の混同として捉える独自の解釈をうち出したのもやはりこの時期に関してであったからである。他方で、マルクスが一七九三年を賞賛する背景には、哲学的論証にかかわる理由のほかにもさまざまな理由がありうる。この点でマルクスは、彼がパリ滞在の折に読書や訪問を通じて知りあったフランスの社会主義者たちに近い。つまりマルクスは、国民公会の徹底主義や活力を高く評価するとともに、その主意主義的幻想から生まれるある種の叙事詩的な趣すらも愛好していたのである。

とはいえ、彼の見方が、たとえばエスキロス(37)やルイ・ブラン(38)の見方のように、一七九三年を一七八九年に、あるいは、社会主義の予告をブルジョワ的現実に対置させるというわけではない。マルクスから見れば、フランス革命は同質的な歴史現象なのである。一七九三年を支配する幻想は、すでに一七八九年にはっきりと現れており、ボナパルトはロベスピエールの恐怖政治を別のかたちで反復しているのである。出来事の表面的な多様性に惑わされないためにマルクスがたえず強調し続けるのが、まさにこの同質性である。また、恐怖政治の独裁体制が最大級の革命的活力に訴えることができたとすれば、みずからがなしとげつつあるものに対して最大級の盲目さを見せつけたのもまた、同じその活力なのである。この観点からすれば、ロベスピエールはルイ・ブランがいうような社会主義の先駆者ではなく、革命国家がブルジョワの後ろ盾から一時的に解放される事態、すなわち、ナポレオンの独裁の前触れであったということになる。

かくして、未解決のまま残されたのは、革命全体を通じて国家＝社会関係がたえず新たな局面を迎えるという問題である。一七八九年から一七九三年まで続くこのプロセスは、君主政から共和政への移行やイデオロギーの過激化という観点に立てばかなり容易に理解できるとしても、そうした見方によっては、一七九四年のテルミドール政変において再びその真実に立ち戻るシステム、すなわち、ブルジョワジーによって行使される権力のもとへと復期するシステムが、ボナパルトの独裁国家へとまたしても横滑りしてしまうのはなぜかを十分に説明できない。二代目ボナパルトが壮年期のマルクスに対してつきつけた問題と同じものを、一代目ボナパルトが青年マルクスに対してつきつけているわけである。つまり、部分的にはブルジョワジーに奉仕しつつもブルジョワジーから完全に自立している国家がブルジョワジーによって設立されたという問題である。かつてロベスピエールが代表し、今またナポレオンが代表する、ブルジョワ的であると同時に非ブルジョワ的なものとは、いったい何か。政治的なものが市民社会に従属するという考えにとらわれて、幻想とは別のかたちで政治的なものの自律性を考えることができなかった青年マルクスは、みずからが明確に解決できなかった問題を未来のマルクスに残すことになる。だが、彼はその問題をあらゆる可能性のもとに提起した。なぜなら、彼はその問題をフランス革命の最も重要な謎として残したからである。

原注

(1) このIは、一九八四年一月発行の『ル・デバ』誌、第二八号に掲載された同じタイトルの論文を発展させたものである。
(2) 原著、二七ページ〔本書二三ページ〕を見よ。
(3) K・マルクス、『著作集』(マクシミリアン・リュベル編集・校訂、ガリマール社、プレイアード叢書、第三巻)、三八二―三九七ページ、『ヘーゲル法哲学批判』。
(4) このドイツの「立ち遅れ」という問題と、この問題に関してフランス革命が知識人たちに与えた感銘の役割の全体像については、一九八五年四月にマルクス主義研究機関によって組織された『マルクスとフランス革命』と題するコロックにおけるリュシアン・カルヴィエの寄稿「青年マルクスとその同時代の幾人かにおける、フランス革命、ドイツのみじめさ、そしてドイツの革命」を見よ。
(5) 原著、一八ページ以下および一三三ページ以下〔本書一二ページ以下および一五八ページ以下〕を見よ。
(6) とくに、一八四二年八月九日付の『ライン新聞』に掲載された論文「歴史法学派の哲学宣言」(プレイアード叢書、第三巻所収)、二二一―二二九ページを見よ。本書後半部のテクスト1を見よ。
(7) 『論文「プロイセン国王と社会改革」に対する批判的評注』、本書後半部のテクスト6。

(8)『フォアヴェルツ！』紙は、週に二回、一八四四年一月から十二月にかけて、パリで発行されていたドイツ語新聞である。マルクスは、この年の夏からその発行にかかわっていた。プロイセンの要請を受けて、ギゾー政府は、マルクスとそのおもな協力者たちを一八四五年一月に国外追放することになる。

(9) この問題に関してはとくに、『カール・マルクス　初期著作集』（ヴィンテージ・ブックス、ニューヨーク、一九七五年、ルチオ・コッレッティによる序論付き）中の、マルクスの「青年期の著作」に付せられた、ルチオ・コッレッティによる序文、一―五六ページ（とりわけ二八―四六ページ）を見よ。

(10) ヘーゲル『法哲学綱要』第三部、「国家」、第二五八節。

(11) 同所。

(12)『精神現象学』（ジャン・イポリット訳）第二巻、Ⅵ、B、C、「絶対的な自由と恐怖」。

(13) ヨアヒム・リッターが、その『ヘーゲルとフランス革命』（仏訳はボシェーヌ、一九七〇年）の一九ページのなかで引用している手紙。

(14) リュック・フェリー／アラン・ルノー『政治哲学』（パリ、PUF、一九八五年）第三巻、九六ページ。

(15)『ヘーゲル法哲学批判』（プレイアード叢書、第三巻）、九〇四ページ。

(16) 同所。

(17) マルクスは、ボンでの研究期間中に〔バンジャマン・コンスタンの〕『宗教の源泉と形式および発展に関する考察』の一部を抜粋している。この著作は、マルクスが一八四二年八月九日付の『ライン新聞』に掲載された論文のなかで、歴史法学派の諸テーゼを反駁するために賞賛の念を込めて引用しているものである。マクシミリアン・リュベル氏は、彼が校訂したプレイアード叢書、第三巻、一四五七ページの注において、ほかにもコンスタンの著作からの借用があることを指摘している（森林の不法伐採に関する法律についてのマルクスの論文に付されたリュベル氏の注を参照）。だが、マルクスがコンスタンの作品全般とりわけ『古代人の自由と近代人の自由について』を知悉していたことも明らかである。原著、三三ページ〔本書三〇ページ〕を参照。

(18) マルクスは、〔トクヴィルの〕『アメリカの民主主義』から、近代的な政治国家を宗教家の手から解放することと、宗教が個人の私的信仰として存続することが両立するという考えを引き出している。『ユダヤ人問題について』（プレイアード叢書、第三巻）の三五三ページを参照。また、同書一五七〇ページにおけるマクシミリアン・

リュベルの注を参照。マルクスの用例を見るかぎり、彼が実際に読んでいたのは、『アメリカの民主主義』のうち、一八四〇年に出版された第二部ではなく、一八三五年に出版された第一部だけだったと思われる。

(19) とりわけ、『ユダヤ人問題について』のなかの、ルソーを民主主義的「抽象」の明晰な理論家として分析しているくだり〔本書後半部のテクスト5〕を見よ。

(20) 「ヘーゲル法哲学批判　序説」(三島憲一訳、『マルクス・コレクション』Ⅰ、筑摩書房、二〇〇五年)、一五九ページ〔本書一七六ページ〕。

(21) 原著、一五八ページ〔本書一九八ページ〕を参照。

(22) 原著、一六一ページ〔本書二〇一ページ〕を参照。

(23) 原著、一三六ページ以下〔本書一六〇ページ以下〕を参照。

(24) この時期のマルクスの生活に関しては、J・グランジョンの『マルクスとパリのドイツ人コミュニストたち』(パリ、一九七四年)を参照。また、オーギュスト・コルニュの『K・マルクスとF・エンゲルス』全四巻の第二巻および第三巻を参照。

(25) プレイアード叢書、第三巻、一六一五ページにおけるマクシミリアン・リュベルの注を参照(国民公会の歴史を書くというマルクスの計画とこの計画に関連するマルクスの読書に関する注)。

(26) 原著、二四ページ〔本書一九ページ〕を参照。

(27) 本書後半部のテクスト7。周知のように、この著作にはマルクスとエンゲルスの署名があるが、実際には、ほとんどすべてマルクスによって書かれている。

(28) キリスト教社会主義者のビュシェと、その友人でビュシェと同じく元サン゠シモン主義者のルー・ラヴェルニュが中心となって一八三四年から開始された大規模な資料公刊の成果である『フランス革命の議会史』は、フランス革命関連の文書を編纂したものであり、議会議事録がその大部分を占めている。第三四巻(ロベスピエールの失脚)までの各巻(一八三四年度分から一八三八年度分まで、あわせて四〇巻ある)にはいずれも、その巻の内容を解説したビュシェの序文が付されている。この資料集成は、十九世紀半ばのすべてのフランス革命史家によって体系的に利用され、そのなかには、ビュシェが示した解釈に対して最も批判的であったキネのようなものたちすら含まれている。

(29) 原著、二七ページ〔本書二三ページ〕を参照。
(30) 原著、二四ページ〔本書一九ページ〕の注1〔本書注(17)〕を参照。
(31) これはフランスにおける事例であり、それはたんに自由主義的な伝統のみならず、社会主義的あるいは反ジャコバン的共和主義の歴史記述(たとえば、プルードンやキネ)の立場も引き継いでいる。
(32) マルクスは、パリ滞在の日付のある「研究ノート」のなかで、「国家と市民社会の廃絶に向けて」という包括的な主題のもとに、当時の彼の思想を見事に要約しているこの第一点について以下のように記している。「近代国家の生成史またはフランス革命。政治的であることの傲慢不遜──古代国家との混同。市民社会に直面した革命家たち。あらゆる要素が市民的存在と政治的存在へと二分される。」プレイアード叢書、第三巻の一〇二七ページ。また、一〇二一ページから一〇二六ページにかけてのマクシミリアン・リュベルの注を参照。原著、一七二ページ〔本書二一四ページ〕を参照。
(33) 原著、一七〇─一七一ページ〔本書二一三ページ〕を参照。
(34) 本書後半部のテクスト7。
(35) 同所。
(36) マルクスの関心が国家から市民社会へ、そして政治的なものから社会的なものへと移行するにつれて、その研究対象もフランスの事例からイギリスの事例に移っていく。
(37) エスキロス『山岳派の歴史』、一八四七年。
(38) ルイ・ブラン『フランス革命の歴史』全一二巻、一八四七─一八六二年。

Ⅱ　一七八九年に直面する一八四八年のマルクス

さて、つぎは『ドイツ・イデオロギー』である。マルクスはそこで、ヘーゲルからもフォイアーバッハからも解放される。普遍史はもはや、さまざまな時代を通じて、表面的には混乱して見える状況のなかで活動する理性が徐々にその姿を現していく過程でもなければ、哲学者の概念によって解読される精神の作用の顕在化の過程でもない。普遍史は、それ自身がすでにみずからの法廷なのであり、人間の活動の所産以外の何ものでもないのである。思想を存在へと従属させるこの有名な転倒によって、マルクスは、対立物の弁証法を論理の属性とみなす代わりに物質のなかに据えることになる。その過程で彼は、フォイアーバッハにとってきわめて重要であった「人間の本質」という概念を清算してしまう。人間は、その歴史的存在のみによって定義される。だが、この存在を生みだす当の歴史が、人間にその存在の意味を認識する手段を与える。なぜなら、その意味はそれ自身の展開に内在する法則に従うからである。青年マルクスの「批判」の猛威は、最終的にはヘーゲル的観念論を史的唯物論へと反転させるところまで行き着く。弁証法的理性は、思想のなかにある以前にまず事物のなかにある。つまり、それは事物のなかにあるがゆえに思想のなかにもあるということである。

これ以降、哲学者にとって本質的なことは、歴史の現実の過程に関心をもつということ、そして、それを人間の意味が託される唯一の場として、人間と自然との関係や人間同士の関係という視点から再構築するということである。かくしてマルクスは、ヘーゲルの労働概念を唯物論的な意味に読み替えて用いたり、分業を「歴史の最も重要な要因のひとつ」として強調したり、さらには社会階級という概念が果たす重要な役割についても強調するようになる。この社会階級という概念は、マルクスがまさしくフランスのアンシアン・レジーム史家やフランス革命史家から借用したものにほかならない。もっともマルクスは、社会階級の概念がもつ可能性を語るさいに、いちいちフランス史を参照したりフランス史に関する著作を引用したりすることはない。彼は、この観念をとりわけ全体的な相のもとで扱うことによって、それが諸個人の社会的活動のみならずその知的活動についても理解させてくれるということを説明する。なぜなら、「物質的生産の手段を所有する階級は、そのことによって同時に知的生産の手段をも所有しているのであり、その結果、一般にはそうした階級が、それらの手段をもたない人々の観念に対して権力をもつことになる(1)」からである。富の生産過程を支配する階級に属するものたちが、思想の生産をも支配している。もっとも、それらを支配しているのは、たいていの場合、同じ人物ではない。なぜなら、支配階級の内部においても分業が働いているからである。だが、彼らの全般的な社会的優位性という現象は、彼らがともに支配階級に帰属しているということから生じている。物質的な力と精神的な力は、同じ起源をもつのである。

こうしてマルクスは、青年期のものとされる著作とは著しく異なる視点から、社会とそれが生みだす観念との関係に取り組むようになる。『ユダヤ人問題について』や『聖家族』では、社会は、みずからが構築する民主国家としての自己表象のなかへと、あるいはまた、ジャコバン独裁の古代崇拝に見られるように、これらの自己表象の上にさらに学問的な抽象観念を付加することによって、そのなかへとみずからを疎外する。だがすでに見たように、読者の立場からすれば、国家の共同幻想を構成するものが何であれ、それがいかにしてあれほど多様なイデオロギー形態に次から次へと結びつくことになるのかがよくわからない。だがマルクスは、観念の生産を支配よりもむしろ疎外の観点から説明する。人間は、みずからの本質を想像的なものへと投影することによって、その本質から疎外されるのである。『ドイツ・イデオロギー』においては逆に、人間の「本質」はもはや存在せず、ただ次々に変化する人間性の歴史的な諸形態があるだけであり、また、これらの歴史的形態における支配階級から見れば、表象や観念はこれらの形態のいずれにとっても不可欠な部分をなしている。こうしてマルクスは、モンテスキューをみずからの新たな図式へと翻案する。すなわち、貴族制社会は名誉を重んじたが、ブルジョワ社会は自由を重んじるのである。また、王政復古時代の歴史家たちが描き出したフランスのアンシアン・レジーム像を暗に念頭に置きながら、彼は次のように言う。すなわち、主権が国王と貴族とブルジョワジーのあいだで分割された国においては、権力の分離という考え方が「永遠法」として認められるようになるだろう、と。

これらの事例は、マルクスの新しい理論がいかに曖昧であるかをよく示している。たとえば、支配的な観念とは特定階級の支配の直接的な産物であって、しかもそれはこの階級に属する知識人やイデオローグによって表明されるという。要するに、ブルジョワジーは社会関係のシステムとともにそのシステムを正当化する観念とこれらの観念にかたちを与える人間をも同時に生産するのである。だが、フランス絶対主義の場合、そこには定義によって支配階級が存在しない。なぜなら、絶対君主制は絶対的であるどころか、貴族の利害とブルジョワジーの利害のあいだで身動きがとれないまま一時的に（もしくは長期にわたって）社会に君臨する真の至上権力たりえなくなってしまった王権を表現しているからである。この場合、いわば三すくみの状態にあるこれら三つの権力のイデオローグたちに対してそれぞれいかなる役割を認めればよいのかもはや見当がつかない。そこでマルクスが示唆するのはむしろ、均衡状態から生まれる集合的幻想という考えなのである。こうした混乱ぶりに加えて、彼の議論は、一社会または一時代の精神的生産を解明しようとして、道徳や信仰や法、観念、イデオロギー等々をすべて一緒くたにしてしまう。だとすれば、彼のテクスト〔『ドイツ・イデオロギー』〕の重要性は、もともとありもしないその厳密さよりもむしろ、そこで提示された二重の社会学的公準にこそあると言わねばならない。すなわち、観念の生産は物質的生産から切り離しえないということ、したがって、観念の生産とその社会的条件すなわち階級とのあいだには有機的な結びつきがあるということである。こうして、歴史のなかで自己を展開する概念というヘーゲルのもってまわったもの言いは、唯物論的な力の一撃によって、みずからのなすべきことを決定しがたがらない哲学者がその実践について抱いている幻想へと還元されてしまう。だが、ドイツ人の思弁的迷信を生みだすもとはドイツの経済的そして社会的な立ち遅れなのである。

普遍的なものの幻想がイギリスやフランスの革命に欠けているというのではない。それどころか、マルクスが強調しているのは、およそ革命的な階級というものがそれまでみずからに対して優位に立ってきた階級の転覆を図るためには、革命的な観念を養うと同時にそれらに普遍主義的な形式や野心を与える必要があるということ、しかも、社会全体の代弁者としてふるまいながら、より広範な支持基盤の上にその支配をうち立てるような仕方でそうすべきだということである。ここでのマルクスは、とりわけフランス啓蒙思想を念頭に置いており、それとともに、その頃すでに古典的となっていたフランス革命の知的起源という問題を暗に再考している。ドイツのブルジョワジーと同様に、フランスのブルジョワジーも人間一般の名において語る。フランスのブルジョワジーは、みずからの利害を偽るとともに、みずからが社会にうち立てたいと思っている新たな支配を普遍性に訴えることによって偽装している。ただし両者の違いは、フランスのブルジョワジーが語る言葉のなかには社会のラディカルな変革をめざす革命の企図が実際に含まれていたのに対して、ドイツのブルジョワジーはばらばらで優柔不断で未熟なために国民という観点からものを考えることができず、極端なまでに普遍主義的な抽象によってみずからの欺瞞的性格を強化してしまったという点にある。

マルクスはこうして、青年期から抱き続けている強迫観念を理論化するための新たな思考図式を見いだした。すなわち、一方ではイギリス経済に対する、そして他方ではフランス革命に対するドイツの立ち遅れという強迫観念である。いつもながら、極端なやり方でヘーゲル主義から身を引き離そうとするマルクスは、ドイツのいっさいの哲学的遺産とりわけカント主義を棄却する。これ以降、カント主義は、ドイツのブルジョワジーの無能さを哲学的に隠蔽するものとみなされようになる。「前世紀末におけるドイツ国家は、カントの『実践理性批判』のなかに余すところなく反映されている。フランスのブルジョワジーは、史上最大の革命によって権力へと登り詰め、そのうえヨーロッパ大陸の征服にまで乗りだした。また、すでに政治的に解放されていたイギリスのブルジョワジーは、産業革命をおこない、インドにおける政治的支配とそれ以外の世界に対する商業的支配を確立した。それに対して、ドイツのブルジョワジーは、みずからの無能さのなかでいまだに〈善なる意志〉の段階にとどまっていたのである。カントは、ただの〈善なる意志〉が何の結果も生まないことを知りながらそれに満足してしまい、この善なる意志の**実現**、すなわち、善なる意志と諸個人の欲求や本能との調和を**彼岸**のかなたへと追いやったのである。カントのこの善なる意志は、ドイツのブルジョワジーの無能さと無気力と**みじめさ**を止確に反映している[2]〔……〕」。

この長い引用文は、マルクスがその普遍史理論を構築するさいに、解釈を途方もなく単純化するという一般には彼のエピゴーネンたちだけが陥るとされてきた誤りに彼自身どれほど陥りやすかったかをよく示している。また、こうした単純化のせいでマルクスは、みずからの不幸な同国人たちの思考にのしかかる諸々の決定をみずからの思考だけは免れているという幻想を抱くようになる。それは、彼の理論のおそらく核心にある哲学的一貫性の欠如の始まりであった。だがマルクスにとっては、ドイツの「俗物」を拒否することと以上に、フランス革命の解釈のほうが新たな理論化を肯定的な仕方で推進するための絶好の場となる。事実、彼はフランス革命のなかに、真の階級、第三身分と貴族の対立、国民国家、自由主義的で革命的な哲学、革命を見いだすことになる。互いに関連しあうこれらの要素のすべては、フランスの歴史家たちによって書かれた歴史のなかにすでに登場していたものであるが、マルクスはここでもういちどそれらの要素を甦らせなければならないと考えたのである。

まずは、その主役から見ていくことにしよう。マルクスが、十八世紀フランスのブルジョワジーにあってドイツのブルジョワジーになく、フランスの哲学者たちにあってドイツの哲学者たちにないものとして賞賛していたのは、自分たちの目標を定義し、実現しようとするその活力と、フランス人たちが抱いていた考え方、あるいは、彼らが自分たちの目標について語った諸々の考え方がもつ相対的に高い透明性である。マルクスは、現実の階級利害、少なくともその一部については現実のものとして認められることさえあった階級利害に着目することによって、十八世紀フランスのなかに、自由主義が理論体系として整備され、次いでそれが実践に移される歴史的必然性のきわめて明快な図式が存在することを発見する。マルクスはギゾーを引用していないが、われわれには、純理派のリーダー〔ギゾー〕の歴史学的著作がマルクスに及ぼした影響の大きさがたえず感じられる。ギゾーはマルクスと同様に、またマルクスよりも以前に、アンシアン・レジームの最後の世紀を解釈する鍵となる要素が、貴族に対するブルジョワジーの勝利にあるということを確信していた。ただし、これら二人の著述家が異なるのは、いうまでもないことだが、ギゾーにおいてブルジョワジーは、自由をうち立てることによって歴史の目的を成就するのに対して、マルクスにおいてブルジョワジーは、普遍的な価値という見せかけのもとに歴史のある一時期すなわちみずからの階級利害が支配する一時期を画するにすぎないという点である。

もっとも、このフランスのブルジョワジーに対しては、その敵であるマルクスでさえいくばくかの賞賛の念を抱いているのだが、それは彼が、ブルジョワジーの息子であるギゾーから無自覚に引き継いだものであった。だが、このような反応は見掛けほどには奇妙ではない。なぜなら、この反応には、ドイツ人の俗物根性に対する暗黙の批判や、とりわけ、この著書〔『ドイツ・イデオロギー』〕の冒頭に掲げられた全体的な解釈図式に適合するような歴史的必然性の体系的図式を構築することにともなう純粋に知的な喜びが込められているからである。とはいえ、みずからの歴史を力強く獲得するフランス・ブルジョワジーという表象からは、マルクスが『聖家族』以来たどってきた道のりの長さも感じられる。要するに、『ドイツ・イデオロギー』によって提示された分析枠組みにはもはや、ジャコバン国家やナポレオン国家のような商品社会が生みだす想像的な自己表象が存在する余地はないのである。市民社会の疎外から生まれたこれらの国家は、まさにそれゆえに、市民社会に対して少なくとも一時的には自律的な地位を確保できた。だが、それ以降はもはやそのようなことはなくなる。なぜなら、ブルジョワジーがみずからの歴史を全面的に支配するようになるからである。こうして、国家に対する市民社会の優位という観念は、ブルジョワジーの階級利害が観念も表象も決定するというかたちをとることになり、そこでは、歴史が生みだす文化の無限の多様性が考慮される余地は、無限に小さくなってしまう。以下の部分で、そのことが明らかになるだろう。

たとえば、『ドイツ・イデオロギー』におけるフランス啓蒙哲学の扱いについても、こうした観点から判断することができる。カントやヘーゲルといった著述家たちが自由主義的な個人主義や国民的な権利要求に対して与えた思弁的な形式の代わりに、フランスの啓蒙哲学は、より実践的でしかもみずからの現実的な目標に対してより自覚的なブルジョワ自由主義のありようをわれわれに示してくれる。マルクスは、この著書のとりわけ末尾において、功利主義的社会観に関する総括をおこなっている。それによれば、功利主義的社会観は、イギリスとフランスのブルジョワジーが大規模な革命によってそれぞれの国の権力の座についたのと同時平行的に形成されたものだという。彼は、功利主義、すなわち、社会関係とはもっぱら個々人が自分にとって有用なものをそのなかから見つけ引き出すということの上に成り立つという考え方のなかに、ブルジョワ哲学の根底にあるものを見いだす。すなわち、商品関係と搾取の透明な偽装としての経済学の存立条件である。こうしてマルクスは、イギリスとフランスのブルジョワジーのそれぞれ異なる発達段階に対応するブルジョワ哲学史の可能性を示唆するようになる。最初に、イギリスのマニュファクチュアと商業があり、それがホッブズとロックの時代である。マルクスはこのように、これら二人の哲学者を端的に、ブルジョワ市民社会の最初の思想家とみなしている。だが、ホッブズはむしろ政治理論家というべきであって、近代的個人について考えるために自然状態を引きあいに出す点を除けばロックとの共通点はほとんどない。たしかに、これら二人の著述家に見いだされる社会を創設する原初の契約という観念は、政治的なものに対する社会的なものの優位や、契約する諸個人の意志が設立の効力をもつという考え方を含んではいる。だが、マルクスがここで念頭に置いているのが、自由によって定義され権利によって保護されることによって市場競争に適応させられたホモ・エコノミクスであるとすれば、ここでの文脈においては、『リヴァイアサン』を引きあいに出すよりもむしろロックに言及するほうがより適切であるように見える。

そのロックの考え方により普遍主義的な性格を与えるのが、フランスの哲学者たち、とりわけエルヴェシウスとドルバックである。このルイ十五世の総徴税請負人〔エルヴェシウス〕とドイツ人の男爵〔ドルバック〕は、マルクスによればともにフランス・ブルジョワジーの解放闘争の代弁者であったが、その彼らは、解放闘争という概念から経済的な内容を捨象することによってこの概念を貧しいものにしてしまう一方で、十八世紀におけるパリの使命にふさわしい普遍的な哲学的旗印をこの概念に与えた。他方で、この概念の経済的内容は重農主義者たちによって回復されることになる。ただし彼らは、「フランスのいまだかなり原始的な経済的条件」[3]による制約もあって農業経済の枠組みを乗り越えることはできなかった。功利主義的理論とその現実的内容すなわち経済学（それはマルクスにとって、自由主義経済学を意味する）との融合がなされるためには、十八世紀末のイギリスにおいて、ゴッドウィンとりわけベンサム、要するに「成り上がり」のブルジョワジーが登場するのを待つしかない。

『ドイツ・イデオロギー』のこのくだりは、マルクスが冒頭で掲げた史的唯物論の原理の具体的な中身を描き出そうと努めている数少ない箇所のひとつである。だが、その結果は、すでに確認されているように、まったくといってよいほど説得力がない。フランスとイギリスの思想史を概観することに関して、マルクスが二十世紀における彼のエピゴーネンたちよりも優れているといえる点はほとんどない。このことは、彼の方法論がまちがっているということを証明するものであろう。彼が多くの偉大な著述家たちをいかにも曖昧な仕方で特徴づけてしまっている点は、ひとまず措くとしよう。だが彼は、みずからのいう「現実の条件」すなわち経済的・社会的な下部構造による決定という考えをまったく恣意的に用いているのである。たとえば、エルヴェシウスはいかなる点でロックよりも「普遍主義的」であるといえるのか。また、かりにそうであるとして、この特徴がいかにしてイギリスやフランスの資本主義の発展状態から説明されうるというのだろうか。マルクスはこれらのことを、証明するというよりもむしろ主張しているのである。他方で、厳密な意味での経済史の分析もまたいかにも断定的な調子である。たとえば、十八世紀フランスは、エルヴェシウスやドルバックを説明する必要がある場合には商取引や投機の熱狂によって、また、重農主義思想の限界を理解する必要がある場合にはいまだに「封建的」な経済によって特徴づけられる、といった具合なのである。マルクス主義を歴史の理論として機械的に利用することは、マルクスとともに始まったのである。

こうした文脈において、フランス革命はこれ以降、一義的な意味しかもたなくなる。つまりそれは、近代民主国家が次々に変容していく過程ではなくて、ブルジョワジーによる国家権力の奪取なのである。マルクスは、それをつねに**政治的な**出来事とみなしている。ただしここで問題となっているのは、経済的・社会的な進化、すなわち、生産諸力や市場経済やブルジョワジーの発展によって決定される政治的出来事である。こうした決定論は、マルクスの思考の重心が概念から物質的条件へ、国家から市民社会へ、要するに、ヘーゲルからアダム・スミスへと移行したということを物語っている。なぜなら、マルクスはもはや、フランス革命を近代国家の変幻自在な性質の現れとみなしたり、商品社会が公民の想像の共同体へと疎外されたものとみなすことができなくなったからである。事実、唯物論的な解釈においてはもはや、(『聖家族』におけるマルクスが疎外という概念を用いておこなったように) フランス革命をその社会的決定から切り離したり、国家をブルジョワ社会から切り離して考えることはまったくできない。国家はもはや、「支配階級に属する諸個人が自分たちの共通利益を広めるために利用する形式、一時代の市民社会全体の縮図としての形式」でしかない。その結果、『ユダヤ人問題について』や『聖家族』が解決できないまでも提示しえた問題、すなわち、フランス革命の担い手である市民社会が同じものであり続けるとすれば、フランス革命が露呈させた国家形態の途方もない多様性をいかに説明すべきかという問題は、これ以降、それをまったく解決できないものにしてしまうような観点のもとで定式化されることになった。なぜならそこで問題となるのは、社会進化の帰結としてのブルジョワジー支配というかくも明快な企てが、なぜあれほど混沌としていてあれほど変化の激しい政治的手法を用いたのかを理解することだからである。フランス革命が、すでに社会の主人となっていたブルジョワジーによって一七八九年から開始された国家の征服以上のものではないとすれば、一七八九年以降の出来事についての解釈は、不可能であるか、それとも恣意的なものになるかの、どちらかである。

事実、革命プロセスの全体や革命プロセスのあいつぐ変化の多彩さをたえずそれらの公分母たるブルジョワジーとその支配へと還元しなければならないとすれば、それらを自律的なものとして考える余地はもはやない。だが、『聖家族』におけるマルクスは、社会的なものの幻影としての「政治的なもの」という概念を用いることで、それらを自律的なプロセスとして考えることができたのである。国家の肥大化と社会に対する国家の相対的な自立は、これ以降もはや、遅れたドイツに残存する現象でしかなくなる。なぜならこの現象は、支配的な地位はおろか国民国家すら獲得できなかったブルジョワジーの無能さと結びついているからである。だが、これこそはまさに、フランスのブルジョワジーが、はじめは君主権力の陰に隠れて、ついで、露骨にみずからのために革命を通じておこなったことである。王政復古時代のフランスの歴史家たちと同様に、マルクスもまた一七八九年をフランスにおける国民統合の古さや君主政の仕事に結びつけている。だが彼は、長年にわたって続いてきたこの仕事の背後に、社会と国家に対する全面的な支配をめざして徐々に進行するブルジョワジーの征服を見いだす。その結果、革命プロセスの全体は、これ以前のマルクスの著作に見られた疎外の連鎖としてではなく、ブルジョワジーによる支配権の横領の歴史としてしか解釈されなくなる。当時すでに古典的であった革命史記述の問題とは、あまりに矛盾した現れ方をする一連の出来事を単一の出来事とみなす点にあるが、こうした問題はこれ以降もはや存在しない。なぜなら、一七八九年と一七九三年とテルミドール政変は、ブルジョワの解放というただひとつの英雄叙事詩の一部となるからである。ドイツの俗物が理解できないのはまさにこのことであり、この俗物は現実の歴史の条件を前にして恐慌をきたし、しかも、「ブルジョワジーの活力に満ちた自由主義の実践が恐怖政治や容赦ない利益追求として現れるやいなや、恐れをなして尻込みした」(4)のである。

このように、王政復古時代のブルジョワの先駆者たちにとってと同様に、マルクスにとっても恐怖政治はフランス革命の重大な謎であり続けている。ブルジョワの優位性があらわになる一七八九年という解釈枠組みのもとでは、これはまったく当然のことである。なぜならこの場合、革命政治の過激化や都市の下層民を基盤とする革命第二世代の唐突な介入をどのように説明するのだろうか。この時期のマルクスはもはや『聖家族』マルクスと同じではないが、こうした疑問はいぜんとしてもち続けている。恐怖政治はもはや、近代のブルジョワ的個人主義と矛盾する古代的な公民表象から生まれるのではない。またそれは、自由主義的な歴史家たちが言うように、ブルジョワジーが一七八九年以来勝ち取ってきたものをヨーロッパ連合軍に対抗して救い出すための忌まわしいが一時的な手段というのでもない。かくして恐怖政治は、その見かけとは裏腹に、貨幣と同じく自由主義の実践と一体不可分なものなのである。ところが、ロベスピエールの聖職者的性格に関するシュティルナーの分析を批判している(5)『ドイツ・イデオロギー』の別の箇所においては、マルクスがそれとまったく逆のことを語っていることも確かである。彼はそこで、ロベスピエールに対抗する勢力すなわちジロンド派とテルミドール派を有産者の代表者たちとみなす一方で、ロベスピエールの独裁を「真に革命的な唯一の階級すなわち〈無数の〉大衆」のなかから生まれたと語っているのである。さらにその少し先で彼は、この解釈をまったく同じように反復しながら、「聖マックス〔シュティルナー〕」が「多くの頭部が切り落とされた現実の理由、すなわち、きわめて卑俗な利害に基づく経験的な理由、それも、**相場師**の利害などではなく、〈無数の〉大衆の利害に基づく理由」についてひとことも語らなかったことを非難しさえするのである。

したがって、われわれはここで、恐怖政治に関する相矛盾する二つの分析に直面しているのである。これら二つはいずれも、『聖家族』の分析とは両立しない。なぜなら、これらの分析はいずれも階級の現実に基づいているからである。ただしこの点に関するかぎり、これらはどちらもマルクスが構想する歴史の一般理論に忠実である。だが、最初の分析では、恐怖政治は、ブルジョワの利害と自由主義を実現する手段であると同時に、他方では、何とも面映いかぎりだが、フランスの革命的ブルジョワジーの「活力」を実現するための手段である。二番目の解釈では逆に、一七九三年はすでにブルジョワジーの手を離れており、ロベスピエールとサン゠キュロット派の独裁（マルクスは、自分が読んだ歴史家たちにならってこれらを区別しない）は「大衆」の利害を体現している。なぜなら、そこで問題となっているのは、自由主義を超えて革命を追求し続けることだからである。ここでもまた、フランス革命がブルジョワ社会の地平を乗り越える可能性をすでに示していたという考え方が階級的な観点から提示されていることがわかる。ただしそれは、まったく新しいかたちで、だがはるかに明確なかたちで提示されているのである。しかしながら、『ドイツ・イデオロギー』の理論的文脈においては、このような考え方は、フランス革命が徹頭徹尾ブルジョワ的でしかないという考え方と衝突する。

こうした矛盾から脱却するためには、これよりもやや後に書かれたマルクスのテクストにあたってみるのがよいだろう。それは、ブリュッセルで発行されている『ドイツ語新聞』に一八四七年十月から十一月にかけて掲載された長大な論文のことである。マルクスはそこで、ドイツにおける革命の条件をめぐってカール・ハインツェンと論争している。そのなかでマルクスは、『ドイツ・イデオロギー』の諸テーゼとりわけブルジョワ社会に対する国家の派生的・従属的な性格をあらためて強調するためにエンゲルスに肩入れするようになる。それはちょうど、ブルジョワ社会が成熟期に達してまもない頃であった。このブルジョワ社会を構成している所有関係は、ブルジョワジーの政治的支配の結果であるどころか、逆に、この政治的支配こそこのような社会構造の産物である。さらにマルクスは次のように言う。「したがって、たとえプロレタリアートがブルジョワジーの政治的支配を覆したとしても、その勝利は一時的でしかないであろうし、またそれは、一七九四年の場合と同様に、**ブルジョワ革命**それ自体に奉仕する一要因にしかならないであろう。歴史の流れのなかで、歴史の「運動」のなかで、ブルジョワ的生産様式の廃絶とブルジョワの政治的支配の決定的な崩壊を必然的なものにする物質的条件が創りだされないかぎり、そうなるだろう。ゆえに、恐怖政治の体制がフランスで果たした役割といえば、その強力なハンマーの一撃によって封建的遺物をあたかも魔法のごとく消し去ってしまうことだけであった。ブルジョワジーというものは臆病で妥協的であるから、何十年かけてもこうした仕事を最後までやりとげられなかっただろう。だからこそ、民衆の流血行為だけがブルジョワジーのために道を用意できたのである。ブルジョワジーにその発展の道を用意することだけだったのである(6)。」

しばしば引用されるこのくだりのうち、注釈者たちはたいていの場合、恐怖政治が封建制の遺物を一掃することによってブルジョワ革命の課題を「客観的に」なしとげるという一節のみをとりあげる。だが、こうした考え方はめったに見られないものとはいえ、マルクス自身が展開しているマルクス主義的文脈においてはあまり分析に耐えるようなものではない。もしかりに、フランス社会の進化の果てに権力があたかも熟した果実のごとくブルジョワジーの手に落ちるということが本当だとすれば、そのブルジョワジーがこの果実を手に入れる日を目前にして尻込みするのはなぜなのかがわからない。他方で、すでに見たように、マルクスは、ドイツのブルジョワジーとは対照的なフランスのブルジョワジーの「活力」やその歴史意識に対してしばしば敬意を払っている。ところがここでは、フランスのブルジョワジーもまた、ドイツの俗物たちとまったく同様に「臆病で妥協しがち」であり、国境を越えてこの階級全体に共通する一種の本性へと還元されてしまっている。最後に、もしかりに、恐怖政治の「ハンマー」がブルジョワ革命にとって必要不可欠であったとする考え方を、マルクス主義的歴史哲学とでもよべそうなものとの首尾一貫性という観点からではなくて、周知の事実との関連において見るならば、それはもはや検討に値しないものとなる。なぜなら、フランスのブルジョワジーが「封建的」諸制度を覆すために民衆を必要としたのは一七八九年のことであって、一七九三年のことではなかったと断言できるからである。また、七月十四日も七月から八月にかけて起きた農民運動も、マルクスが「恐怖政治の体制」とよぶものには回収しえない。

だが、この長い引用の残りの部分には、さらに厄介な問題がある。マルクスはそこで実際、一七九四年の独裁すなわちロベスピエールの独裁をプロレタリアートによるブルジョワジーの政治的支配の「転覆」として定義する。だが、それが「一時的な」転覆でしかないのは、プロレタリア革命の客観的な条件が出揃っていないからである。さらに第三の要素として、この転覆がしかしながら、すでに転覆されたものに再び奉仕するようになるということがある。これは、彼のテーゼとしてはまったく新しいものである。なぜなら、彼が『聖家族』から『コミュニスト宣言』に至るまでつねに言ってきたことは、もしかりに、ブルジョワ社会のなかにプロレタリアートがすでに胚胎しているように、ブルジョワ革命のなかにすでにプロレタリア革命の萌芽があるとしても、そうした考え方や予兆を正しく捉えていたのはバブーフであって、ロベスピエールはかりそめの現実すら正しく認識していないということだからである。

いずれにせよ、この偉大な精神のなかで矛盾と突飛さが積み重なっていくことは、彼がはまり込んでしまった思考図式の限界を示す徴候にすぎない。みずからの歴史哲学によって政治形態を階級的内容へと還元することを強いられるマルクスは、ロベスピエールの独裁とその最も華々しい形態である恐怖政治に対して、反ブルジョワ的で、しかも、マルクスにいわせればプロレタリア的ですらある民衆の現実を割り振る。だが、同じ論理的要請によってフランス革命全体を自由主義的なブルジョワジーの到来として定義することを余儀なくされるマルクスは、「プロレタリア的」なエピソード〔恐怖政治〕をその反対物〔ブルジョワ支配〕の実現に奉仕するものとして語らなければならない。その結果、二つの問題が必然的に答えなしのまま残る。まず第一に、このエピソード〔恐怖政治〕の性質と、それを可能にした歴史的状況という問題がある。つぎに、この政治「体制」すなわち恐怖政治が、みずからが従属しているはずの社会から生まれでたものではないという謎がある。こうした支離滅裂さは、政治史の自律性を否定するマルクスが不可避的に支払わざるをえない代償なのである。

したがって、一八四七年の論文のなかには、『ドイツ・イデオロギー』の矛盾、すなわち、フランス革命がその当事者についてもその最終的な功罪という点でも一貫してブルジョワ的であったとする見方と、ジャコバン独裁が革命の最終的帰結〔ブルジョワ支配の確立〕と矛盾するものではないとしながらもその例外的な性格をとくに考慮する見方とのあいだに生じる矛盾を解決する方策は見いだされない。だが、この二つの見解は、少なくとも本質的な点では共通している。つまり、政治的なものを市民社会へと還元するとともに、フランス革命をすでに社会における支配を確立していたブルジョワジーによる国家権力の奪取の歴史とみなすということである。他方で、この時期に書かれたフランス革命に関するマルクスの記述のすべてが、この歴史的必然性の純粋図式に厳格にのっとっているということも指摘しておく必要がある。そこではたとえば、革命下のフランスがヨーロッパの君主たちに対抗しておこなった戦争のような外的な出来事が果たしたはずの役割についてはひとことも触れられていない。このテーマは、フランスの歴史記述においては、恐怖政治を説明または正当化するものとして頻繁にとりあげられる[7]。だが、マルクス自身はそれを利用しない。演繹的な精神の持ち主である彼は、みずからが最終的に見いだした概念的枠組みの基本原理に忠実に従うのである。

一八四八年の諸革命、なかでもとくにプロイセンとドイツの革命は、この概念枠組みの有効性にとってきわめて重要な試金石となる。そのときまでマルクスは、フランスの事例が今なおその最大の模範であり続けている政治革命と未来の社会革命とをたえず対比していた。前者は結局のところ、社会においてすでに支配的地位にあったブルジョワジーによる国家権力の奪取であり、また、その直後に所有関係が法的に変更されることである。逆に、封建的所有形態ではなくブルジョワ的所有形態を廃絶するはずの後者は、社会全体の解放と政治的なものの根絶をもたらすことになるだろう。マルクスは、この対比をドイツの民主主義者たちに向けてたえずつきつける一方で、彼らが共和主義の理念と社会の解放という理念を混同していると非難する。だが、彼は同時に次のことも強調している。すなわち、これら二つの歴史的プロセス〔政治革命と社会革命〕は、互いに異なると同時に矛盾さえしている内容をもつがゆえに厳密に区別されるが、それにもかかわらず、これらは二重の意味で結びついているということである。なぜなら、第一に、それらが相前後して生じるからであり、つぎに、前者〔政治革命〕がプロレタリアートにもたらすさまざまな組織化の可能性を通じて前者が後者〔社会革命〕の発生を促すからである。ドイツのプロレタリア革命がブルジョワ革命の成功の後に続くという仮説は、一八四七年のテクストのなかにも頻繁に登場するが、それは『コミュニスト宣言』においても本質的な重要性をもつ。また、一八四八年六月にマルクスとエンゲルスがケルンで創刊した『新ライン新聞』も、ドイツ共和国という理念のもとにコミュニスト同盟と結びつきをもつ戦闘員たちのみならず民主主義勢力のすべてを結集させることを試みていた(8)。

　ところが、ドイツの革命はすぐに行き詰まりを見せる。プロイセンのブルジョワジーとドイツのブルジョワジーは一般に、民衆階級と連携するよりも権力者一族や貴族社会と妥協することのほうを優先する。ドイツの現状をめぐるカール・ハインツェンとの論争の見事な箇所において、マルクスは一年以上も前にこれらの出来事がたどる経緯を予見していた。「ドイツは、きわめて特異なゲルマン＝キリスト教的不運に見舞われている［……］。ドイツのブルジョワジーはあまりにも遅れをとってしまったために、より進歩したすべての国々ではすでにブルジョワジーが労働者階級との闘争を開始しているというのに、またそこでは、ブルジョワジーの政治的幻想がとうにヨーロッパ意識へと解消されてしまったというのに、ようやく今頃になって絶対君主制との闘争に乗りだし、みずからの政治権力の確立を求めはじめたのである。この国では、絶対君主制の政治的なみじめさが壊れかけの封建的秩序や封建的制度のあらゆるものをともなって今なお存続しているわけだが、それに加えて、工業が発達してドイツが世界市場に依存するようになった結果、一部ではすでにブルジョワジーと労働者階級とのあいだに近代的な敵対関係が芽生えはじめるとともに、それに起因する闘争も起きている［……］。こうしてドイツのブルジョワジーは、自分たちが政治的に階級として構成される以前の段階においてすでに、プロレタリアートと対立していることに気づくのである(9)。」

ドイツにおける一八四八年革命の失敗は、マルクスにしてみれば、やはり自分が診断した通りになったというわけだが、そのことは同時に、彼のなかにいつまでも残り続ける古い二つの感情をまたしてもよびさますことになる。すなわち、二つの時代のはざまで立ち往生したままみずからの「歴史的」課題に直面できないドイツのブルジョワジーの意気地なさに対する軽蔑と、彼らとは反対に、十八世紀末に全人民の名においてその政治革命をなしとげたフランスのブルジョワジーの気概に対する賞賛である。こうしてマルクスは、一八四八年から一八五〇年にかけてフランス革命に関するいくつかの重要な所見を書き残すことになる。

それらは、『ドイツ・イデオロギー』の精神に忠実であるとともに、いくつかの点で『ドイツ・イデオロギー』を補足している。マルクスはそこで、その形式においては政治的と定義され、その内容においてブルジョワ的と定義されるこのフランス革命という現象の統一性をかつてなく強調している。とくに、フランスのブルジョワジーが封建制と絶縁するさいの大胆なやり方や、彼らを革命的国民たらしめたそのラディカリズムに力点を置いている。すでに『ドイツ・イデオロギー』のあるくだりにおいてマルクスは、第三身分の主導のもとで国民議会へと転じた全国三部会が一七八九年の六月から七月にかけて権力を暴力的に掌握したことを祝福していた。[10] 要するにそれは、革命の権威によって主権の概念と近代的な代表制理論とを基礎づける行為なのである。一八四八年七月の論文のなかでマルクスは、新たなドイツの俗物すなわちプロイセンの農業大臣の活動あるいはむしろその臆病さをフランスの先駆者たちの業績と対比しながら痛罵している。「バスティーユ襲撃から三週間後の一七八九年八月四日。フランス人民が封建制の重荷に打ち勝つためには、この一日さえあれば十分であった。三月のバリケード事件から四カ月を経た一八四八年七月十一日、封建制の重荷はドイツ人民に打ち勝つのである。」[11] さらにマルクスは次のような重要な一節を付け加えているが、そこでは、ドイツ・ブルジョワジーの場合とは対照的に、フランス・ブルジョワジーがみずからの行動とみずからの歴史的役割の条件を真に理解していたことが評価されている。「一七八九年のフランス・ブルジョワジーは、その盟友である農民たちを一瞬たりとも見捨てなかった。彼らは、みずからの支配の基礎が、農村部における封建制の破壊と土地を所有する自由な農民階級の創出にあるということを知っていたのである。」フランス革命は、ブルジョワ階級の利害によって定義されるとはいえ、農民を筆頭とする人民全体によってなされたものである。なぜなら、農民もまたそこで、一時的にではあるが、貴族に対するブルジョワの優位を規定する諸々の条件がみずからの優位をも規定していると考えたからである。

革命の成功に不可欠な階級同盟という問題は――一八四八年の失敗以来、マルクスに終生つきまとうことになる問題であるが――、一八四八年十二月の『新ライン新聞』に掲載された「ブルジョワジーと反革命」と題するマルクスの有名な論文の出発点となった。ここでそれを多少詳しく検討する必要があるのは、ひとつにはその論文の深遠さとすばらしさのためであるが、さらにそれは、マルクスの人生の一八四五年から一八四八年にかけての時期すなわち彼がみずからの人生のすべてを占めるようになった方法と問題を見いだしたときから、彼が三十歳にしてはじめて経験した大きな政治的挫折すなわちドイツの革命の失敗をこれらの方法と問題に照らして分析するようになるまでの時期を締めくくるものでもあるからである。

マルクスの三つの祖国は、こうして憂鬱な出会いを果たすことになる。ドイツ、イギリス、フランスという三つの国の歴史は、彼にとっては世界の歴史である。ドイツの革命は、みずからの挫折の理由を理解するためにイギリスの革命とフランスの革命の法廷に出頭する。なぜなら、いつも彼の念頭にある例の考え(12)をここでも復唱するマルクスにとって、ヨーロッパ近代の二大頂点たるイギリスとフランスの革命は、そもそも二つの点で類似しているからである。第一に、この二つの革命は、ブルジョワジーの政治的台頭という同じ歴史的課題を達成する。第二に、それらがこの課題をなしとげるさいの当事者の戦略的配置が同じである。すなわち、一方にはブルジョワジーと民衆があり、他方には王権と貴族と教会があるという構図である。

もちろん、ここでいうイギリスの革命とは一六四八年の革命のことであって、一六八八年の革命ではない。マルクスとギゾーとのあいだの誤解のすべてはこの点に起因していたのであって、そのことは、マルクスがこれよりも少し後（一八五〇年）にギゾーの近著『イギリス革命はなぜ成功したか　イギリス革命史論』の書評として書いた論文を読めばわかる(13)。ルイ゠フィリップ政権の閣僚も務めたギゾーにとって、この「成功」という言葉は当然のことながら、一六八八年の革命指導者たちが新しい王家を迎え入れたというイギリス革命の保守的な結末のことを意味していた。だが、一八四八年におけるドイツの失敗とまったく同様に、ここでもブルジョワジーは大地主たちの前に屈服したのだから、もしも**名誉革命**の前に**真の**革命すなわち一六四八年の革命が起きていなかったならば、この「成功」という言葉は、マルクスにとっては逆に失敗を意味するものになったはずである。なぜなら、一六四八年のラディカルな行動こそがまさに、一六八八年の妥協からその反動的な性格を取り除いたからである。

マルクスにとってイギリスの革命とは、一六四八年とクロムウェルであり、国王の死と航海条例なのである。それは、フランス革命と同様に、ブルジョワジーによって主導された革命であり、また、フランス革命と同様に、みずからの存在をもたず、ましてやブルジョワジーから独立した階級意識などあるはずもないプロレタリアートその他の民衆階層に支えられていた。こうしてマルクスは、以下のように書くことになる。「たとえば一七九三年から一七九四年にかけてのフランスの場合と同様に、これらの社会階層は、ブルジョワジーと対立しているときですら、ブルジョワジーの利害を勝利させるために闘っただけであった。ブルジョワジーと同じやり方ではないにしても、そもそも、**フランスにおける恐怖政治とは**、ブルジョワジーの敵である絶対主義や封建制や小ブルジョワ的精神を厄介払いするための**平民的な方法**以外の**何ものでもなかったのである**(14)。」フランスとイギリスの農民問題はその性格があまりにも違いすぎるために、マルクスはそれらをフランスとイギリスの比較という枠組みのなかで扱うことができなかった。そのため、この二つのブルジョワ革命がもつ民衆的性格は、水平派やサン＝キュロットによって強調されることになる。こうして彼は、一七九三年から一七九四年にかけてのフランスに関する新たな見方を提示する。そこで問題となるのは、みずからのために一時的に権力を奪取するプロレタリアートではもはやなくて、異種混交的で政治的自立性をもたず、たとえブルジョワジーと対立しても結局はブルジョワジーの利害の勝利をいっそう確実にしてしまうだけの「ブルジョワジーに属さない」社会階層全体である。したがって、この名状しがたい〔ブルジョワジーと庶民層の〕同盟の一時的な勝利が大革命へと転化するというのは、革命の内容というよりもむしろ方法なのであり、しかもそれは「平民的な」一時期に限ってのことでしかない。

一八四七年の解釈よりもはるかに洗練されているこの新しい解釈は、フランス革命の経緯全体の内容的統一を破壊しないという利点をもっている。もちろん、プロレタリアートや庶民大衆による介入もあるにはあるが、プロレタリアートの発達が十分でないために、ブルジョワジーの政治意識に依拠しない独自の政治意識はいまだ存在しない。要するに、恐怖政治が反映しているものはせいぜい、個々の介入や統治の様式や形式でしかないのである。したがって、これ以降問題となるのは、発達の遅れたプロレタリアートがいかにして支配的な政治的同盟に参画しうるのか、また、ブルジョワジーが、たとえ一時的にとはいえ、ようやく手にした権力をむざむざ手放してしまうのはなぜなのか、最後に、ブルジョワジーの後に続く

〔ブルジョワジーと庶民層の〕ちぐはぐな同盟が、ブルジョワジーと闘いながらもなおその政治をおこなうということがいかにして可能なのか、これらを説明することである。不幸なことに、それについてマルクスはもはや何も言わないし、これからも何も言わないであろう。だが、彼の分析から暗に読み取れることは、彼が一七八九年のブルジョワジーが示した大胆さと歴史認識をほめ称える一方で、一七九三年のブルジョワジーに関しては逆に、みずからの行動が招いた結果を前にして集合的な恐怖感情に陥ったと見ていることである。つまりマルクスは、フランスのブルジョワジーのなかにもまた、ドイツの俗物根性と同じものや彼が忌み嫌う小ブルジョワの臆病な精神を見いだすのである。だが、彼はそれを書くことができない。なぜなら、フランスのブルジョワジーとドイツのブルジョワジーの対照性こそがその分析の核をなしているからである。それにまた、ジャコバン独裁とロベスピエールを何とかうまく説明したいと願うマルクスとしては、穏和主義や「小ブルジョワ的精神」に対する闘争が社会的にはまさしく小ブルジョワからなる政府によっておこなわれたということを詳しく論じたいとはおそらく思わないであろう。このように、フランス革命におけるさまざまな政治形態が純粋にブルジョワ的なものとして決定されているということは、彼にとって乗り越えがたい諸問題を提起し続けることになる。

だが彼は、この論文の残りの部分では逆に啓蒙の息子らしい口調を取り戻すことによって、一六四八年および一七八九年を新しいヨーロッパが誕生する日々として祝福している。なぜなら、結局のところ彼は偉大な自由主義者たちと同じ立場に立っているからであり、その彼らに対してマルクスは愛憎半ばする両義的な関係によって結びつけられているのである。そのことは、フランス革命の功罪が論じられるさいにとりわけはっきりするが、さらに言えば、マルクスは彼らの著作からフランス革命の見方を学んだのである。革命という出来事の意味が彼にとってはほとんど自明であるということを理解するためには、今まさに閉じられたばかりのドイツの革命の墓穴の傍らで彼が一六四八年と一七八九年をともに祝福するのを聴くだけで十分である。「一六四八年と一七八九年の革命は、イギリスとフランスの革命ではなくてヨーロッパの革命であった。それらは、古い政治システムに対する一部の社会階級の勝利ではなくて新しいヨーロッパ社会にふさわしい政治システムを告知するものだったのである。それらはブルジョワジーの勝利であったが、その勝利は同時に新しい社会システムの勝利であり、封建的所有制に対するブルジョワ的所有制の、地域感情に対する国民感情の、社団制に対する競争の、世襲貴族領に対する分割相続の、世襲地主の支配に対する土地保有農民の支配の、迷信に対する啓蒙の、名前に対する家族の、英雄的な怠惰に対する産業の、中世的な諸特権に対するブルジョワの権利の、勝利なのであった。一六四八年の革命は、十六世紀に対する十七世紀の勝利であり、一七八九年の革命は、十七世紀に対する十八世紀の勝利であった。これらの革命は、それらが生じた特定の地域すなわちフランスとイギリスの欲求というよりもむしろ、当時の世界の欲求を反映していたのであった。」(15)

マルクスはこの見事なテクストのなかで、バンジャマン・コンスタンやスタール夫人やギゾー、そして一八三〇年の人々にとってお馴染みであったテーマをみずからの言葉に置き換えて反復している。要するに、十七世紀と十八世紀においてはただひとつのヨーロッパ史しかなく、しかも、二つの近代的国民だけがあいついでその歴史の舞台となることができたという考え方は、同じ思考図式に由来するのである。マルクスと同様に、だがバークとは反対に、フランスの自由主義者たちは、イギリスとフランスの二つの革命のなかに同じ内容を実現する二つの行為を見ていた。すなわち、彼らが「文明」とよぶものの担い手である「中産階級」の台頭である。だが、彼らはマルクスと同様に、またマルクス以前にすでに、この診断が、貴族と旧社会に対するブルジョワジーの勝利をもたらした革命のなかに現れるさまざまなエピソードについての解釈とどう結びつくのかという点に困難を感じていた。つまり、彼らはマルクスと同様に、またマルクス以前にすでに、政治的なものが社会的なものによって決定されるという考え方から出発していたのである。だが、史的唯物論を構築することによって階級闘争の観点から彼らを反駁しようとするマルクスにとって、彼らが直面している解釈上の困難は哲学的な袋小路にほかならない。フランス革命にはたしかに意味がある。だが、それがどのように展開するかということまではわからないのである。

＊

マルクスの立場がこのようになったのは、彼がヘーゲル弁証法を「再び足で立たせる」ことによって、『ドイツ・イデオロギー』の転回以前の初期の著作に見られるフランス革命の解釈をすっかり変えてしまったからである。実際、『ユダヤ人問題について』と『聖家族』はすでに、フランス革命を封建社会に対するブルジョワ社会の勝利と見ていたが、その経緯をブルジョワジーの台頭や革命の結果に還元してしまうことはなかった。むしろ反対に、さまざまな固有の出来事の劇的な展開という意味でのフランス革命は、それをもたらす（それを生みだすというよりもむしろ、啓示する）社会と、その社会の現れとしての革命国家とのあいだに生じた一時的なねじれの産物なのである。青年マルクスは、フォイアーバッハ的な疎外の場という概念によって、マルクス自身の表現によれば「近代民主国家の生成過程」としてのフランス革命を考えることができた。だが、商品社会の人間たちが抱く共同幻想の歴史としてのフランス革命は、人間の類的本質との関連においてしか意味をもたない。つまり、この歴史は人間の類的本質の疎外された現れなのである。ところが、フォイアーバッハと決別して以降のマルクスにおいては、人間の歴史はもはや人間性それ自体とのかかわりをもたない。人間の歴史は端的にその内在的な現実のなかにあり、この現実だけが人間の歴史の現れ全体を説明することができる。なぜなら、この内在的現実こそが歴史的事実を生みだすからである。要するに、『ドイツ・イデオロギー』の唯物論は、ブルジョワ的市民社会とブルジョワ的政治革命とのあいだに隔たりが生じる余地をもはや残さない。一七八九年から一七九九年にかけてあれほど急速にあいついだあれほど多様なエピソードの各々は、たんにそれらに共通する起源だけでなく、ブルジョワ社会を最終的には当のブルジョワジーを裏切るかたちで生みだすというただひとつの目的へと還元されなければならない。フランス革命の仮面劇は、こうしてついにその革命を背後から操る**機械仕掛けの神**を見いだしたのである。[16]

こうした柔軟性のなさこそが、マルクスの革命概念そのものに、最も重要でありながら不明瞭であるという奇妙な性格を与えている。実際、彼が考える革命とは、近代の歴史的変化を示す主要な――そして必然的な――表現である。こうしてマルクスは、フランスの事例に呪縛されたヨーロッパの政治文化の内部にいつまでもとどまり続けることになる。彼の戦闘的な活動のすべてはドイツの革命へと向けられているが、彼はその革命を、あるときはフランスの先例を克服するものと考え、またあるときはたんにドイツの歴史を露呈するものでしかないと考えている。だが、いずれの場合においても問題となるのは、それが二つの時代を決定的に切断するという一七八九年にも匹敵するような偉大な出来事のきっかけになるかどうか、あるいは、そうした出来事をともなって生じるかどうかである。その証拠に、ドイツにおける一八四八年革命のあいだ、マルクスはフランスの事例をたえず念頭に置いていたし、また、そのドイツの失敗をたえずフランスの先例と結びつけて考えていた。彼の思考と活動に見られるこうした側面は、彼が革命を歴史的活動の特権的な形式または人間が世界と和解するための新たな形式とみなしていたということを物語っている。

だが、彼の歴史理論とりわけそこに含まれる同時代の歴史についての解釈が市場や近代的個人の解放に力点を置いているということは、彼が同時代の歴史に見いだしたものがひとつの調整局面にすぎなかったということを示している。歴史の審判がどのように下されるかを決定するのはこの調整の必然性であって、人々の意志ではない。これ以降、生産諸力の発展と市民社会の成熟によって規定される革命は、その概念が意味するところのものと矛盾する二つの性格をもつことになる。つまり、一方でそれは、人々の政治的活動の結果であるというよりもむしろ避けがたい事態に対する彼らの同意である。他方でそれは、それ以前に起きた出来事の承認であり、みずからの原因によって全面的に定義されており、みずからの起源のうちにすでにあり、みずからのアイデンティティをみずからに先だつ事態から引き出すと同時にその事態を顕在化させる責務を担っているのである。つまり、革命は、過去と決別すると見せかけながらその過去を完成するものなのである。こうしてマルクスは、一八二〇年代フランスの自由主義的な歴史記述に見られた古典的パラドックスを再発見するとともに、それを唯物論的な表現に置き換えて反復することになる。なぜなら、フランスの自由主義的歴史記述もまた、革命現象の必然性という考えを完全に受け入れていたからである。もし一七八九年がアンシアン・レジームを完成するものであるとすれば、フランス革命とはいったい何なのか。

フランスの自由主義者たちのいう歴史の必然性とマルクスのいう歴史の必然性とは、原因と結果のつながりにおいて違いがある。つまり、ギゾーがブルジョワジーの勝利を神の摂理と君主政の仕事の必然的帰結とみなしているのに対して、マルクスはそこに生産諸力の発展が必然的にもたらす矛盾の産物を見ているのである。したがって、歴史の必然性がこの二人を同じ未来の予言へと導くことはもはやない。ギゾーがブルジョワジーの勝利を歴史の終焉とみなし、また、それを持続的な代表制度の確立によって完成しなければならないと考えているのに対して、マルクスは一七八九年を人類が搾取の王国から最終的に解放されるまでの一段階にすぎないと考えている。しかしながらこの二人の説は、革命概念を決定論のなかで考えようとする試みのすべてがかかえこむことになる困難を共有している。そのことは、マルクスが一八四八年のドイツの革命のさいに、みずからの同国人たちに向けて革命的活動をよびかけるべきか、それとも、自国の遅れゆえに彼らの行為に重くのしかかる客観的制約を悲観的に見るべきかをめぐって、どれほど悩み続けたかを見ればよくわかる。『ドイツ・イデオロギー』のなかで、自国のブルジョワジーが一七八九年のフランス・ブルジョワジーと「同じ地点」にあると書くとき、マルクスは、社会の進化がドイツ・ブルジョワジーにフランス・ブルジョワジーと同じ自由主義的で国民的な課題を半世紀遅れで割り振っていると理解していた。だがその後で彼は、成功したブルジョワ革命の後にプロレタリア革命が続くという流れとはまったく別の可能性を示唆するようになり、こうして一八四八年とそれ以降の彼は最終的に、なぜドイツが一七八九年さえ実現できなかったのかという問題へと立ち戻ることになる。(17)

革命概念のこうした用法にともなう矛盾ないし一貫性のなさは、歴史的変化の客観的要因と主観的要因とを区別することによっては解決できない。なぜなら、こうした区別は、因果関係における発展の客観的要素にきわめて明確な優先権を認めるマルクスの理論においては部分的にしか成立しえないからである。このことは、『ドイツ・イデオロギー』においてたえず強調される点である。なぜなら、彼はそこで観念論と決定的に決別するとともにその決別を促してもいるからである。したがって、この区別から出発するかぎり、経済的・社会的なものが政治的・イデオロギー的なものと対立するというマルクスの構図が客観的な状況からあまりにかけ離れていることを説明することが困難になる。だが、ドイツの場合については、マルクスははじめに、ブルジョワ革命が最終的にプロレタリア革命に至りつくことができるという仮説を、次いで、ブルジョワ革命の条件が一七八九年のフランスの場合と同様にすでに存在しているにもかかわらずドイツのブルジョワ革命はその目標を達成できないという仮説を導入する。この二つの命題は、ドイツの現状をめぐるマルクスの分析が一八四八年以前と以降では逆転していることをあざやかに示しているが、革命の観念を歴史の必然性の観念から切り離すという点ではこの両者は共通している。前者においてプロレタリア革命はまったくブルジョワ的な歴史の流れにあってもなお起こりえたが、後者においては、ブルジョワ革命はそれが社会進化の帰結であるにもかかわらず起きなかった。したがって、ブルジョワ革命を必然的とみなすことはできないのであり、ブルジョワ的ドイツは別のやり方で実現されなければならないのである。

このように、マルクスの革命概念の両義性は、彼が一方では歴史の必然性を示唆しておきながら、他方ではそれを排除するというところから生じている。十八世紀末のフランスの場合のように革命が実際に起きたときには、マルクスはその革命をその結末や形式や経緯のいずれにおいても全面的にブルジョワ社会の到来によって生みだされたものと解釈する。だが、一八四八年のドイツの場合のようにそれが起きなかったときには、マルクスはそれを当事者たちの無能さ、すなわち、伝統的に臆病で、しかも今回は労働者階級によって左翼から脅かされているドイツのブルジョワジーの意気地なさによって説明するだけである。したがって、こうした失敗があってもブルジョワ社会がすでに形成されて存在しているという事実に何ら変わりはないし、そのブルジョワ社会は、いずれ革命以外の形式によって自己の存在を主張するようになるはずである。フランス革命の場合、マルクスはそれを端的に社会的内容の現れとみなすが、ドイツの革命の場合には、それをたんにブルジョワ社会の自己主張のありうべき方法、だが不可避ではない方法のひとつにすぎないものとみなす。前者において、政治的なものは社会的なものに従属しているが、後者におけるそれは、少なくとも相対的には社会的なものから解放されるわけである。ここには、彼の歴史理論に内在する矛盾、しかも、彼の仕事の政治的な部分とりわけ十九世紀フランスの革命に関する彼の分析にたえずつきまとう矛盾がはっきり現れている。

また、マルクスが青年期からブルジョワ革命の古典的モデルとみなし続けてきた本来の意味でのフランス革命に関しても、彼の解釈はときにきわめて明白に、その歴史的な登場人物すなわち一七八九年や一七九三年の主要人物の立場、換言すれば、総じて勝利した階級の立場に立っている。だが、こうした解釈と相矛盾する別の記述も存在するのである。なぜなら、マルクスはたいていの場合、フランスの革命的ブルジョワジーの大胆さや意志の強さや視野の広さをほめ称えているが、他方では、一七九三年をフランス・ブルジョワジーの意気地なさによって説明することもあるからである。フランス革命についての彼の解釈の本質は、支配的な社会階級がすでに存在することから帰結する出来事の必然性という点にこそある。だが、この分析にともなうパラドックスのひとつは、マルクスがこの階級の歴史とこの階級が主導し体現する新たな社会構成体の歴史をいっさい書かなかったばかりか、その構想すら示さなかったということである。マルクスは、哲学的には国家に対する市民社会の優位を認めており、しかもそれをみずからの説明の核にしている。ところが、彼はけっしてみずからの命題を証明しようとはしない。それはまるで、十八世紀のフランス・ブルジョワジーの経済的・社会的成熟を一七八九年の政治的パフォーマンスから導き出すためにはみずからの理論的公準だけで十分であり、しかも、この公準こそがその導出を可能にすると言わんばかりである。そこでは、みずからの仮説を逆に検証してみるという手続きがとられることはない。マルクスは歴史を、独自の知的拘束力をもつ探求の道具としてよりもむしろ、みずからの理論を実証するための事例集成として利用しているのである。

実際、マルクスが一八四五年から一八五〇年にかけて書いた近代フランス史に関するテクストの全体を通じてとくに印象に残ることは、そこに一七八九年以前のフランスの経済や社会についての具体的な言及がほとんど存在しないことである。マルクスは、アンシアン・レジームよりもむしろフランス革命をはるかによく研究していた。また、彼がアンシアン・レジーム期フランスの研究のために費やした読書量は、のちに『資本論』として結実することになるイギリス社会史の熱心な研究の歳月を支え続けた膨大な量の読書にはとうてい及ばなかった。フランスのアンシアン・レジームについての記述はあるものの、その大部分は貴族とブルジョワジーのあいだの一時的な均衡システムとしての絶対君主制に関するものであり、階級そのものや階級の進化や経済の進化にはほとんど触れていない。この点はおそらく、アンシアン・レジームを自分で研究したわけではないマルクスが、みずからの読書体験とりわけギゾーの著作の強い影響を受けていることを示しているのであろう。だが、こうしたことはとりわけフランス史に関する暗に目的論的な見解に起因しているのであり、それもまた、マルクスがフランスの自由主義的歴史家たちから引き継いだものであった。その見解によれば、一七八九年はブルジョワジーの勝利をあまりにも明白に描き出しているために、それ以前の歴史はすべてこの勝利を起点にして秩序づけることができるのである。しかもフランスに関するかぎり、マルクスはその生涯を通じて政治史——まさしく革命史——にしか関心を示さないであろう。それはまるで、政治史を読み解く鍵であるはずの市民社会の諸々の変化が、逆に政治史から導き出されなければならないかのようである。つまり、革命は歴史によって一種の解釈特権を与えられているのである。

ブルジョワジーが中世以来たどってきた階級的発展の道のりを最も簡潔に描き出しているのは、『ドイツ・イデオロギー』である。ここでもまたヨーロッパ規模での全体像が問題となるが、こうした全体像を通じてマルクスは、商人階級がいかにして、法的地位によって定義される中世の都市住民や職業団体から一時的に離脱して封建社会の制約から解放された社会集団を形成したか、また、みずからの発展の条件をいかにして「自由な」商業や産業のなかに見いだすことになったかをたどりなおしてみせる。実際、当初から各地の都市センター間の遠隔地交易に専門的に従事してきたこれらの商人たちは、しだいに製造業とりわけ繊維産業の支配権を獲得していく。なぜなら、彼らこそが製造業に必要な資本を提供したからである。こうして、家内工業やマニュファクチュアが発達してくる。だが、ブルジョワジーの生成に関するこの有名な分析は、これまで数多くの研究とりわけ歴史研究の場でとりあげられてきたとはいえ(18)、それがフランス特有の現象を扱うものではないかぎりはここでのわれわれの検討対象にはならない。とはいえ、まさにこの分析によって、資本の原始的蓄積や、また、封建制から資本主義への移行局面、前資本主義的ブルジョワジーといった概念形成が可能になったのであり、また、フランス革命の社会的起源という問題を、十八世紀末以来フランス社会を支配している近代産業ブルジョワジーが掲げる空想的な公準などよりもはるかに精密でしかも正確な視点から考えることが可能になったということができる。だが、マルクスが提唱して以来今日の歴史家たちの共通見解となったテーゼ、すなわち、フランス革命が個人主義な所有関係を除けば(19)産業資本主義とは何ら縁がなく、さらには資本主義そのものとすらほとんど無縁であったアンシアン・レジームのブルジョワジーによって支配されていたというテーゼがわれわれにとって納得のいくものであることは確かだが、その一方でマルクスは、ブルジョワ革命の条件を定義するときにはたいていの場合、封建社会の生産関係を何が何でも暴力的に破壊しなければ気がすまないほどまでに成長をとげたブルジョワジーについて語っている。事実、『コミュニスト宣言』の有名な文言が語っているのはまさにこれであり(20)、また、こうした大胆な割り切り方こそが、『コミュニスト宣言』の目覚ましい成功をもたらす一方でいくつかの突飛な歴史認識をもたらしたのである。

ところで、一七八九年やそれ以前のフランス・ブルジョワジーについて、マルクスはより正確には何を考え、また何を言っているのか。この問題に関しては、すでに見たように、ごくわずかなテクストしかない。この点について最も明確に語っているのは、先に引用した『ドイツ・イデオロギー』のテクストである。そこで彼は、イギリスとフランスの功利主義哲学を論じるために、これら二つの国の経済的・社会的状態を比較しながら、彼のいう「発展途上にある闘争中の**ブルジョワジー**」を「成長を終えて勝利した**ブルジョワジー**」と対置している[21]。さらにその先では、重農主義者の認識のずれを強調するために「土地所有が最も重きをなす封建制がいまだ解体されていない時代における、フランスのいまだかなり原始的な経済条件」に言及している[22]。だが、これらの記述は正確さを欠くうえに、フランス史に関するマルクス主義的分析の目的論的性格をいたずらに強調することに終始している。なぜなら、フランス史の最も重要な出来事であるフランス革命は、そこではもはやたんなるブルジョワジーの闘争の産物にとどまらないからである。それは、封建制を破壊することによって経済に劇的な効果をもたらしたということがあらかじめその功績として認められているのである。それはまるで、フランス革命が土地所有の支配に終止符を打つためにおこなわれたかのようである。

したがって、一八四八年革命の前後にあたる一八四五年から一八五〇年にかけての時期のマルクスが、フランス史のなかにフランス革命しか見ていないことは明らかである。一七八九年に対する彼の古いドイツ的強迫観念は、ここでも新しいかたちをとって生き延びている。そこでは、彼がかつてフォイアーバッハ的批判をおこなっていたときのように近代民主国家を批判するということは、もはや問題にならない。

いまや問題となるのは、一方では、一八四五年以降に『ドイツ・イデオロギー』のなかでその概要が示された史的唯物論へとフランス革命をいかに回収するかであり、他方では、ドイツの革命をいかに実現するかである。かくして、哲学者は革命の闘士となる。当時のマルクスはすでに、フランス革命に関する豊富な読書経験――バンジャマン・コンスタン、ギゾー、ミニェ、ティエール、ビュシェ、ルー、さらには、その時代に入手できた文献全般――を積んでいた。だが彼は、みずからの姿勢の変化やみずからが設定する理論的・実践的課題に応じて、これらの読書から得た知識にそのつど修正を加えている。

一方で彼は、みずからの概念体系に従って、フランス革命が初めから終わりまで一貫してそれが解放し顕在化させるブルジョワ市民社会の要求に明確に応えるものであったということを強調する。だが他方では、みずからの戦闘的な活動に従って、ドイツの歴史が見習うべき活力に満ちた模範をフランス革命から引き出すためにフランス革命のもつ断固たる性格の解明に努めたり、そうした性格を賛美したりするのである。マルクスはこの時期に、一七八九年やその四月から八月にかけてブルジョワジーが果たした役割に関する記述を残しているが、その圧巻ともいえる部分は、おそらくこうしたマルクスの姿勢に由来すると思われる。なぜなら、まさしくこの数カ月のあいだに、彼のいう封建社会すなわち諸身分と諸社団からなる社会構造が破壊されるからである。この決定的な時期における歴史の主人公たちのふるまいは、哲学者〔マルクス〕が彼らに割り当てた役割に厳密に対応している。つまり、ブルジョワジーはブルジョワ革命を実現するのである。このブルジョワジーの知性と活力こそが、彼らによって実現されるものの重要性をいっそう高めたのであり、また、彼らの行動は、ブルジョワ階級が担う歴史的義務を客観的に果たすこと以外の何ものでもない。ただしそれは、国民の名においてなされるのである。このテーマに関しては、『ドイツ・イデオロギー』のなかに見事な一節があるが、そこでマルクスは、六月に主権が国王から全国三部会へと移ることの重要性を強調している。なぜなら、そのときまさに、古い封建的な制度が国民議会へと変貌するからである。すなわちそれは、近代的公民性が誕生する瞬間であり、また同時に、ブルジョワ的所有が誕生する瞬間でもある。さらにそれは、古い**代表**の概念を根底から変えてしまう。ブルジョワジーが有産者による新たな社会支配を普遍性の旗印によって隠蔽するとき、彼らは同時に、貴族や宮廷に対抗する自分たちが都市や農村部の民衆に立脚しているということを十分に自覚している。七月十四日の都市革命と農民反乱を経験した国民議会は、速やかに八月政会を布告してアンシアン・レジーム社会を一掃する。こうしてマルクスは、一七八九年の出来事が、歴史的行為としての意味やその行為をなしとげる活力と知性、そしてその行為がもたらす変化の明晰さとを同時に説明できる可能性を示したがゆえに、それらの出来事がみずからの理論をいわば完璧に例証していると考える。事実マルクスは、その生涯を通じて、フランス史を革命の古典的宝庫とみなし続けるだろう。それによって彼は、十八世紀以降の革命的出来事に見られる反復的性格やそれらの母体となった出来事〔フランス革命〕の範型的性格を強調するのである。

だが、一七八九年がこのように完璧に理解できてしまうことによって、かえって、後続するあらゆる出来事についての解釈がいっそう困難になる。青年マルクスがジャコバン的恐怖政治や総裁政府やナポレオン独裁に関心を抱いたのは、十分な理由があってのことである。彼自身が書いているように、民主国家の生成は彼にとってはフランス革命の本質をなしていたからである。ところが、一八四五年以降のマルクスは逆に、フランス革命全体をブルジョワ市民社会の誕生へと還元してしまい、ブルジョワジーとは無関係な事件までもがその誕生に寄与するものとされる。この矛盾を説明するために、彼は自由主義的な歴史家たちのように「時局 circonstances」すなわち対ヨーロッパ戦争や内戦といった内外の状況に起因する不可抗力をもちだしたりはしない。恐怖政治の「ハンマー」の存在理由は、一七八九年とまったく同様に、「怖気づいた」ブルジョワジーによって裏切られたブルジョワ革命を実現する必要性と、最後まで残った「封建制の遺物」をフランスの地から一掃する必要性によって説明されるのである。かくしてマルクスによれば、ブルジョワたちが民衆に取って代わられるのはブルジョワ自身の弱さのせいなのだが、しかしそのことはたいして重要ではない。なぜなら、革命国家はもはや社会的決定に完全に従属するプロセスにおけるたんなる副産物にすぎなくなるからである。他方で、帝政時代は彼の思考領域から姿を消してしまったように見えるが、それはまるで、帝政時代が、『聖家族』で示された解釈の場合とは反対に、これ以降フランス革命史とは無関係になってしまうかのようである。厳密な意味でのフランス革命を構成する政治的変化のすべては、これ以降、ブルジョワ支配という共通の尺度によって測られるのである。

マルクスが一八五〇年に書いたギゾーの最新のイギリス革命論に関する書評を読みなおしてみれば、こうした唯物論的解釈の暴虐が歴史分析をどれほど貧しいものにしてしまうかがわかるだろう。(23)ルイ゠フィリップ政権の元首相〔ギゾー〕は、この論文のなかでフランス革命に対するイギリス革命の優位をあらためて主張している。青年時代の古い比較のテーマを反復するギゾーは、みずからの政治的野心が一八四八年二月によって挫折して以降は、イギリス革命の成果をますます特権視するようになる。つまり、持続的な代議政体の創設をもってフランス革命の終わりとするのである。したがってその議論の狙いは、イギリスの成功とフランスの失敗とを比較しながらイギリスの成功をもたらした個々の要素を列挙してみせることにある。一八二〇年代にフランスの一六八八年たらんとする自信に満ちた野心を支えていた類似に対する楽観は、転覆された体制の元首相のなかでは差異に対する悲観に変わった。またギゾーは、イギリスの自由を支える要因として政治的・文化的要素を重視している。たとえば、政治革命に先だって宗教革命が存在していたことや、革命精神の行き過ぎに歯止めをかける代議制の伝統が徐々に形成されたことなどである。だが、マルクスが異議を唱えるのはまさにこうした主張に対してである。なぜなら、それらの主張はマルクスの考え方と矛盾する一種の歴史的説明に訴えているからである。

ギゾーの小著に関するマルクスの論文は、彼の最良の論文というわけではない。この時期の彼は、十七世紀イギリスの歴史についてはおそらくあまり知らなかったにちがいない。もっとも彼は、十七世紀イギリス史の少なくとも一部についてはギゾーの著作から学んだものと思われる。なぜならギゾー自身、それまでの仕事のなかでこの歴史を熱心に研究していたからである。(24) だがマルクスは、ギゾーのなかの政治的に保守的な人間すなわち一八四八年の敗残者としてのギゾーをとりわけ嫌っており、歴史家ギゾーとブルジョワ・ギゾーとをもはや区別していない。もっとも、これら二者のあいだには何の関係もないわけではない。一八五〇年にイギリス革命の「成功」について語っていたギゾーは、同時に、自分自身とその一八四八年二月の挫折についても非常にはっきりと書いているからである。だが、もっぱら歴史を扱っている彼の著作は、たとえそれがこの挫折をきっかけにして構想されたとしても、たんにこの失敗を取り繕うだけのものとみなされるべきではない。また、マルクスの文章も逆の意味で、一八四八年革命を念頭に置いていると考えられる。非常に挑戦的なこの文章は、敵をイデオロギー的な偏見のなかに封じ込める一方でみずからには当然のごとく客観性の特権を認めるという、偉大な未来を約束されたマルクス主義的「批判」の典型例である。

マルクスは、代議政体の問題に関心を示さない。マルクスから見れば、代議政体とはイギリスの革命を通じて権力の座についたばかりの一階級が編み出したものにすぎず、それは一世紀のちに別の革命によって生みだされたものと同じである。ギゾーにとってブルジョワジーの勝利が普遍的な意味をもつのは、それが自由な諸制度をうち立てたからである。つまり、その勝利は歴史の真の終焉〔目的〕なのである。他方、マルクスにとってブルジョワジーの勝利とは、諸利害の支配という究極の現実と不可分であり、この現実は、さまざまな体制や理念によって多かれ少なかれあからさまに隠蔽されているのである。政治的なものの背後に経済的なものを発見しなければ気がすまないマルクスは、イギリス革命が宗教的な性格をもっていたことや、それがより古い伝統を復興させるという逆説的な意志をともなっていたとするギゾーの見解を認めない。ゆえにマルクスは、自由思想がフランスの特殊性である以前にイギリスの発明であったということ、また、フランス革命もその当初においては古来の王国憲法の復活を夢想していたことを指摘して反論する。だが、これらの指摘は根拠薄弱なうえに的外れな応答でもあり、二つの革命、二つの国、二つの時代を隔てる歴史的な差異の数々を無視している。それでも、マルクスがそのことを意に介さないとすれば、それは彼が、より高次の解釈の地平に立つことによって多様性を一様性に還元する説明図式を見いだしたと信じているからである。

マルクスにとってイギリス革命をフランス革命と同じ鋳型にはめ込むためには、ギゾーが哀惜の念とともにイギリス的特殊性として数えあげるあらゆるもの、とりわけ、プロテスタンティズムや代議制をすべてブルジョワ社会の産物に置き換えてしまうだけで十分である。またかりに、これら二つの革命のあいだに違いがあるとすれば、それは、宗教的なものでも政治的なものでも制度的なものでもなく、社会的なものである。その違いは、十七世紀のイギリス・ブルジョワジーが資本主義的農業の発展の担い手であった大地主層と連携していたのに対して、フランス革命は逆に、「封建的な」大土地所有制を破壊しなければならなかったという点にある。こうして、これら二つの歴史の有名な差異は資本主義という同じ歴史の二つの様態に還元される。他方でマルクスは、イギリスの制度の安定性をギゾーがどれほど賞賛しようとも、それが十九世紀を超えて存続することはないだろうと見ている。彼にとっては、一八三二年の改革法案がすでに十七世紀に成立した社会的妥協の終焉を告げるものにほかならなかった。つまり、イギリスの産業ブルジョワジーは、みずからの利害の名のもとに古い国制を破壊することによって、前例のない階級闘争への道を切り開くべく運命づけられているように見えるのである。多くの同時代人たちと同様に、マルクスもまた、イギリスが政治的激動の前夜にあり[25]、したがって、フランスが経験したのと同じ運命をたどることになるであろうと考えているのである。

この議論のパラドックスは、ギゾーがこれよりも二十年ないし三十年前に、この二つの歴史が同じ方向に向かっていることについてマルクスと意見が一致していたということである。なぜなら、一八二〇年代におけるギゾーは、歴史がこのように同一方向に収斂していくことがヨーロッパ史の意味であり主題であるとみなしていたからである[26]。この時期の彼もまた、かつてのスタール夫人と同様に[27]、イギリス革命をもたらした歴史的必然性が来世紀においてフランス革命を引き起こすことになる歴史的必然性と同じものであると考えていた。だが、この必然性のなかには、貴族に対する平民の勝利だけでなく、代議制の創設ということも含まれている。それこそは、フランスがその大革命を締めくくるにあたってなお通過しなければならない最後の段階なのである。歴史家であると同時に政治家でもあったこの時期のギゾーが、フランスの一六八八年を実現する可能性を模索するさいに抱いていた知的な楽観は、ここに起因している。だが一八四八年は、フランスの革命の伝統をイギリスのモデルに還元することができないことをはっきり示すことによってこの確信を破壊してしまう。こうして、一八五〇年にはイギリスの成功とフランスの失敗という対比が明確になる。それはあたかも、同じ必然性がこれら二つの革命にとりつくのをやめてしまったかのようである。

だが、同じ比較の問題を扱っているからといって、マルクスがギゾーと同じ困難に直面するわけではない。なぜなら、マルクスは代議制をブルジョワジーの歴史の最終目的であるとはけっして考えないからである。その反対に、代議制は、イギリスの場合であれば、十九世紀における資本主義の進展が必然的にもたらす特殊で脆弱かつ一時的な社会的妥協の産物のように見えるのである。その結果イギリスは、フランスのモデルにならって階級闘争と不可分の政治不安をたえず経験することになる。ギゾーがあまりにも隔たってしまったように見えるこの二つの歴史を何とか結びつけたいと思い、またそうできると信じていたのに対して、マルクスは逆に、資本主義とプロレタリア革命の容赦ない作用がそれらをいずれ統合することになるはずだと考えているのである。彼のギゾー批判は目的論的な論理に従っており、『コミュニスト宣言』がその到来を予告している将来の革命の名においてなされている。この批判は、マルクスの思考やその仕事にいつもついてまわる二分法的な発想をよく示している。つまり、彼が研究する資本主義の経済史や社会史がイギリスの事例であるのに対して、彼に革命的断絶の政治モデルを提供するのはフランスの歴史なのである。したがって、明日のプロレタリア革命のみが、これら二つの歴史を和解させるとともに、それらを一体的に考えることを可能にするのである。

＊

一八四八年革命の前後にあたる一八四五年から一八五〇年にかけての時期は、マルクスがたえず偉大な先例に思いをはせていた時期であったが、この頃に彼がフランス革命について書いたものを読めば、マルクスのフランス革命解釈が時局――すなわち一八四八年――に負っているということ、とりわけ、フランス革命の経緯を説明しないまでもその意味を与える理論に負っているということがよくわかる。マルクスの知的生活のなかでフランス革命が果たす役割が、ここで検討してきた二つの時期すなわち『ドイツ・イデオロギー』の前後にあたる時期においてほど大きかったときはほかにない。それはまず第一に、「青年マルクス」とよばれる時期においてであり、次いで、ドイツ哲学がきわめて重視してきた観念的歴史〔頭のなかで進行する歴史〕というものをもういちど自分の足で立たせるためにあらゆる努力が尽くされる時期においてである。したがって、マルクスのフランス革命研究の評価は、ヘーゲルの仕事との比較を通じて可能になる。なぜなら、マルクスはこれらの期間を通して、ヘーゲルの「批判者」たることをやめたことはいちどもないからである。

この比較のパラドックスは、マルクスにいわせれば最も「思弁的な」哲学が、歴史的な個別性を最も注意深く扱う哲学であるという点にある。ヘーゲルの観念論は、十八世紀フランス史の具体的事実に対してマルクスの唯物論よりもはるかに深い関心を示している。ヘーゲルの観念論は、生産諸力の発展の歴史よりもはるかに精密に精神の仕事の歴史を構築しているのである。

事実ヘーゲルは、その仕事全体を通じて、フランス革命と近代フランスを自己意識のかたちが変容をとげていく過程として体系的に解釈している。その解釈の大枠やそこでとりあげられるさまざまな出来事の重要性は、『精神現象学』から『法哲学』にかけて、あるいは『法哲学』から晩年の『歴史哲学講義』に至るまでのあいだに、いろいろなずれや変化を示している。それらは、精神の仕事を解読するさいに現在が果たす特権的役割ゆえに、ヘーゲル弁証法がどうしても支払わなければならない代償である。だが、こうした修正そのものは、ヘーゲルの思考の内部でつねに作用している概念的想像力のありようを明らかにしている。そしてこの思考は、まさしくフランス革命とともに開始されて以来ほぼ半世紀にわたって、フランス革命の意味が歴史によって顕在化されるたびに、その意味を新しいものにしたり、あるいはより豊かなものにすることに努めてきたのである。その点、マルクスの弁証法は、歴史的理性を通じて現実を取り込むたえまない作用に匹敵するような統合力をもつことができない。自己意識のかたちのたえず開かれた変容過程を生産様式と生産関係の矛盾に置き換えることによって、マルクスの弁証法は、歴史の思考をより硬直的で貧しいものにする。こうした過去の単純化は、未来を知っているという主張が支払う代償なのである。

そのことは、たとえば、マルクスにおけるフランスのアンシアン・レジームの扱いと『精神現象学』における扱いとを比較してみれば容易に理解できる。すでに見たように、マルクスがこの時代を体系的に研究することはいちどもなかったとはいえ、この時代がフランス革命の起源という問題を含んでいるために、彼はヘーゲルとギゾーに由来する二つの考え方にしばしば立ち戻っている。ひとつは、貴族とブルジョワジーの対立を調停する権力としてのフランス絶対主義が、これら二つの階級の拮抗関係からその一時的な権威を引き出しているという考え方であり、もうひとつは、その絶対主義が一七八九年に崩壊するのは、ブルジョワジーが政治権力の領域を包囲する以前に社会と文化においてすでに勝利者となっていたからだという考え方である。だがマルクスは、これら二つの考え方を歴史的事実によって体系的に検証しながら掘り下げるということをまったくしなかった。つまり彼は、フランスのアンシアン・レジームがいかにしてフランス革命を生みだしたかを説明できる歴史をついに書かなかったのである。

その反対に、『精神現象学』におけるヘーゲルは、この時代の真の歴史を法外なまでに抽象的な言葉を用いて書いている。それは、思弁的な様式で語られる事件史である。「時代精神」の抗しがたい歩みによって、過去が過去として認識される前にその過去のさまざまなかたちからその内容が失われていくことは、この哲学者が事後的にそのプロセスの解釈を再構成する妨げにはならない。事実、『精神現象学』のなかでは、高貴な意識と卑しい意識の対立によって特徴づけられるアンシアン・レジームの定義や、このアンシアン・レジームの危機にあって引き裂かれた意識がひとつの文明の末期状態を告げていることや、**啓蒙思想**〔Aufklärung〕の革命によって社会的有用性をもつ普遍的人間が宗教に対して勝利を収めるということが語られている。貴族支配の世界の終焉は、君主政を私物化し宮廷を通じて貴族層を破壊したルイ十四世によってもたらされた。一七八九年に倒壊するアンシアン・レジームは、それが公式に消滅する日よりもはるか以前に死んでいたのである。フランス革命が勃発したときには、もはや農民も領主も存在せず、ただブルジョワがいるだけだった。この有名な再構成のなかでヘーゲルは、フランス革命の起源にかかわるすべての問題を独自に解釈しなおしている。たとえば、絶対君主制の政治的両義性や、富の増大が貴族原理の終焉に果たした役割、十八世紀におけるアンシアン・レジームの危機が早くから始まっていたこと、フランスの啓蒙哲学の反宗教的ラディカリズム、エリート層がブルジョワ的世界観によって文化的に統一されていたこと、等々である。

古びた建物を少しずつ掘り崩していく作業が一七八九年以前に完了していたという事実は、しかしながら、ヘーゲルがフランス革命の「未曾有」かつ「驚嘆すべき」性格に敬意を表することの妨げにはならない。自由という理念を掲げて遂行されるアンシアン・レジームの破壊が哲学的思考と密接に結びついているかぎりにおいて、フランス革命は最も考えさせられることの多い人類史的な出来事なのである。ヘーゲルは、一七八九年の二重の性格を深く理解していた。すなわち、すでに進行していたものの完成であると同時に絶対的な新しさであるという二重性、そして、自由の肯定であると同時に否定であるという二重性である。

フランス革命そのものの経緯については、一七八九年と一七九三年という連続する二つの時期の対照性が『精神現象学』のなかで詳しく論じられている。『精神現象学』は、フランス革命の生存者や目撃者にとっては古典的なこの問いをあらためてとりあげるとともに、内的な矛盾をかかえたフランス革命という考え方と、どこまでもひとつの論理のみに従うフランス革命という考え方とを両立させることをめざしている。事実、一七八九年と一七九三年はそれぞれ、ヘーゲルによれば、互いに異なると同時に依存しあう概念に属しているのである。一七八九年は、虫食い状態だった旧秩序の廃墟の前で社会原理としての有用性の勝利を告知することを通じて、**啓蒙思想**の破壊力をまざまざと見せつける。だが、有用性に基づく制度が個人の欲望の個別性にのみ依拠しているのに対して、フランス革命の真実は、社会的有用性というみせかけのもとで古いキリスト教の約束を果たすという点にあった。その約束によれば、人間はたんに古代国家の公民たるかぎりで自由なのではなく、人間として自由なのである。こうしてフランス革命は、歴史における精神の営々たる働きを顕在化させることによって、普遍性と外延を同じくし、自己自身にとって透明であり、存在と和解する自由な意志としての自己意識を確立する。恐怖政治とは何よりも、絶対的自由をめざすこの緊張、「地上において自己を実現し、自己意識の疎外をもたらすことなくこの現れのなかにあろうとする理性の驚くべき努力」(28)の現れなのである。だが、この論理的パラドックスは失敗を運命づけられており、ヘーゲルはその行き詰まりを共和暦二年のルソー的民主主義のなかで分析している。

このように、『精神現象学』のフランス革命観は、マルクスのそれとはまったく異なる。ただし、マルクスはヘーゲルからいろいろな要素を引き継いでおり、それらをみずからの唯物論的な考え方の内部にたんに移しかえただけだともいえる。たとえばヘーゲルにおいては、アンシアン・レジームの解体と人間の近代的普遍性をもたらす役割を果たすのは**啓蒙思想**であるのに対して、マルクスにおいてその役割を果たすのは、封建的生産関係の内部で営々と続いてきたブルジョワジーの働きである。一七八九年の革命はこのひそかに進行する歴史の活動を明るみに出す分娩のようなものにすぎず、この活動のなかで、ヘーゲルのいう自己意識はマルクスのいう現実社会に置き換えられる。だが、この「現実」社会は、その「現実」を哲学的公準からしか引き出すことができない。つまり、現実社会は史的唯物論から導き出されるものにすぎないが、まさにそうであるがゆえにそれは、たとえば一七九三年の出来事のように、現実社会なしで、あるいは現実社会に逆らって生じる諸々の出来事の「現実」について考える自由をマルクスから奪うことになる。だからこそマルクスは、恐怖政治とサン゠キュロットの独裁を革命史のブルジョワ的アイデンティティのなかに何とかして位置づけるために、一七九三年をたえず一七八九年の圏域へと連れ戻そうとするのである。ヘーゲルはその反対に、一七八九年のなかに啓蒙思想の人間学の現れを見ている。その人間学によれば、真実の根底にあるものは社会的有用性である。したがって、一七八九年は必然的に一時的なエピソードであり、その不安定さはいずれ革命の根本的な野心にその場を譲ることになる。その野心とは、意識の絶対的自由であり、それをただちに世界のなかで実現することである。こうして恐怖政治は、『精神現象学』においては革命全体の流れにとって決定的な時期として現れる。

ヘーゲルにおいてはこのように、一七九三年をあたかも一七八九年という幸福な出来事の後に続くなげかわしいエピソードのように考える必要はないのである。かりに彼が、ジャコバン時代を自己意識の特殊な一局面として扱っているとしても、それは、自由主義的な思想家がきまってそうするようにフランス革命の流れをそこで切断するためではない。彼は、みずからの仕事全体を貫くこうした驚くべき歴史解釈に従って、一七九三年を一七八九年の抽象的な普遍的人間が極限的なかたちで露呈した時期であると考える。それに対して、マルクスがそこに見いだすものは、一七八九年によって明らかになったフランス革命のブルジョワ的性質に比べれば二次的な、したがってこのブルジョワ的性質に従属する現象だけである。この点で、マルクスは王政復古時代の歴史家たちに近い。マルクスがギゾーやミニェの解釈を転倒させるのは、彼が一七九三年をなげくのではなくて賞賛しているからであるが、それでも彼はギゾーらと歴史哲学的な諸前提を共有している。すなわち、階級闘争とブルジョワジーの勝利がフランス革命の核心をなしているということ、また、一七八九年こそが革命の最も重要な局面であり、一七九三年はいわば成り行きによって生じた副産物であって、必然的ではあるが二次的なものでしかないということである。

この点に関してマルクスがヘーゲルと袂を分かつ背景には、ヘーゲルの国家概念に対する青年マルクスの「批判」がある。国家を市民社会の産物であると同時に市民社会の偽装ともみなすマルクスは、すでに見たように、その国家が革命期間中に多様なかたちをとって現れることをいかに説明すべきか悩んでいた。この苦悩は、『ドイツ・イデオロギー』以降いっそう深刻なものになる。その反対に、弁証法こそがフランス革命の歴史をなしていると考えるヘーゲルは、この弁証法によってまさしく革命国家の多様な形態という問題の核心に身を置くことになる。なぜなら、この弁証法は、**啓蒙思想**の普遍的人間とその歴史的な存立条件との関係にほかならないからである。その結果、ヘーゲルに対するマルクス主義的「批判」が存在するのと同様に、われわれはアポステリオリにではあるが、マルクスに対するヘーゲル的「批判」というものを想定することができる。それによれば、マルクスは、一七八九年の諸原理がラディカルに主張していた国家から自立した市民社会という幻想に基づいてその有名な概念的転倒をおこなったということになる。

事実、『精神現象学』はひとまず措くとして『法哲学』によれば、かりにフランス革命が自由を社会的なものの基礎として出現させるとしても、他者のためではなく自己自身のために存在する人間の「自己の許にあること」を実際に政治的に実現しようとするこの法外な試みは、それ自身、社会がその歴史的な存立条件から解放されていることを条件としている。この解放は、歴史が織りなす関係性や絆に依存せず、イギリス経済学がいうように、ただその欲求だけによって定義される自然的で普遍的な人間の解放である。フランス革命が提示した人間の非歴史的で抽象的な性格の基礎とは、まさしくこのようなものである。実際、市民社会の条件とは、万人の自由である。なぜならそれは、欲求に触発される本性において平等な諸個人、つまり、彼らを事実のうえでも権利のうえでも制約するあらゆる制度から解放された諸個人をその対象としているからである。フランス革命において政治的なものの社会的基礎となるのは、まさにこの経済学の公理すなわち自由の源泉としての労働という近代的原理である。自己の利益を追求する私的な個人は、その労働によって必然的に近代社会の公民になるのである。

だが、自由の抽象的普遍性を確立するために、フランス革命は市民社会と国家の切断をおこなわざるをえず、言ってみれば、政治的なものを社会的なものから導かざるをえなかった。まさしくそれがフランス革命の誤りであり失敗であって、同時にそれは社会契約の理論とりわけルソーの失敗であった。ルソーが国家という「思考された概念」を有用性ではなく意志のなかに探し求め、かつ、そこに根づかせようとしたのは、たしかに理由あってのことである。だが彼は、一般意志を考えるさいに個別意志のみを出発点とする誤り、つまり、国家に対する社会の優位のみを前提とするという誤りを犯した。こうした考え方に基づくかぎり、諸個人の結合が生みだすものはただ恣意的な意志決定だけである。その決定は合理的なものと思われているが、歴史における理性の作用を無視している。なぜなら、人間の普遍性に基づく欲求の市民社会は、国家としてのみ歴史的現実たりうるからである。

事実、市民社会は、みずからの目的を所有と自由の政治的保護のみに限定している。つまりそれは、諸個人の期待に基づく一種の任意の公民性にすぎないということである。ところが、制度を心理学的事実に還元するということほどヘーゲルの思考からかけ離れているものはない。たとえば、啓蒙哲学が、自然権や生得性、利害計算、エゴイズムの協調といった観念に基づいておこなった還元である。ヘーゲル的国家は、所有の個人主義を超越する。それだけが、近代社会を構成する抽象性、すなわち、欲求や労働や階級によって定義される抽象性と歴史性とを和解させることができるのである。それは、みずからの歴史のなかにある社会であり、普遍史との関係のなかにある社会である。それだけが、社会的人間の非歴史的な本性という観念の歴史的な性格を明らかにする。なぜなら、ヘーゲル的国家の現実は、この観念を包摂すると同時に乗り越えるからである。社会が理性に従って組織されるのは、歴史におけるより上位の主体としての国家によってのみ可能なのである。

ヘーゲルによれば、フランス革命の誤りはこの真実に対する無理解に起因しており、その経緯もまたこの無理解によって説明される。ヘーゲルの近代国家理論はこうして、国家に対する市民社会の優位や一七九三年に対する一七八九年の優位といった考えにとらわれている大多数の自由主義的な歴史家たちやマルクスには扱いきれない革命期の諸々の出来事についての解釈の余地を広げてくれる。[29] ヘーゲルは、近代的自由を出現させるこのフランス革命という「荘厳な日の出」が失敗したのは、それが国家を考える能力をもたなかったせいであると考えており、恐怖政治のエピソードはまさしく、その無能力を最もよく示す指標なのである。なぜなら恐怖政治は、諸個人の純粋な自由とその集合的=歴史的存在とを媒介するいかなるものもすべて拒否したからである。かくして共和暦二年の独裁は、ヘーゲルにおいては、それがみずからの誤りと失敗を体現するかぎりにおいてまさしくフランス革命の真実として現れる。また、それらの誤りや失敗はひとつの名前をもっている。すなわち、ルソーである。党派間の争いが際限なく続いたり、歴史の媒介をもたない「絶対的自由」が恐怖政治という極限的なかたちで現れたりするのは、まさに、社会契約の二次的な産物として定義される一般意志をめぐってなのである。このようにしてヘーゲルは、フランス革命の政治的展開に関する理論を非常に厳密に構築した。だが、まさにそうした考え方を転倒させようとしたところから、マルクスの解釈の盲点が生じたのである。

原注

(1) 『ドイツ・イデオロギー』プレイアード叢書、第三巻、一〇八〇―一〇八一ページ。
(2) 原著、一八一―一八二ページ〔本書二二八ページ〕。
(3) テクスト9、原書、一九二ページ〔本書二四二ページ〕。
(4) 原著、一八四ページ〔本書二三〇ページ〕。
(5) 原著、一七九―一八一ページ〔本書二二三―二二五ページ〕。
(6) 原著、二〇七―二〇八ページ〔本書二五九ページ〕。
(7) このテーゼについては、ミニェが一八二四年に出版された『フランス革命の歴史』のなかでのちにフランス歴史学において古典的となった定式化を与えている。
(8) この点については、老エンゲルスが一八九五年に書いた『フランスにおける階級闘争』の序文が参考になる。「二月革命が勃発したとき、われわれはみな、過去の歴史的経験とりわけフランス革命の経験を念頭に置きながら革命運動の条件や革命のゆくえを想像していた。実際、フランス革命の経験こそはまさしく、一七八九年以来、社会変動の徴候がが現れるたびに、ヨーロッパの全歴史を支配してきたものではなかったか。したがって、一八四八年二月にパリで宣言された〈社会〉革命すなわちプロレタリアの革命の性質やその進捗状況に関するわれわれの考え方が、一七八九年から一八三〇年まで続いたさまざまな革命モデルの記憶に強く影響されていたのは明白であるし、不可避でもあった。」
(9) 『道学者的批判と批判的道徳』、プレイアード叢書、第三巻、七六七ページ。
(10) 原著、一八六―一八七ページ〔本書二三四―二三五ページ〕。
(11) 原著、二二四ページ〔本書二七七ページ〕。

(12) とりわけ、『道学者的批判と批判的道徳』(一八四七年十―十一月)に見られる次の比較(プレイアード叢書、第三巻、七五八ページ)を見よ。「イギリスの革命の場合と同様に、フランス革命においても所有の問題が以下のようなかたちで現れた。すなわち、自由競争を強制することや、十六世紀から十八世紀にかけて発展した工業にとって足枷となっていた領主制やギルド代表者会議や独占等々の封建的所有関係をすべて廃止することが焦点となったのである。」

同じテクストの前のページには、これら二つの革命が「ブルジョワ革命の真っ只中で〔……〕真に活動的なコミュニスト派がはじめて現れること」(七五七ページ)を可能にしたという点でよく似ているという考えが見いだされる。つまり、一方では水平派が、また他方ではバブーフ主義者が現れるということである。

この二つの革命(一六四〇年から一六八八年までの革命と、一七八九年から一八三〇年までの革命)を体系的に比較する試みは、エンゲルスがすでに一八四四年八月三十一日付の『フォアヴェルツ!』紙の論文のなかでおこなっている。「十七世紀イギリスの革命は、まさしく一七八九年のフランス革命のモデルである。われわれは、長期議会のなかに三つの段階があることを容易に認めることができる。それらは、フランスにおける憲法制定議会や立法議会や国民公会に相当する。立憲君主制から民主政へ、さらには軍事的専制や王政復古や中道派の革命へと次々に移行する事態は、イギリスの革命のなかにすでにはっきりと現れていたように見える。クロムウェルは、ロベスピエールとナポレオンを一緒にしたような人物である。また、長老派や独立派や水平派は、ジロンド派や山岳派やエベール主義者ないしバブーフ主義者に対応している。だが、これら二つの革命がもたらした政治的な成果は、どちらかといえば凡庸なものでしかない。また、こうした平行関係は実際にはもっと複雑な展開を見せていたにちがいないが、いずれにせよそこからわかることは、宗教的革命であれ非宗教的革命であれ、それらは政治的なものであり続けるかぎりは結局、同じ結末に向かうということである。」

この問題に関しては、ブルーノ・ボンジョヴァンニの論文「マルクスとイギリスの革命」(『歴史手帳』第一八号、一九八三年七―十二月期、所収)を見よ。

(13) 原著、二三〇―二三二ページ〔本書二八二―二八四ページ〕。

(14) 原著、二二七ページ〔本書二七九ページ〕。

(15) 原著、二二七ページ〔本書二七九―二八〇ページ〕。

(16) 私のマルクス批判に対するマルクス主義的批判を読んでみたいと思う読者は、レイモン・ユアールの論文「青年マルクスから一八五一年十二月二日のクーデターへ」(『マルクス主義研究所歴史手帳』第二一号所収、一九八五年、五―二七ページ)を参照されたい。
(17) テクスト13からテクスト17まで、原著、二〇六―二二九ページ〔本書二五七―二八二ページ〕を参照。
(18) この問題をめぐっては実際、この三十年間、重要な議論が闘わされてきた。とりわけ、イギリスのマルクス主義歴史学においてはそうである。この問題の本質的な要素は、「封建制から資本主義への移行」と題するシンポジウム(P・M・スウィージー、M・ドッブ、高橋幸八郎、R・ヒルトン、C・ヒルら主催、一九五四年ロンドンにて)のなかに見ることができる。
(19) 個人主義的な所有概念が資本主義経済の前提条件であるということが本当だとしても、そうした概念だけでは経済発展を隔離させるには十分でないということは、フランスの事例がよく示している。
(20) 「これらの生産手段や交換がある一定の発展段階に達したとき、封建社会における生産と交易の条件や、農業とマニュファクチュアの封建的組織、要するに諸々の封建的な所有関係は、十分な発達をとげた生産諸力に対応できなくなる。封建的所有関係は、生産を促進するどころかかえってそれを妨げたのである。それらは文字通り桎梏と化した。
だから、これらの桎梏は打ち砕かれる必要があったし、事実それらは打ち砕かれたのである。」『コミュニスト宣言』プレイアード叢書、第一巻、一六六ページ。
(21) 原著、一九一―一九二ページ〔本書二四二ページ〕。
(22) 同所。
(23) 原著、六三ページ〔本書六九ページ〕を参照。
(24) ギゾーは、王政復古時代に『代議政体の起源史』(一八二三年)と『チャールズ一世史』(一八二六年)を著しているが、前者はイギリスを詳しく論じたものであり、また後者は『イギリス革命史』の第一部に相当するものである。また彼は、十七世紀イギリス史に関する資料集も出版している。
(25) トクヴィルは、はじめてイギリスを旅行する直前の一八三三年七月五日に、ピズィウ伯爵夫人宛に次のように書き送っている。「私としては、軽い息抜きのつもりでわれわれの隣人たちのもとを訪れるつもりです。それから、彼らがついに革命に突入したという話ですから、彼らが今どうなっているのか急いで見に行かねばなりません。すばらしい戯曲の最終公演に駆けつけるように、私も速やかにイギリスに参るつもりです。」トクヴィルは、イギリスに到着するやいなや、イギリスが革命下にあるという考えを捨て去る（前掲書、第五巻第二部、三六ページ）。だが彼は、一八三五年八月にモレに宛てて書いた、イギリスの事例の複雑さについて述べている有名な手紙のなかで、みずからの二度目のイギリス旅行の目的もやはり「偉大な国民が偉大な革命のさなかでどうふるまうかを見に」行くことだと語っている。また、この旅行を終えたその翌年には、友人のリーヴに宛てて（一八三六年五月二十二日）こう書いている。「あなたがたはこの五年間、革命の真っ只中にあったようです。」

(26) これが、代議制の歴史に関する彼のソルボンヌでの講義（一八二〇―一八二二年）の主旨である。

(27) イギリス革命とフランス革命が類似した性格をもつということは、スタール夫人の死後に出版された著作『フランス革命についての考察』（一八一八年）の中心テーマである。

(28) 『精神現象学』ジャン・イポリット訳、第二巻第六部B、一三〇ページ、「絶対的自由と恐怖政治」。

(29) もちろん、この定義のなかにはミシュレやキネのような歴史家は含まれない。

Ⅲ　マルクスとフランスの謎（一八五一―一八七一年）

マルクスは一八五〇年に、本来の意味でのフランス革命の起源や歴史や解釈に関する今後の執筆活動の見通しについて書いている。だが、本書の後半部において明らかになったように、世紀半ばに始まる彼の知的生活の第二幕ともいえる時期に書かれたフランス革命に関する注釈や考察は、きわめて少ない。

マルクスが『資本論』の執筆に取り掛かるのは一八五〇年以降のことである。それは、彼が一生かけて取り組んだ問題についての畢生の著作である。こうしてついに「市民社会」の核心部に踏み込んだマルクスは、市場経済のメカニズムの問題に取り組む一方で、「政治革命」の謎や国家の謎からは解放される。またマルクスは、イギリス史の研究にたずさわることを通じて、歴史家になると同時に経済学者、社会学者、哲学者にもなったのである。ヘーゲル弁証法の転倒の論理的帰結にほかならないこの研究プログラムによって、マルクスは、みずからの研究対象として選んだものにふさわしい土壌を与えられる。その研究対象とは、ほかならぬ資本主義である。だがそのせいで、フランス史にまつわる諸々の謎は、彼にとっては二次的な関心事になってしまう。

にもかかわらず、時代の趨勢は、このフランス史の謎をロンドンに亡命中のマルクスの脳裏にたえず浮かび上がらせる。フランスは、資本主義経済の第一の祖国ではないが、政治的な地殻変動の選ばれた地であり続けている。フランス革命はいつも終焉を迎える。それは、七月王政の崩壊とともに再び現れて、二代目ボナパルトに至るまでの政治サイクルを生みだすことになるが、このサイクルは、それ自身のジロンド派やジャコバン派やテルミドール派をともなっている点で苦々しいまでに第一共和政の政治サイクルに似ており、細部に至るまで第一共和政のカリカチュアとなっている。その二十年後、第二帝政が崩壊して以降の新たな共和政を九月四日からパリ・コミューンに至るまでの一連の記憶や反乱によって飾り立てることになるのも、やはりフランス革命である。この二つの事件をきっかけにしてマルクスは、フランス革命が十九世紀フランスに及ぼし続けている強制と反復強化の途方もない力の要素をあらためてとりあげるとともに、それらをみずからの包括的な解釈図式のなかに組み込もうとする。だが、その作業は困難なものにならざるをえない。なぜなら、彼が扱う反復的な政治的出来事は、社会階級の利害と明確に一致しているというよりもむしろ伝統の力を見せつけるものだからである。つまり、それらの出来事は国家形態の連続性を周期的に破壊するのだが、その破壊は市民社会のいかなる変化にも対応していないのである。こうして十九世紀フランスの諸革命は、もともとフランス革命によって提起された問題をあらためてマルクスにつきつけることになる。その意味で、彼が第二共和政や十二月二日やパリ・コミューンについておこなった分析はとりわけ興味深い。それらの分析はフランス革命そのものではなくその後に続く出来事を扱っているが、そのことはかえって、フランスの民主主義文化の誕生と変容の問題が最初から最後までマルクスにとっていかに難しい問題であり続けていたかを余すところなく教えてくれる。

たえず復活するフランス革命という問題は、十九世紀の政治思想における古典的な問題である。これは、とりわけロワイエ゠コラール(1)からトクヴィルに至るまでの多くの自由主義者たちによって提起されてきた問題であり、この問題を無視しては、たとえばギゾーの知的・政治的活動の意味はまったく理解できない。

だが、そこで言われていることは、マルクスから見れば本末転倒している。つまり肝心なことは、フランス革命を終わらせることではなくて別の革命を開始することなのである。その革命は、形式的にはおそらくフランス革命に似ているが内容的にはまったく新しい革命、すなわち社会革命であって、もはや政治革命ではない。一七八九年は中産階級の勝利を確実なものにしたが、次の世紀においてはプロレタリアートの勝利を確実なものにしなければならない。近代的な闘争は、もはやブルジョワジーと貴族の対立ではなくて労働者階級とブルジョワジーという資本主義経済の二大陣営の争いになる。自由主義者たちは、少なくとも一八三〇年以降における反乱やクーデターの回帰については、これをフランス革命のなげかわしい再来と見る向きが強かったが、マルクスは逆にそれを、来るべき真の革命を約束するものとしてたたえるのである。

だが、十九世紀フランス政治に対する細心ではあるがどこか不安げなこの問いかけのなかには、純理派グループ(2)や自由主義的な政治家たちがたえず提起し続けた問題と非常によく似た何かがある。なぜなら、マルクスはパリで蜂起が起きるたびに、バリケードを築いたプロレタリアートが「真の」人間の解放を勝ちとることを熱狂的に願うものの、同時にそこに、十八世紀末の出来事が遺した伝統の重さと大革命の反復を見ているからである。彼は、かつて青年時代にドイツのアンシアン・レジームとフランスのアンシアン・レジームを比較するさいに表明していたあの憂鬱な考えをいまだに抱き続けている。つまり、歴史は過去のパロディとして繰り返されるということである。マルクスいわく、フランスの一八四八年は悲劇の後の笑劇である。こうして彼は、トクヴィルがその『回想録』で指摘している問題とまったく同じ問題を提起することになったわけである。つまり、灰のなかからたえず甦るフランス革命という問題である(3)。

十九世紀フランスはこのように、マルクスに対して未来のプロレタリア革命と過去のブルジョワ革命とを同時に提示し続ける。だが、この両者は、革命という歴史的行為が複数の内容をもちうるということや、フランス人がとりわけこうした形式のもとで政治闘争を展開する伝統をもつということを認めさえすれば、けっして両立不可能ではない。なぜなら、これらの政治闘争は、みずからの起源ないし母胎をフランス革命に見いだしているからである。事実マルクスは、近代フランスのこうした目覚ましい特殊性にどれほど感銘を受けているかをなんども示唆する。だが他方で、同じ革命がなんども繰り返されるという考え方は、ブルジョワ革命かプロレタリア革命かという二者択一にとらわれている彼の概念図式には無縁のものである。実際、十九世紀フランスのように、市民社会を「封建的」な桎梏から決定的に解放するブルジョワ革命がすでに起きてしまっている場合には、それに続く可能性があるのはただひとつ、真の革命しかない。すなわち、プロレタリアートによる社会革命である。こうしてマルクスは、この来るべき革命に対する期待を抱き続けると同時に、定義によってパロディでしかありえない「ブルジョワ的」な革命家たちに対する軽蔑を抱き続けるのである。

十九世紀フランスの諸革命はこのように、あるときは不発に終わり、またあるときは戯画的なものになる。前者――一八四八年六月や一八七一年三月の事例――の場合、それらの失敗は英雄的な試みの失敗であるが、しかしその失敗は社会の客観的諸条件によってあらかじめ運命づけられていた。後者の場合、その失敗や成功について語ることは困難である。なぜなら、ブルジョワ支配は、それ以前でも以降でも全面的だからである。そこから、たとえば一八四八年二月の革命が繰り広げたような大がかりな反乱劇の戯画的な性格、すなわち、紋切り型であると同時に滑稽な性格が生じる。そこでは、共和政やジロンド派や山岳派や二代目ボナパルトは、歴史の当事者たちがみずからの行為に対して抱く虚偽意識の特殊フランス的な形式として現れるだけである。要するにそれは、模倣のレトリックなのである。

だが、一八三〇年七月や一八四八年二月さらには一八五一年十二月二日のクーデターが、ブルジョワジーの支配を支えると同時に隠蔽する国家形態を変えたことも確かである。したがって、それらを同じもののたんなる無益でグロテスクな反復とみなすわけにはいかない。それらはまず、アンシアン・レジームの遺物である王を立憲君主制へと置き換え、ついで、この立憲君主制を革命と保守のあいだで動揺する共和政へ、さらに、この共和政を新たな皇帝専制へと置き換えたのである。マルクスは、フランスの国家形態のこうした不安定さのなかにフランス革命にまつわる古い問題をまたしても見いだす。その問題は、彼の思考をたえず引きつけただけでなく、次の世紀においても相変わらず謎であり続けるのである。すなわち、これほどまでに早く形成されながら、これほどまでにみずからの政治史を支配できないブルジョワ社会とは何かという謎である。厳密な意味でのフランス革命すなわち十八世紀の革命は、先行性という一点においてのみ、後続の革命すなわち十九世紀の諸革命に対して優位に立つ。たしかにこの点は重要である。なぜなら先行性は、革命の歴史的発明という優越性を物語るからである。だが、後続する諸革命がフランス革命の歴史をたどりなおすたびに、その歴史にまつわる謎も新たに問いなおされることになる。しかしながら、マルクスはその謎を再び見いだしはしたものの、それを解決することはできなかったのである。

それでも彼は、青年期と同様にこの謎をなんども繰り返し検討する。ただし今回は、もはや一七八九年や一七九三年から出発するのではなく、一八三〇年や一八四八年あるいは一八七一年を念頭に置いてこの問題を考えている。だが、そこでは世紀が変わっただけではない。彼はもはや、一七八九年の事例に関するヘーゲルの国家理論をフォイアーバッハ的な宗教批判によって反駁することはない。いまや彼は、実際に目の当たりにしたフランスの出来事を説明するためにみずからの歴史理論および国家理論と闘わねばならないのである。これらの出来事の歴史家であると同時に目撃者でもある彼は、一八四五年から一八五〇年にかけてフランス革命を論じたときのようにそれらを史的唯物論の抽象的独断によって片づけてしまうにはあまりにその詳細を知りすぎていた。いずれにせよ、現在は過去よりもはるかに緊急性の高い問題を彼の理論的野心に対してつきつける。なぜなら、現在をどう解釈するかは革命的行為と切り離すことができないからである。この点こそが、フランスの出来事に関する彼の三つの著書[4]に他の作品には見られない緊張感を与えているのである。

彼はそこで、フランスの革命や国家体制の多数性が彼の理論につきつけた問題を解決したわけではない。だが、この問題を解決するために彼が曖昧な表現や微妙な表現を大量に駆使したおかげで、彼の「フランス」史分析は、そこに含まれる矛盾そのものによってかえって見事なテクストになっている。マルクスがそこでやり残したものといえば、マルクス主義的政治史の行き詰まりの可能性を探ることぐらいであり、それ以来、フランス革命の分析をマルクスと同じくらい見事におこないえたものは一人もいないのである。[5]

彼は当初、ギゾーと同じ幻想を抱いていた。それによれば、一八三〇年の革命は、四十年以上の歳月を経てようやく一七八九年のブルジョワジーをその息子たちを通じて権力の座につけることによって、革命サイクルを「イギリス流に」締め括ったのであった。[6]したがって、ギゾーやトクヴィルやその他大勢のものたちにとってと同様に、マルクスにとっても一八四八年はフランスの政治的な謎の再来と映る。実際、それは二重の意味で謎である。なぜならそこでは、第一に、一八四八年がフランス革命と比べて根本的に新しい性格をもつかどうか、第二に、そこでは新しさよりも繰り返しのほうが際だつのはなぜか、より端的には、そもそも革命が繰り返されるのはなぜか、が問題となるからである。第一の点に関しては、マルクスはすでにその答えを用意している。なぜなら、それは彼の理論のまさしく核心にあるからである。すなわち、一七八九年にブルジョワ社会が到来してから半世紀あまりを経た一八四八年の革命には、プロレタリア革命のきざしが現れているということである。しかも、このプロレタリア革命は実際におこなわれた。だが、それは失敗してしまう。マルクスは、六月のパリ暴動のさなかに、近代的プロレタリアートと真の一八四八年革命が共和主義的なレトリックの欺瞞的なまどろみから目覚めつつあるのを見た。だが、この（真の、だが時期尚早な）革命が鎮圧されてしまったために、彼は別の革命の分析に向かうことになる。すなわち、例によってブルジョワジーが、二月から六月にかけていちどは失いかけたみずからの階級権力を社会の上に再びうち立てる革命である。

この茶番は、一八四八年二月がもはや、それが模倣する有名な先例のように必然的な歴史的課題を達成することができないという点に由来する。それはまさしく、十八世紀末の偉大な出来事のカリカチュアにほかならない。なぜなら、第二共和政は歴史の審判を受け入れてそれを現実のものにするどころか、かえって過去の名においてそれを拒絶するからである。革命的ないしボナパルティズム的なパロディは、反動のフランス版である。こうした反動はフランスの伝統と化しており、山岳派すらそれとは正反対のものになってしまったほどである。だが、かりに十九世紀フランスの諸革命がこのように歴史の弁証法によって規定されているとしても、それらの存在理由が何かという問題はいぜんとして説明されないままである。

実際、十九世紀フランスの諸革命が次々に入れ代わるあれほど多くの体制を通じてめざしたものが、社会に対するブルジョワジーの支配をただひたすら確認し続けることだけであったとすれば、これらの革命の原因は何か、また何でありうるのか。ブルジョワ的であり続ける社会秩序のこうした政治的不安定性は、何を意味しているのか。ギゾーとトクヴィルが例外的に一致するのは、この十九世紀フランス特有の問題に対する答えの端緒を、革命の情熱が長期にわたって続いてきたことや、その持続が母体となった出来事に内在する暴力に由来していることに求めるという点である。つまり、フランス革命が生みだした社会状態とは無関係に革命の情熱が持続するということであり、その持続は、階級間の憎悪を掻き立てることによってたえず社会の調和を脅かし続けるのである。だがマルクスは、政治的なものとイデオロギー的なものを社会的なものから切り離すことができるとは思わなかったし、ましてや、そうした切断を歴史解釈の決定的な特徴とみなすことなどできるはずもなかった。したがって彼としては、たとえフランスの諸革命が偽りの革命であって新しい社会を生みだすことなどできないとしても、少なくともそれらを政治的変化たらしめている階級利害は、いつものように革命のなかに発見しなければならないのである。だが、これほど多様でしかもこれほどわずかしか続かない国家体制というフランスの異常さを、どうしてブルジョワジーだけが意のままにできるのだろうか。

これに対して、マルクスは二種類の回答を示唆しており、その一方は、フランス・ブルジョワジーの構造を、そして他方は、近代国家の性質をその理由として挙げている。

なぜなら、いろいろな体制が存在するということは、いろいろなブルジョワジーが存在するということであり、あるいは少なくとも、いろいろなブルジョワジーの分派が存在するということだからである。一八四八年以降、こうした考え方は、マルクスのフランス分析を理解するうえで本質的な重要性をもつことになる。なぜなら、最もブルジョワ的利害にかなっていたはずの七月王政が、一八四八年二月のパリ蜂起によって転覆されたからである。したがって、大地主たちの手中にある王政復古時代を銀行と工業が支配する一八三〇年以降の王権に対置するだけでは、もはや十分とは言えない。マルクスは、この対立の古典的な例証を小麦関税の撤廃をめぐるイギリスの論争のなかに見いだしていたが、(7)しかしそれは、一八四八年をもはや説明できないし、また、一八四八年二月から始まった政治的どんでん返しの驚くべき連鎖をもはや説明しえない。その結果マルクスは、一八五〇年に『新ライン新聞』に発表した第二共和政に関する一連の論文のなかで、[8] ブルジョワジーの内部構造を一八四八年革命によって次々に明らかになった政治的事実をもとにして再構成する。七月王政は、もはや金融貴族の体制にすぎない。ギゾーに対する反対派の一部は産業ブルジョワジーからなっており、別の一部は『ナシオナル』紙や「特別有権者」のブルジョワジーによって構成されている。だが、小ブルジョワジーや農民層は、政治的には存在しないも同然である。第二共和政の目標は、ブルジョワジーのすべての分派を政治権力に参画させるということである。だが、二月の蜂起は新顔を登場させた。すなわち、プロレタリアートである。こうして、二月の共和政をその真の目標に向けて軌道修正させる六月が必然的なものになる。その目標とは、すべてのブルジョワジーが支配者になることである。

だが、この支配は実際には、共和主義的なかたちをとったカヴェニャック将軍の「剣の独裁」にすぎない。マルクスは、青年時代における「批判」の強迫観念、すなわち、幻想のヴェールの背後にある真実をあばきだしたいという情熱を今なおもち続けており、ブルジョワ国家はこうした探索をおこなうための特権的な場のひとつであり続けている。したがって、ブルジョワ国家の歴史は定義によって、それが隠蔽するものすなわちブルジョワの階級利害によって支配され続けており、国家はこの利害の代理人にほかならないのである。だが、共和政が生んだ普通選挙という偉大な新機軸は、そこにかつてない駆引きの余地をもたらした。つまり、被搾取階級――労働者階級、農民、小ブルジョワジー――がみずからの自立や反乱を誇示する機会が周期的に訪れるのである。だが、フランス人たちがルイ・ナポレオン・ボナパルトを共和国大統領に選出した一八四八年十二月十日に生じていた事態は、これだったのだろうか。そうであるともないとも言える。一方で、マルクスはこの選挙を、[9] ブルジョワ的共和国とその富その課税その政治屋に対抗するためにナポレオン伝説を利用した「農民反乱」として分析する。だが、選挙を通じたこの「反乱」は、プロレタリアートと小ブルジョワジーを合わせた民衆票の大部分のみならず、大ブルジョワジー票の大半も取り込んでしまう。その意味でそれは、歴史の偶然であるどころか逆に支配階級の利害によって動かされていることをはっきり示したわけである。この反乱は、革命的プロレタリアートを粉砕するために一時的にカヴェニャックに頼った後で、最終的に、保守的な共和主義者よりもさらに確実な保証をルイ・ナポレオンのなかに見いだすことになる。ナポレオンの甥が大統領となった時代はこうして、第一共和政が誕生して以来、ブルジョワの利害の統一をもたらす二番目の制度形態となったわけである[10]。

政治的なものを社会的なものに還元するこうした際限ない操作のなかには、民主主義の幻想を暴露することに熱中するいつものマルクスがまたしても現れている。事実、互いに矛盾し異なるさまざまな利害によっていくつもの分派に分かれているブルジョワジーという考えは、それによってかりにマルクスの「フランス」分析がそれまで以上に精度の高いものになるとしても、やはりこの種の解釈にありがちな弱点をかかえている。なぜならこうした考え方は、政治闘争の観察から導き出される一方で、その当の闘争を説明するとみなされるからである。しかもマルクスは、必要に応じてこの考え方をかなり恣意的に利用する。たとえば、彼はたいていの場合、産業ブルジョワジーを七月体制から排除されたものとして定義しているが[11]、ときには、それを七月体制を支える分派の一つとみなすこともある。彼のいう「ブルジョワ的共和主義」とりわけ一八四八年の人間たちを支えている利害についての彼の分析は、実に歯切れが悪い。おそらく、このブルジョワジーの一「分派」は、純粋に社会的な観点からよりもむしろ政治的ないしイデオロギー的な観点からのほうが定義しやすいからであろう。六月の叛徒たちに適用されるプロレタリアートという概念も、同じように批判しうる。パリでバリケードを築いていた下層民たちは、近代的な労働者階級とはあまり関係がないからである。マルクスの分析は、非常に多くの点で、同時代人たちには見えない真実を発見するという以上に当時の政治的幻想——そこには、彼自身が生みだしたものも含まれる——にとらわれているのである。

事実、彼はともすれば、フランス政治を闘争的伝統という観点からイデオロギー的に分析しがちになる。彼は、フランス政治がこれほどまでに華々しい対立や多様な体制を生みだしてしまう背景にはフランス革命の遺産があるということを、誰よりもよく理解している。なぜならその遺産は、国家形態に関する国民的コンセンサスの形成を妨げているだけでなく、何よりも、恐怖政治と一体不可分のフランス革命という亡霊をのちのちまで残すことによって支配階級の結束を解体してしまったからである。フランス・ブルジョワジーは自分自身の革命を振り返るたびに身震いしている。だがその革命は、彼らがフランスを統治するための権利証書でもある。そこから、フランス・ブルジョワジー内部の分裂と闘争が生じる。こうしてマルクスは、この矛盾それ自体を探求するために、また、権力闘争における伝統と表象の重みそれ自体を検証するために、社会的なものの強迫観念を放棄するに至る。彼は、ボナパルトが共和国大統領になったことで支配ブルジョワジー内部に生じた政治的危機の要素を、厳密に歴史的かつ制度的な観点から記述している[12]。だが、この種の分析はたしかに見事なものではあるが、やはり例外にとどまる。マルクスはいつも最終的には、階級利害や「階級分派」という考えに基づく解釈に帰着してしまうのである。

当事者の階級利害に基づくこうした解釈図式の不都合さは、その不自然さに加えて、その図式がフランスの政治的不安定性という謎に対してマルクスが示唆する別の種類の回答と矛盾をきたす点にある。すなわち、フランスの政治的不安定性の原因が、近代民主国家の本性や近代民主国家が市民社会に対して少なくとも相対的には自立しているという事実に起因するという回答である。これは、マルクスが一八五〇年以前の仕事のなかで頻繁に利用していた考え方であるが、もともとそれは、絶対主義国家を貴族と第三身分の対抗関係の産物として説明するためのものであり、この長い期間を通じて、ブルジョワジーは革命をおこなえるほど十分には発展していなかったのである。ちなみに、これは王政復古時代のフランス歴史学においてはありふれた考え方であり、[13] マルクスがこの考え方を見いだしたのもまさにそこにおいてであったが、一八五〇年以前には、彼がこうした考え方を革命後のブルジョワ的近代国家に適用することはいちどもなかった。だが、十九世紀フランスの分析とりわけ『ブリュメール十八日』において示唆されているのはまさにこの考え方である。

そこでの問題はもはや、第二共和政の歴史を織りなす一連の政治闘争を解釈することではなく、ルイ・ナポレオン・ボナパルトによる国家の横領という事態を理解することである。この前代未聞でスキャンダラスな、それでいて待ち望まれてもいた十二月二日のクーデターによって、魔術的な名前をもった一人の凡庸で軽蔑されていた冒険家が、偉大な国民に対する絶対的権威と当時の最も強力な行政機構に対する支配を比較的容易に獲得した。もし今日のフランス人のなかにルイ・ナポレオンが引き起こした憤激を想像しにくいものがいたら、そのものはヴィクトル・ユゴーや『ある犯罪の歴史』を読みかえしてみるとよい。国全体が無秩序に陥るなかで、政治階級の大部分は国内での亡命生活に入り、共和主義を奉じる偉大な知識人たちはただちに国外逃亡を選択する。フランスの新しい元首に浴びせられ続けた軽蔑に加えて、彼の成功をもたらした状況が自由の友たちの屈辱感をいっそう大きなものにする。なぜなら、十二月二日のクーデターは、ブリュメール十八日や内乱や対外戦争の引き金となったような劇的な政治情勢の産物ではないからである。それは、無気力になって堕落した偉大な国民が蒙った冷笑的な仕打ちであり、自分たちが最も卓越した歴史をもっているという思い、すなわち、フランス革命という国家的にして国際的な偉業や天分ある国民というイメージを与えてくれる英雄たちをもっているという思いを、フランス人から容赦なく奪い去ってしまったカリカチュアなのである。

だが、かりに二月の革命が偉大な原風景を滑稽なやり方で再演しているとしても、それは同時に、フランス革命の神秘が「時局」という口実や民族主義的な美辞麗句を剝ぎ取られてしまったことを無残にも露呈しているのである。すなわち、フランスの歴史においては、革命現象が行政国家の専制と結びついているということである。トクヴィルとキネは、それぞれ独自にこの憂鬱な確信をその分析の中心に据えている[14]。また、『ブリュメール十八日』におけるマルクスの問いも、同じ問題意識に由来する。なぜならその問いは、十二月二日のクーデターから生まれた国家の性質と、この国家と社会との関係を扱っているからである。

ルイ・ナポレオンは、有産階級出身の議員を数日限りのこととはいえ投獄せざるをえなかった。こうして彼は、三年前に彼を選出した物言わぬ多数派に支えられながらこれらの議員たちに対抗するかたちで権力を奪取し、しかも彼らなしでその権力を行使することになる。国家と伝統的エリートが深く断絶してしまったことを象徴する彼の権力は、ブルジョワジーの権力としてはもはや定義しえないし、ブルジョワジーの一分派の権力とみなすことさえできない。こうしてルイ・ナポレオンは、マルクス主義理論の立場からすれば、革命後のフランス史にまつわる謎を最も極端なかたちで体現しているのである。マルクスはこの謎をあらためて論じることになるが、それはかつてなく詳細なものである。なぜなら、この謎こそまさに、フランス史に関する彼の著作のなかでも最も優れた作品である『ブリュメール十八日』のテーマにほかならないからである。

それ以前の仕事において彼は、一八四八年十二月の選挙をたんに農民主体の選挙とみなすのみならず、「大ブルジョワジーの大多数」が望んでいた事態であるとも考えていた[15]。カヴェニャック将軍の独裁は、ブルジョワの共通利害の名においてプロレタリアートの蜂起を鎮圧するために一時的に要請されたものでしかないのであり、だからこそ、この利害に対してよりよい保証を与えてくれるとみなされたルイ・ナポレオンの大統領就任という事態に速やかに取って代わられるのである。もっとも、こうした解釈は十二月二日のクーデターによってその有効性を失ってしまう。なぜなら、このクーデターは、大統領と秩序党議員の争いをはっきり物語っているからである。したがって『ブリュメール十八日』は、第二帝政のナポレオン国家をブルジョワジーによる社会的支持とは無関係のものとして、また、農民のノスタルジーと官僚制の発展とが入り混じってできたものとして分析する。

事実、第二帝政の独裁は何よりも、国民の最大多数を占める階級すなわち農民の願望に応える権力であった。この応答に関してマルクスがおこなった有名な分析を、ここで詳しく再検討する必要はないだろう。すなわち、零細農民の生産諸条件、個々の農家の孤立状態、階級として行動することの不可能性が全能の国家へと転移されたこと、ナポレオン版フランス革命への愛着、等々。重要なのはむしろ、マルクスが異なる二種類の現実をまぜこぜにしている点に気づくことである。なぜなら彼は、農業経済の諸条件を重視する構造的解釈だけでなく、イデオロギー的伝統の存在に着目する一種の歴史的説明にも訴えているからである。もっとも、この伝統はそれ自体、究極的には下部構造によって規定されている。なぜならこの伝統は、その誕生当初は、封建的隷従から解放されたフランス農民がようやく自分の土地を完全に所有できるようになった時期とちょうど重なっていただけに進歩的であったが、その半世紀後には経済と社会の発展を阻害する足枷になってしまうからである。こうしてマルクスは、みずからの歴史認識と不可分のパロディというテーマに再び立ち戻ることになる。なぜなら、パロディの役割は、状況が変化してもイデオロギーは生き延びるということを明らかにすることだからである。状況とイデオロギーのこのずれにこそ、農民たちによって、すなわち、田舎者たちの選挙「反乱」によって権力の座についたナポレオン国家が、みずからに投影された希望を裏切ることしかできないのはなぜかを理解するための鍵がある。この希望は幻想であった。なぜなら、一七八九年には封建領主に対抗して農民の同盟者となったブルジョワが、いまや農民の高利貸しとなったからである。

ここには、フランス国家をアナクロニズムという観点から解釈する姿勢が新たなかたちをとって現れているが、こうした解釈はもともと青年マルクスが『聖家族』のなかで恐怖政治とジャコバン独裁の解釈として提示したものであった。マルクスはそこでコンスタンの考えを反復しながら、[16] ロベスピエールの恐怖政治を近代社会の性質と古代世界の性質の混同の産物とみなしていた。その数年後、彼はナポレオン国家が再び出現したことを説明するために、歴史の現実に関する虚偽意識という考え方をあらためて利用する。ただし今度の場合、ナポレオン国家の立役者になると同時にその犠牲者にもなったのは農民であり、そこでは、現実に関する虚偽意識よりもむしろ現実に対する意識の遅れのほうが問題になる。ロベスピエールがスパルタやローマを書物を通じてしか知らなかったとすれば、フランスの農民はボナパルトをその思い出を通じて知っていただけである。いずれの場合でも、イデオロギーは歴史の法則に対する無知から生じている。ただし前者の場合、イデオロギーは主要な当事者たちの心を捉えることによって、フランス革命の客観的要請とはまったく無縁な、それゆえに一時的な政治をおこなわせるのに対して、後者の場合、イデオロギーは最近の経験から生まれた一階級の集合的記憶をなしており、この記憶が、国家の内容ではなくその形式を決定することができる世論を構成するのである。

他方でこの国家は、みずからがもつ別の性格によって市民社会の支配階級から相対的に自立している。すなわち、五〇万人の公務員「軍隊」とこれまた同数の本物の軍隊を擁するこの国家には固有の発展原理がそなわっており、そのことは、アンシアン・レジームの君主政からフランス革命に至るまでのフランスの歴史が証明している。この国家は、「恐るべき寄生生物」として成長し発展する。そして、封建的な社会組織のなかで形成された諸権力すなわち社団や伝統的な集団特権と結びついた権力を破壊し乗っ取ることによって、社会の活動に取って代わるのである。アンシアン・レジーム社会がその外部にある国家によって徐々に蝕まれていく様子を一種の宿命として描き出すときのマルクスは、かつてなくトクヴィルに接近している。「大土地所有者や都市の領主特権はそっくりそのまま国家権力の特権に転じ、封建貴族は国家によって任命される公務員となり、互いに矛盾する中世的な領主特権の不均一な地図は、整理の行き届いた国家権力の地図となり、その権力はあたかも工場の内部のように分業化されると同時に集権化されている。[17]」

さらにマルクスはこの分析のなかで、のちにトクヴィルの一大パラドックスとなった考え方に一段と接近する発言をおこなっている。「最初のフランス革命の課題は、国民のブルジョワ的一体性を生みだすために土着権力や領主権力や都市権力や地域権力といった個別権力を破壊することであったから、必然的に絶対君主制によって開始された仕事を引き継ぐことになった。すなわち、中央集権化という仕事である。また、統治権力の広がりや特権や執行者も同時に引き継がれた。そして、ナポレオンがこの国家機構を完成したのであった。[18]」このように、マルクスにとってもトクヴィルにとっても、フランス革命は君主政の仕事を継承するものであった。フランス革命は、ブルジョワジーの政治的台頭をもたらしただけでなく、中央集権的な行政国家の完成ももたらしたのである。そして、その基礎を築いたのはまさしく、フランスの王たちにほかならない。この二つの帰結は、以前のマルクスのテクストにおいては混同されていたが、これ以降は区別されるようになる。なぜなら、近代国家は支配階級の意のままになるただの道具などではなく、そのもとになった君主制国家と同様に、社会に対して自律性を保っているからである。

ただし、君主制国家がその独立性を貴族とブルジョワジーという二つの階級が互いに牽制しあう状況から引き出していたのに対して、革命後の状況は逆に、ブルジョワジーの全面的支配によって特徴づけられる。とはいえ、近代国家がさまざまな社会勢力の均衡にとって都合のよいたんなるブルジョワ国家にとどまらない理由は、それが諸々の利害を処理する仕方にある。つまり、近代国家は、これらの利害を全体利益によって定義される行政的な抽象観念として保証しなければならないのである。分業化の進展にともなって利害が細分化されていく事態に対処するのは、もはや社会自身ではなくて国家である。そして、国家が介入することによってこれらの利害に普遍的な内容が与えられるのである。『ブリュメール十八日』のマルクスはこうして、『ユダヤ人問題について』のマルクスと再会を果たす。なぜなら、両者とも近代国家を社会の「抽象」として分析しているからである。だが、今回の抽象は純粋な幻想であるどころか、逆に、国家が社会を操作する余地や国家の自律性とそのたえざる拡大の可能性の条件を構成するのである。十九世紀の歴史が、そのことを証明している。「あらゆる**共通**利益はただちに社会から切り離されて、**全体**利益というさらに高次の利益として社会に対置させられ、社会の各メンバーが関与する余地も排除され、パン焼きがまや学校の校舎や村落共同体の共有物から、鉄道や国家財産やフランスの国立大学に至るまでのすべてが統治活動の対象になった(19)。」こうした網羅的な行政活動のうえにさらに社会的・政治的な抑圧の必要性までが付け加わるとなれば、革命後のフランス国家が構成する非社会的な権力領域がいかにすさまじいものであるかがわかるだろう。そして、この領域こそが、あれほど多くの戦闘の掛け金にほかならなかったのである。「あらゆる革命が、この機械を破壊するどころか、それを完成させようとした。権力をめざして次々に闘いに加わったすべての党派が、国家という巨大な建造物を征服することこそが勝利者にとっての主たる目標であると考えていた[20]」。

これらのくだりにおいてマルクスは、自分がそれまで見すごしていたパラドックスの本質を論じている。すなわち、ブルジョワジーが統治階級にならない最初の支配階級であるという事実である。市民社会に君臨するブルジョワジーは、この市民社会をみずからの労働のみによって定義される孤独な諸個人からなる市場に変えてしまった。その帰結が、諸個人間の平等である。だが、分業化の進展や富の増大にともなって国家が社会に干渉する機会が大幅に増えたにもかかわらず、こうした平等を旨とするブルジョワジーは政治権力の行使に必要な何らかの資格をみずからに与えることができない。ブルジョワジーに奉仕する非ブルジョワ的国家の可能性が胚胎するのはまさにこの二重の現実においてであり、第二帝政はそうした国家の典型事例にほかならないのである。

こうした考え方は何を意味しているのか。それはまず第一に、ブルジョワジーと国家のあいだの透明性が例外的な事態であるという事実を物語っている。一七八九年は、この透明性が一時的に実現したことの証しであるが、しかしそれは、フランス革命が近代国家の終わりなき仮面舞踊に巻き込まれる以前のことであった。だがこのことは、逆に言えば、ブルジョワジーが政治権力を奪われているとしても、ブルジョワの利害が社会を支配するという事態にはいささかの変化もないことを意味している。つまり、ブルジョワの利害は、支配階級の代理人たちがじかに関与しない政府によってこそいっそうよく保護されうるということである。なぜなら、そのおかげでブルジョワジーは経済的役割のみに専念できるようになるからである。だが、ブルジョワジーがそこから得たものはとりわけ、みずからが搾取する諸階級に対して、表向きはブルジョワ的でないこの国家が実はブルジョワジーに奉仕しているという事実をより巧妙に隠蔽する手段である。

ただしそれは、ブルジョワジーがこうした偽装を故意に選択したということではない。マルクスは、一八五一年十二月二日をブルジョワジーによる「譲渡」とよんでいる。救世主に助けを求めたブルジョワジーは、みずからの物質的利害を救い出すために政治的諸特権を放棄する。この権限放棄は、それがフランス農民の特殊なイデオロギー的伝統に根ざしているかぎりにおいて、また、それが支配階級の政治的代表者たちの同意を得ていないかぎりにおいて、歴史の偶然である。にもかかわらずそれは、歴史の必然でもある。なぜならそれは、プロレタリアートによってますます脅かされつつあるブルジョワの利害を救い出すための必要不可欠な手段になったからである。つまり、これに先だつ時代すなわち共和政期においてはブ(すでにルイ・ナポレオン・ボナパルトが執行機関の長になっていたとはいえ)みずから統治していたブルジョワジーが、その支配に服さない一集団に権力を完全に委ねざるをえなくなったという意味で、それは「譲渡」なのである。だが、この「譲渡」によってまさに、近代国家の進化、すなわち、近代国家の本性に根ざしており、近代国家がフランス革命のさなかに出現したときからすでに顕著であった進化が完結する。つまり、近代国家とは、ブルジョワジーの国家であると同時にブルジョワジーから自立した国家なのである。「この国家が完全に自立したかに見えるのは、ようやく二代目ボナパルトのもとにおいてである。」[21] フランスのブルジョワジーは、かつてなく市民社会に君臨し続けている。だがそれは、農民の追憶によって権力の座についた冒険家の一団によって庇護されている。こうして、歴史は振り出しに戻ったのである。

なぜなら、ブルジョワ社会の諸矛盾を顕在化させるとともにそれらを極度に先鋭化させるこの逆説的で戯画的な国家は、同時に一連の国家の最後のものだからである。このことを理解するためには、マルクスが十九世紀フランスについて書いた最後の根本テクストすなわち一八七一年のパリ・コミューンに関するテクストを読むのが一番よい。ここでもマルクスは、フランスの政治的危機の新たな展開をたえず注視している。また、今回の事件を契機に、彼はいつものように一七八九年以降の革命後史全体を回顧しているが、それは、この歴史全体を最新の出来事に照らして解釈しなおすためなのである。そこでは、一七八九年から一八七一年までのサイクルが国家の歴史という観点から捉えなおされる一方で、『ブリュメール十八日』の分析がほとんどそのままのかたちで反復されている。[22]だがその末尾においては、パリ・コミューンが、ブルジョワ国家を第二帝政という戯画的なかたちで生みだすに至った長きにわたる運動のアンチ・テーゼとして登場する。フランス革命は、君主政の仕事を「巨大な箒の一掃き」によって完成するとともに、封建制の遺物という最後の障害物を中央集権的国家から一掃する。第一帝政は、このような中央集権的国家の最終形態である。ついで、一八一五年に設立された代議政体が、この国家を支配階級による「直接支配」のもとに置くことになる。だが、この支配階級は、一体的であると同時にばらばらでもある。つまり、プロレタリア革命に対抗してますます抑圧的に権力を振るうようになるという点では一体的だが、支配階級を構成する諸分派の利害の点では分裂しているのである。この分裂状態は、一八四八年の保守的な共和政が彼らの支配の統一的形態として現れるまで続く。だが、十二月二日は、このブルジョワ的エキュメニズムの脆弱さ、さらにはその不可能性さえも露呈させた。「［第二帝政は、］国民を統治する能力をブルジョワジーがすでに喪失していた――だが、労働者階級はいまだにそれを獲得していない――時期における、唯一の可能な政府の形態であった。」[23]こうして、この遅れてきたボナパルティズム国家についてのマルクスの分析は、彼が絶対君主制に関して提示し続けてきた分析と同じようなものになる。すなわち、このボナパルティズム国家は、興隆しつつある階級と没落しつつある階級という二つの階級が一時的に均衡する地点を表現しているというわけである。そして、市民社会に対する国家の自立性は、この相互牽制の状態によって説明されるのである。その証拠に、帝政に終止符を打つパリ・コミューンは、帝政に対する「直接的なアンチ・テーゼ」であり、しかもそれは、たんにブルジョワ支配に対抗するというだけでなく、その支配によって生みだされた中央集権的国家に対しても立ち上がるプロレタリア革命なのである。

このように、十九世紀最後のパリ革命は、マルクスがナポレオン三世の数奇な運命についての新たな説明を見いだす契機になった。第二帝政は、たんに統治階級になれないブルジョワジーの一種の構造的な無能さを明らかにしただけではない。第二帝政は、ブルジョワの利害に基づく国家の最も発展した形態すなわち（のちにレーニンが、帝国主義を資本主義の最終発展段階であると語ったような意味で）最終形態を生みだした歴史的進化をも表現しているのである。だが、パリ・コミューンの出来事を念頭に置いたこの見解は、マルクスのブルジョワ国家の概念にまつわる諸々の矛盾を解消するどころか、かえってその概念の曖昧さを助長してしまう結果になった。そのことは、彼の最後のテクストに現れるいろいろな解釈を検討してみればよくわかる(24)。

事実、マルクスは一方では、十九世紀フランスのとりわけ共和主義的な体裁をとったブルジョワ国家が「階級支配の道具」にすぎないということ、またそれが、プロレタリア革命の脅威と闘うために、より実効性の高い専制すなわちボナパルティストの一団による専制に場所を譲ることになるということを繰り返し述べている。だが他方では、その少し先で、社会に「寄生する」フランス国家が社会からますます自立するようになり、ナポレオン三世とともにその「最終的な」発展段階に達すると語ってもいる。「常備軍や全能な官僚組織、人々を蒙昧化する聖職者、盲従的な裁判体系をもつこの統治権力は、社会それ自体からあまりにも自立していたために、貪欲な冒険家一味のグロテスクなまでに凡庸な親玉でもその担い手として不足はなかったのである。この権力は、一七八九年の大革命がうち立てた近代世界に対抗する旧ヨーロッパの軍事同盟によって自己の存在を正当化する必要はもはやなかった。また、国民議会の議員閣僚に従属する階級支配の道具として現れることももはやない。それは、支配階級の利害までもみずからの権威によって踏みにじり、支配階級が議場で繰り広げる派手な見世物をみずからが選出する立法院とみずからが報酬を支払う元老院に置き換えたのである[25]。」

しかしながら、ブルジョワジーの伝統的な代表者すなわち議員たちの支配を免れたこの国家それ自体は、貨幣支配をいっそう浮き彫りにするものでしかなく、また、この支配をいっそう保護するものでしかなかった。そして、貨幣支配こそは、帝政の利権主義がよく示しているように、この国家の原動力なのである。ブルジョワ社会に対する国家の「自立性」とは、政治的に組織された仮面の下に真の本性を隠しもっているという意味であり、この自立性はいぜんとして、崩壊の最終段階にあるブルジョワ社会によって規定され続けているのである。「[この権力は、]過去の仮装行列のぼろ服をまとうことによって、現在の堕落した狂騒状態と最も寄生的な分派すなわち詐欺師同然の金融業者たちの勝利とを覆い隠していた。この権力は、過去のあらゆる反動勢力の**跳梁跋扈**を容認してきた。汚辱の伏魔殿ともいうべきこの国家権力は、第二帝政のもとでその最後にして最高の表現を与えられたのである。こうしてそれは、見かけ上は社会に対する統治権力の最終的勝利を示すものとなった。だが、実際にはそれは、この社会のあらゆる腐敗した要素の寄せ集めだったのである。事情をよく知らないものが見れば、この権力は、立法機関に対する執行機関の勝利を物語るものでしかないし、また、自分で自分を統治する社会であると称する階級支配の形態が、社会よりも上位に位置する権力であると称する支配形態によって蒙った最終的敗北を示すものでしかない。だが、実のところこの権力は、階級支配の最後にして堕落した、だが唯一可能な形態でしかなく、したがって、支配階級によって鉄の鎖につながれた労働者階級にとってだけでなく、支配階級自身にとっても屈辱的なものだったのである。[26]」

マルクスはこのように、近代国家がその最終段階において第二帝政というかたちのもとに社会から完全に独立したと書いておきながら、その数行後には、近代国家がブルジョワ支配の「最後にして堕落した、だが唯一可能な」形態を表現していると書いているのである。したがって、ブルジョワ国家の歴史が終末段階にあるという考えは、ブルジョワ国家をめぐる彼の思考の自家撞着的な性格をいささかも変えはしなかった。この考えは、マルクスの思考にさらなる幻想や曖昧さをもたらしただけであったが、それらはもともと、パリ・コミューンを第二帝政の弁証法的アンチテーゼとして位置づける必要性から生じているのである。

ここでいう幻想とはもちろん、ナポレオン三世の国家がブルジョワジーによる階級支配の「最終」形態であったというものである。ここでのマルクスは、たんにみずからの政治的気質に特有の革命願望に屈しているだけでなく、みずからの理論の論理に従ってもいる。つまり、パリ・コミューンが発生して、しかもその必然性がブルジョワ国家を清算することにあるのだから、パリ・コミューンが転覆したこの国家は、どうしても一連の国家の最後のものでなければならないのである。三カ月にわたって続いたこのパリ民衆の革命は、マルクスが願ったものではなかったし[27]、また、彼の友人たちが主導したものでもなかったが[28]、それでもマルクスは、この革命に「マルクス主義的」な意味を割りふらずにはいられない。こうしてこの革命は、一七八九年に始まったブルジョワ国家の歴史に終止符を打つことによって、この歴史を完成すると同時に破壊する使命を背負うことになる。なぜなら、この革命が告知しているのは、生産者の社会による国家の再領有の開始すなわちプロレタリアートの社会的解放をもたらす新たな政治形態の到来だからである。かくして、歴史的理性の配剤によってブルジョワ国家がついに出現した一七八九年に始まる国家サイクルの最後を飾る役割が、第二帝政に割り当てられることになる。ただしそれは、ブルジョワ国家のたんなるパロディやカリカチュアにとどまらず、ブルジョワ国家の虚偽と悪徳をいっそう甚だしいものにしたのである。

一八四八年のときと同様に、マルクスはここでもみずからの知的・道徳的生活と結びついた革命幻想の犠牲になっている。フランス革命によって始まった偉大な歴史のサイクルが一八七〇年代に閉じられることになるというのは、たしかにその通りである。だが、その終焉はプロレタリア革命や中央集権的国家の破壊によってもたらされるのではない。それは第三共和政の成立によってもたらされるのであり、この第三共和政こそは、ブルジョワと小ブルジョワと農民のコンセンサスに基づく究極の政治形態なのである。この新たな体制の社会的基盤は、パリ・コミューンの挫折とパリ反乱の脅威の消滅によって大いに強化されたが、そこではナポレオン的な行政国家の構造に目立った変化は生じていない。要するに、スダンで消え去ったのは、フランス革命のなかから現れた近代フランス国家ではなくて、フランス人民にかけられていた名前の魔法だったのである。

マルクスが抱いている歴史幻想のメカニズムを再構成することは難しくない。それはいつも同じだからである。そのメカニズムは、みずからの理論の文言に忠実であろうとするあまり、かえってその理論の精神を裏切ってしまう点や、経済と社会の進化を政治史から導き出そうとする点などに現れている。パリ・コミューンが起きたからには、それに先だつ第二帝政は詐欺師や寄生者の手に握られた帝国末期の国家でなければならない。それは、かつて勝ち誇っていたブルジョワジーの最後の姿なのである。この種の推論は、ここでの場合とくにマルクスを極端な誤解に導いてしまっているだけに、なおさら興味深いといえる。なぜなら、ナポレオン三世の体制のもとでは、たんに金融業者の投機だけでなくフランス資本主義の工業的・商業的拡大も生じているからである。またそこでは、国家や皇帝自身がこの拡大に果たした役割や一時的な状況要因はほとんど重要性をもたない。もっとも、こうした反論を提示したところで、マルクスの誤解は微動だにしない。その誤解は、十九世紀におけるフランス・ブルジョワジーの最も輝かしい年月をその衰退の年月とみなす点や、帝政国家がフランス・ブルジョワジーの揺りかごであったにもかかわらず、その帝政国家をフランス・ブルジョワジーの葬送行列とみなす点に現れている。これほど偉大な精神がこれほど突飛な判断を下すとすれば、その精神はまちがいなく政治的な情熱や願望に惑わされているのである。この場合はまさしくそうである。パリ・コミューンは、それに先だつ国家がブルジョワ国家の最も退廃した形態である場合にのみ、たとえ短期間ではあっても、最初のプロレタリア革命とみなされうるのである。だがマルクスは、みずからの歴史観に忠実であり続けようとするあまり、第二帝政の経済と社会の明白な歴史的事実さえも暗黙のうちにみずからの政治診断に従わせるというかたちで犠牲にしなければならないのである。

教条主義的な思想家らしいこうした幻想は、その断定的な調子という点ではのちのマルクス主義の歴史において現れた多くの幻想と似ているが、それでもマルクスは、二十世紀の後継者たちよりもはるかに豊かな模範を示している。なぜなら、彼はこれらの幻想にたえず修正を加えているからである。彼は、まちがった考えをもつことはあっても、短絡的な考えはけっしてもたない。彼は、十二月二日の再校訂正とナポレオン国家の再来がみずからの歴史思想にとって解釈上の障害となっていることを理解していた。この事実は、熟年期のマルクスが直面している問題が青年期に直面したフランス革命そのものをめぐる問題と同じであることを端的に示している。だからこそ彼は、この問題の解決のためにこれほど多くのしかもしばしば互いに両立しえない分析を積み重ねてきたのである。一八四九年から一八七一年にかけてあいついで書かれた『階級闘争』から『内乱』に至るまでの分析を読んでみれば、その内容がだんだんと豊かになっていくことがわかる。だが、これだけの蓄積をもってしても、彼の分析の曖昧な性格や矛盾した性格を取り除くことはできなかった。そうした性格は、一八七一年のテクストにおいてかつてなく明白になっている。

マルクスの矛盾の多くは、帝政国家を、ブルジョワの利害に奉仕する純然たるブルジョワ支配の産物として分析すると同時に、独自の現実と歴史をもつ社会から完全に自立した存在としても分析するというところから生じている。この二つの考え方は必ずしも両立不可能というわけではないが、ただしそれは、これらの考え方を部分的に用いたり、あるいは、状況や体制の変化に応じてそれぞれの要素を組み合わせるというやり方をとる場合に限られる。ところが、マルクスはその反対に、これらの考え方の哲学的な意味を十分につきつめたうえで、それらを交互に利用するのである。一方で、市民社会は歴史の唯一の現実であり、ブルジョワジーは近代世界の機械仕掛けの神である。他方で、このブルジョワジーは市場をその特権的な活動領域にしており、社会的なものと政治的なものとを決定的に分離したのは、国家でも支配階級でも統治階級でもなくまさにこの市場なのである。この二つの命題は、マルクスにおいては序列化されており、前者に優先順位が与えられている。すなわち、社会的なものが政治的なものの真実なのである。だが、この階層化された関係こそはまさに、フランスの歴史とりわけ第二帝政によって疑問符がつけられたものであり、その結果マルクスは、この二つの分析の道筋をいちども論理的に整合させることなく、一方のあとに他方を利用することになる。矛盾は、そこから生じているのである。

十二月二日によって提起された問題とは、国家とブルジョワジーの断絶という問題である。いつもそうだが、マルクスはこの断絶という考えを自分の幻想の倉庫にはじめからしまいこんでいたわけではない。

だが彼は、一七八九年以降と以前のフランス史全体を再検討するなかで、この断絶に関する理論の概略を述べている。彼は実際、社会の歴史から独立した国家の歴史が存在するということ、また、第二帝政がその最終的帰結にすぎないということを示唆している。フランス革命によって誕生し、ナポレオン一世によって完成された国家は、その自律性と機能の点で君主制国家の遺産を引き継ぐとともに、それ自身の内的力学をもっている。この国家がその前任者の仕事を完成するのは、国内市場の条件を生みだすことによってであり、その点ではたしかにブルジョワ社会の要求に従っている。だがこの国家は、みずからの権威の中心性やみずからの権限の拡大を通じて、また、軍隊や官僚機構を従えることによって、ブルジョワ社会にのしかかり支配するのである。

マルクスはこのように、中央集権化された行政国家の歴史と政治体制の歴史とのあいだにある重大な相違について示唆している。前者は、何世紀にもわたって実に多様で互いに矛盾すらしている多くの政府によって辛抱強く続けられてきた、非常に息の長い仕事の産物であるように見える。絶対主義が開始したものを、「フランス革命という巨大な箒の一掃き」が仕上げたのである。また、この一掃きによって、近代国家の建設という第一帝政の仕事に必要な社会的条件が生みだされた。のちにトクヴィルの著作の中心テーゼとなるものがここまで先取りされていたとは、驚くべきことである。ただしそれは、別の前提から出発し別の言葉を用いている。つまり、マルクスにおいてこうしたプロセスの鍵を握っているのは、「民主主義」ではなくてブルジョワ社会の発展なのである。同様に、十九世紀における国家の発展も、このブルジョワ社会の必要と一体不可分である。すなわち、分業によって規定された経済的・社会的必要と、労働者に対する抑圧と結びついた政治的必要である。しかしながら、この発展は最終的に社会から自立した巨大な実体を生みだすことになり、この実体は、一八五一年十二月二日に社会に対してみずからの法を押しつけることに成功する。マルクスはこうして、『アンシアン・レジームと大革命』に込められたトクヴィルの問いを再発見する。しかもこの問いは、マルクスお気に入りのイメージのひとつとも重なる。つまりパロディということであるが、これは、近代フランス国家の歴史の最も華々しい二つの時期が、まさしくナポレオン一世とナポレオン三世の帝政期だからである。前者は封建制の過去からの解放者であり、ブルジョワの解放の旗印であるが、後者は資本主義的抑圧の産物であり、衰退した階級の寄生者だというわけである。こうして、一方のナポレオンからもう一方のナポレオンに至までのあいだにフランス革命のサイクルは一巡したことになるが、それは同時に近代国家のサイクルでもあった。

だが、もしマルクスが、トクヴィルとは反対に、この考え方あるいは直観をいちども体系的な探求の対象にしたことがないとすれば、それは、この考え方が彼の解釈図式とうまく整合しないばかりか、その図式を否定しさえするからである。事実、彼は青年期以来、社会から自立した国家という考え方と結びついた幻想をたえずあばきだそうとしてきた。最初は、ヘーゲル批判というかたちで、つぎに、史的唯物論を構築することによって。『資本論』に取り組んでいた時期のマルクスは、この使命に完全に忠実であり続けているが、それには、フランスの一連の革命よりもイギリスの事例をとりあげるほうがこの使命の達成にとって都合がよかったという事情もある。だが、こうした自己満足的な姿勢が一八四八年の出来事に関する理解をどれほど損なう結果になったかは、すでに見た通りである。そして、第二帝政は、こうした宿命をいっそう明白なものにしたのである。

実際マルクスは、国家の自立性という考え方を説明しようとするとき、そこにこの考え方を否定するような別の解釈をも同時に織りまぜるのである。これらの解釈はさまざまであり、それらを両立させることは必ずしも容易ではない。ただし、これらの解釈は、諸階級の調停者としての自立した国家というものが幻想であるということ、また、市民社会の現実が支配的利害すなわちブルジョワジーの道具であるということを強調する点では共通している。

このことを理解するために、『ブリュメール十八日』の有名なテーゼから出発してみよう。すなわち、分割地農民の国家としてのナポレオン国家というテーゼである。このテーゼは一見したところ、この国家が少なくともブルジョワジーに対しては自立しているという考えを追認しているように見えるが、ただしそれは、ナポレオン三世の独裁がその主たる支持基盤を別の階級に見いだすかぎりにおいてである。こうしてその階級は、資本主義の支配に対していわば復讐を果たすのである。だが実際には、この復讐はフィクションである。なぜなら、皇帝支配体制は農民を解放するどころか、逆に彼らをいっそう高利貸しに対して従属させることになるからである。したがって、農民たちがナポレオン三世を権力の座につけたということが本当だとしても、それは幻想に基づいたものであり、歴史家がその幻想を取り払ってしまえば、ボナパルト的独裁の真実が明るみに出る。すなわち、ブルジョワジーの利害という真実である。農民たちは、自分たちと同様に搾取されている都市部のプロレタリアートと行動をともにするどころか、見た目は反ブルジョワ的な選挙を通じて、衰退しつつある支配階級との反動的な同盟関係を期せずして確認してしまうのである。未来のナポレオン三世が小ブルジョワと農民の政治的伝統をみずからの利益のために操作したことによって、この伝統が貨幣とブルジョワ社会に従属しているという事実は覆い隠されてしまう。

こうしてマルクスは、フランス農民が皇帝の甥にこぞって票を投じた事態を分析することによって、近代国家特有の幻想の長い連鎖をさらに先へとたどっていく。このことは、逆に言えば、近代国家の真実がつねに市民社会の支配階級のなかにあり続けてきたし、今もそうであるということ、したがって、近代国家の官僚制度がもつ何らかの中立性や自立性なりのなかにあるのではないということを意味しているのである。

したがって、ルイ・ナポレオンを共和国大統領に選んだ一八四八年十二月の投票が予期せぬ事態であったとしても、それは見かけだけのことにすぎない。事実、この投票は社会的決定に従っており、しかもその決定は、この投票自身によって隠蔽されているだけにいっそう強制力をもつのである。マルクスは、一八四八年の普通選挙がフランス政治にもたらした予測不可能性の効果については、無関心または盲目であり続けている。権力移譲の手続きの変更は、――たとえそれが、七月王政下のあらゆる共和主義左派や民主主義左派によって要求されたもののように、きわめて重大な変更であっても――それ自体としてはとくに重要ではない。なぜならそれは、政治的なものが社会的なものに従属しているという事実を表面的に――実質的にではなく形式的に――変えることしかできないからである。実際、マルクスの分析はすべて、国家が社会によってあらかじめ決定されているということを前提している。国家の本性と形態を説明できるのは、さまざまな階級の利害であり、また、これらの階級がこれらの利害に対して抱く表象なのである。普通選挙の実施は、この法則を何ら変えるものではない。普通選挙のおもな狙いは、ただひとつの根本的現実をより鮮明に浮かび上がらせることにある。すなわち、市民社会における力関係と分断である。

この意味で、マルクスがその青年期の著作のなかで打ちだしたテーゼを放棄したことはいちどもないと言える。市場と同様に、理論的には平等で自由な諸個人からなる政治的民主主義は、市場と同様に虚偽である。市場の真理とは、分業と階級分断、強者による弱者の搾取、そして富者による貧者の搾取である。この真理を、民主主義的公民性は偽装すると同時に露呈する。なぜなら、民主主義的公民性は、社会の各メンバーのあいだでひとしく分有される主権という外観を支配階級の政治的全能性に与えることはできても、市場の真理のもつ強制力を変えることはできないからである。普通選挙は、ブルジョワ的秩序にとっての偶発的な脅威であるどころか、その反対に、社会が市場として定義されていることの政治的な表現なのである。また、普通選挙が表面的には偶然性を許容しているように見えても、結局のところそれは市民社会の鉄則に従っているだけなのである。同時代のあれほど多くの観察者たちにとって驚きや顰蹙の的であった一八四八年十二月の選挙さえも、マルクスから見ればブルジョワ国家の歴史が編み出した策略でしかない。

マルクスは、フランス国家が社会から自立すると同時に社会の寄生者になったというみずからの直観が、政治的民主主義の仕組みや普通選挙の導入によって説明できるとは考えなかった。それは明らかである。だが、一八四八年十二月の選挙の結果がブルジョワ・エリートにとって予想外の事態であったという事実は、この出来事の新しさを完璧に例証している。すなわち、主権の民主主義的な委譲によって、政治権力が国家という存在から完全に切り離されてしまうということである。これが、この国家の独特で自律的かつ非人格的な発展を説明するもうひとつの、だがおそらくはより本質的な理由である。ところがマルクスは、民主主義的な手続きが政治の領域に及ぼすインパクトをかつていちども深く分析したことがない。なぜなら、彼は端的にそのことに関心がないからであり、それほどまでに彼は、政治の領域を市民社会の利害に還元するという考え方にとらわれ続けていたということなのである。

かくして、農民たちの半ば冗談ともいえる十二月十日の投票がまさしく冗談であり明白な偶発事であったとしても、分析してみれば、この出来事が歴史の必然性のなかで果たす役割が明らかになる。その役割とは、最も腐敗した分子たちの手に委ねられた権力の陰に身を潜めたブルジョワジーに、その最後の花火を打ち上げさせるということである。第二帝政以前のマルクスは、十九世紀フランスの諸革命を説明するために「階級分派」という曖昧な概念に訴えていた。だがこれでは、ブルジョワジーがなぜ分裂や統合や再分裂を繰り返すのかがまったくわからない。また、一八五一年以降に権力の座にあるのは、もはや「階級分派」ではなくて悪徳金融業者や「詐欺師」である。だがこれは、かつてなく勝ち誇っているかに見える階級の救いがたい退廃ぶりを印象づける、経済的というよりはむしろ道徳的なイメージである。マルクス自身ははっきりそうだとは言っていないが、こうしたイメージは明らかに、みずからに対してほぼ透明になったブルジョワ社会にローマ帝国末期の雰囲気を与えるためのものである。なぜなら、ブルジョワ社会はついにその本性を遠慮会釈なくさらけ出したからである。それこそは、貨幣にほかならない。

ただし、ブルジョワ社会がその仮面をはずすのはこのときが最後である。なぜなら、マルクスは奇妙なことに、ブルジョワジーの歯止めなき権力という観念を抱く一方で、そのブルジョワジーが近いうちに消滅すると考えてもいるからである。ブルジョワ国家の最終形態である第二帝政は、革命国家の継承者であると同時に革命以降の歴史的状況の産物でもある。この点で、第二帝政はかつての絶対君主制に似ている。なぜなら、絶対君主制は、対立する二つの階級の一時的な均衡に端を発しており、そこではいずれの階級も、他を完全に、あるいは少なくとも中立的権威に間接的に依存することなく支配できるほど十分には強くないからである。だが、この点を除けば、絶対君主制との比較はむしろ誤解を招きかねないものとなる。その理由は、ひとつには、社会闘争の場が貴族とブルジョワジーのあいだからブルジョワジーとプロレタリアートのあいだへと移動したからであるが、むしろそれ以上にマルクスにとっては、君主制国家が何世紀ものあいだ真に調停者であったからである。つまり君主制国家は、貴族階級を温存する一方で、あまりにも未発達なブルジョワジーになりかわっていくつかの「歴史的な」課題を果たしたのである。それに対して、ブルジョワジーがナポレオン三世を担ぎ出すことは、ブルジョワジーがみずからの覇権を維持するために労働者階級をあざむく手段にすぎない。マルクスが着目するのは、第二帝政の社会的中立性ではなく、第二帝政の誕生を取り巻いていた政治的な曖昧さや第二帝政のいくつかの動向やナポレオン三世自身の個性である。ブルジョワジーが、国民議会議員たちから軽蔑され嫌われていた元サン＝シモン主義者の冒険家に頼ることを余儀なくされたという事実、あるいは少なくともマルクスの目にはそう映った事実は、プロレタリア革命をよびさますことを恐れるあまり権力をじかに行使することができないブルジョワジーの無能さのしるしである。だからこそ、ブルジョワの利害にとって第二帝政は、やむをえない選択であると同時に最後の切り札なのである。なぜなら、第二帝政は、労働者階級がブルジョワジーのヘゲモニーを脅かす時代における唯一可能な統治形態だからである。

この新たなテーゼによって、マルクスは、ブルジョワジーと近代国家の根源的な結びつきという考えを再確認する手段をまたひとつ見いだすことになる。なぜなら、近代国家のこの新たな形態——帝政——は、プロレタリアートをあざむくためのブルジョワジーの策略であると同時に、プロレタリアートの脅威に対処するためにどうしても必要な目くらましであるとみなされるからである。言い換えれば、ナポレオン三世が気どっているこの両義的な舞台の背後で糸を引いているのは、いつも同じ支配階級なのである。支配階級が新たな偽装工作のために拝借したこの人物は、支配階級の戦術の恐るべき巧妙さをいっそう助長するものでしかない。支配階級は、状況に適応しながら状況を支配し、かつてないほど社会と政治に君臨し続けている。かくして、マルクスにおける国家幻想という観念は、巧妙な戦術によって維持され完成される権力という考え方によって新たな説明が与えられるのである。ただし、ここで問題となるのは、支配階級が意図的に作りだす幻想であり、それは、国家の共同体的性格に関するいわば自然発生的な幻想の効果をいっそう強める働きをするのである。

だが、市場においては活発であり政治的陰謀にかけてはマキアヴェリ的であるという、このプロメテウス的なブルジョワジー像は、彼らが厄介な冒険家の一団の手に権力を「譲渡」するという考え方とうまく調和しない。マルクスは、ブルジョワジーの全能性という考えとブルジョワジーがもうじき消え去るという考えとのあいだでたえず揺れ動いている。このどちらもが、歴史的必然性という観念と不可分である。前者は、一見混沌とした出来事の背後で、近代社会を発明した社会階級がたえまなく活動しているということを暴露する。他方、後者が予告する事態は、ブルジョワジーの活動に内在する矛盾とプロレタリア革命の機運が熟しつつあることの帰結として生じるのである。だが、当然のことながら、歴史的決定論を信奉するからといって、何か特別な予言の才能がマルクスに与えられるわけではない。その結果マルクスは、ことの次第に応じて、あるときはブルジョワジーの主権を強調し、またあるときはその弱さを強調する。だが、状況しだいで判断がこのように揺れ動くことは、ただでさえ多様なマルクスの解釈にさらに不確かさという負荷までかけることになる。

＊

このように、マルクスの著作に見られるフランス革命解釈のすべては、市民社会と国家の弁証法をめぐって組織され、同じパラドックスをめぐって展開する。一方で、この革命は、それ以前にすでに生じていた出来事、したがって革命自身には属さない出来事、すなわち、社会におけるブルジョワジーの勝利を大々的に見せつけるものでしかない。他方で、国家におけるブルジョワジーの勝利としても定義されるこの革命は、一八四七年の定義によれば「近代国家の生成」という内容ももっている。だが、この二つの命題を両立させることは困難である。なぜなら、この「生成」、より正確にはこの生成の歴史が、あまりにも手に負えない出来事の数々やあまりにも多様な一連の体制を含んでいるために、それらに共通する起源によってはこの歴史を説明することがほぼまったくできないからである。

フランス革命のあらゆる「社会的」解釈を特徴づけるこうした矛盾は、マルクスの発案によるものではない。彼はこの矛盾を、王政復古時代のフランス歴史学のなかに階級闘争というかたちで見いだしたのである。だが、彼はこの矛盾を、論争的にして哲学的というみずからの持ち前に従って極端なまでに先鋭化させる。マルクスが、自由主義的な歴史家やのちの多くの「マルクス主義的」な歴史家たちと比べて知的に優越している点は[29]、この矛盾のさまざまな側面をたえず探求する一方で、この矛盾に関してそれ自体矛盾をはらんだ注釈をたえず積み重ねていくところにある。彼は、国民公会の歴史を構想していながらついにそれを書かなかったが、その代わり、彼がその執筆に着手することさえも妨げた理由の詳細が期せずしてわれわれの手に残された。なぜなら彼は、その試みを阻んでいる力をついに克服できなかったからである。

マルクスのフランス革命研究は、大きく三つの時代に区分できる。この時代区分は、同じ問題や同じ材料を扱う三つの異なる「やり方」に対応している。だが、これらの各時代は、彼の思想の進化や歴史的状況に応じて変化する全体構造に支配されてもいる。見かけは安定的な七月王政のもとで、近代ブルジョワ国家を宗教的疎外のモデルに従って論じるフォイアーバッハ的マルクスの後に、今度は逆に革命現象が再び盛んになる年月のなかで、ブルジョワ国家をブルジョワの利害による社会支配の純然たる産物とみなす唯物論者マルクスが続く。そして最後に、一七八九年から一八七一年にかけてのブルジョワ的フランスにおける国家形態の不安定さをいくども解釈しなおそうとして、そのたびにイギリス史と資本主義の秘密をめぐる思索が中断してしまう『資本論』のマルクスが来る。

だが、フランス革命に関するマルクスの考察全体を通じていつも見いだされるのは、彼が青年時代に提起したひとつの問題である。それを、市民社会に対置される国家という「幻想」の問題とよぶことができるだろう。また、彼の解釈は、彼がこの問題に与える解決との関係においてのみ定義できる。この幻想は、青年マルクスの著作においては、歴史的人間の本質が疎外されることによって生じる最新の産物である。このポスト・ヘーゲル的な概念によって、近代民主国家を公民的平等性の想像的な場所として捉えることが可能になると同時に、この国家の形態的な多数性を、一七八九年がルイ゠フィリップの正真正銘「ブルジョワ的」な国家とともに終結するまでにこの国家がたどる紆余曲折の現れとみなすことができるようになる。この解釈には、フランス革命を「政治的」幻想の現れとみなす理論と、この幻想が次々に異なる姿をとって現れる過程としてのフランス革命史という可能性が存在している。この時期のマルクスの思想がフランス革命の歴史に格別の注意を払っているのは、おそらくこのためである。

だが、これ以降の時期においては逆に、近代国家の変容の歴史としてのフランス革命に関する注釈が稀になり、さらには消えてしまう。なぜなら、国家の「幻想」は、哲学的概念であることをやめて歴史の必然性のたんなる所与にすぎなくなったからである。したがって、フランス革命にはもはやひとつの意味しかなく、そこにはいかなる展開もありえないのである。つまり、フランス革命とは端的にブルジョワジーによる権力奪取とブルジョワ国家の設立ということに尽きており、この事実は、一七八九年であれ一七九三年であれテルミドール期であれ帝政期であれ変わらない。マルクスは、フランスの出来事にかつてなく魅惑されている。なぜなら、それらはプロレタリア革命にとって欠くことのできない先例だからである。だが、フランスの出来事を扱うための彼の道具立があまりに貧弱であったために、彼はこの問題に関してほとんどありとあらゆることを言ったり、たとえば一七九三年に関して以下のような相矛盾する解釈を提示したりする。すなわち、恐怖政治が、一方ではブルジョワ革命の課題をなしとげるかと思えば、他方ではブルジョワジーの権力を一時的にひっくり返すといった具合である。

だが、マルクスや他の多くのものたちが信じていたところとは反対に、フランス革命は一八三〇年によっても終結しなかった。一八四八年は、プロレタリア革命の失敗を決定的なものにすると同時に、ブルジョワ革命のパロディ的なサイクルを再開させる。共和政と帝政の歴史は、マルクスを青年期の諸問題へと連れ戻す。ただし、熟年期のマルクスは、これらの問題を別の言葉で言い表すことになる。もしかりに、近代国家の「幻想」がみずからの完璧な支配を偽装するためのブルジョワジーのまやかしにすぎないとすれば、なぜ、このブルジョワジーの権力はこれほど多くの革命やクーデターを必要とするのであろうか。この問いに対するマルクスの最も興味深い回答は、社会に対する国家の自立性という考えを——そのときどきに応じて——再導入するというものである。ただし今回それが導入されるのは、青年期の場合のように一七八九年から一八三〇年までのサイクルではなくて、一七八九年から一八七一年までのサイクルにおいてである。『ブリュメール十八日』と『内乱』に見られるいくつかのすばらしいくだりのなかで、彼はフランス革命を君主政が開始した近代国家の形成プロセスの帰結として分析すると同時に、ナポレオンによって完結する近代国家の真の創造プロセスとしても分析している。また、後続する十九世紀の諸革命は、この国家のあいつぐ軌道修正にほかならない。なぜなら、この国家の権限と役割がたえず増大していくからである。この国家の支配権をめぐる闘争は、この国家が社会から自立した一個の寄生的実体と化したためにいっそう際限がないものとなった。だがそれは、一八七一年のパリ・コミューンに至ってようやく終焉を迎え、かくしてフランス革命が開始したサイクルは完結するのである。

この見事なまとめは、マルクスがフランスについて書いてきたことの総括とも言えるものだが、そこで彼は、近代フランス史の本質的な特徴を把握し強調している。つまり、一七八九年の大革命だけが国家の土台と構造を根本から変えたということ、それに対して、十九世紀のさまざまな体制は、権力の組織形態や政治的均衡のありようを変えたにすぎないということである。二人のナポレオンのあいだには多くの国制が存在しているにもかかわらず、行政機構だけはその本質的要素において不変であり、国民的合意に基づいて政治闘争の埒外に置かれている。この直観は、国家が社会さらにはブルジョワ政治からも相対的に自立しているということ、また、国家が自律的な歴史をもつということを示唆している。にもかかわらず、マルクスはけっしてその直観のもつ豊かな可能性を真に探求しようとはしなかった。なぜなら、彼はその可能性を、ブルジョワ国家の「幻想」という正反対の観念によっていつも覆い隠してしまうからである。このブルジョワ国家は、支配階級のたんなる道具であり、支配階級の興亡と結びついており、支配階級はこれによって勝利者にもなれば敗北者にもなる。こうして彼は、一八七一年に、支配階級が近く終焉を迎えるという不条理な確信をもつに至った。このことは、マルクスが歴史を社会のいわゆる進化のたんなる反映以外のものとして考えることができないということを、またしても証明したのである。

マルクスは、イギリス史とフランス史の最も偉大な歴史家の一人であった。ただし、その観察は目覚ましい反面、一貫性が欠けていてむらが多く、深い洞察に満ちていると同時にかたくなな偏見にとらわれてもいた。イギリスは、彼の理論にとってはほとんどうってつけともいえる歴史を提供した。なぜなら、彼の観念を育んだのがまさにイギリス史だからである。すなわち、早熟でダイナミックな資本主義、均質で強力な支配階級、つねにこの階級の支配に服している国家、等々。フランスの場合は逆に、民主主義革命が早すぎ、資本主義が遅すぎる。すなわち、企業家精神を欠き、政治的には分断されて孤立し、みずからの歴史やそこから次々に立ち現れる体制を手なづけることもできない地主ブルジョワジーの手に握られた歴史。だがマルクスは、この二つの偉大なヨーロッパ史が同じタイプに属し同じように説明されるという確信を抱く知識人の一人であった。この点で、彼は一八三〇年代のフランスの自由主義者たちに近い。ただし、彼自身の説明はイギリスの事例を詳細に調査し論じたものであり、その要点となるのは、資本主義の発展と資本・議会・国家の主人である支配・指導階級の発展である。だが、大革命と十九世紀フランスがこのプロクルステスの寝台にひとたび乗せられた場合には、それらはもはや理解することはおろか認知することさえも容易ではなくなってしまう。

青年期にはフランスを「政治的なもの」の祖国として定義していたマルクスだが、その一方で、フランスの特殊な性格を完璧に見抜いていた。マルクスがそこに見いだしたものは、どの階級にも依存していない君主制国家によって徐々に準備され、さらにその君主制国家が大革命による民主国家の発明を通じて最終的に個人＝公民の主権へと置き換わる歴史である。だが彼は、こうした考え方の理論的射程を結局はほとんど無化してしまう。なぜなら彼は、近代における「政治的なもの」すなわち民主主義を商品社会の共同幻想に還元してしまうからである。それ以来、政治表象の歴史こそがフランス史の核心であるにもかかわらず、それは真の歴史の余白に幻想や目くらましやまがい物として存在するだけになる。マルクスは、一七八九年を偏愛し続ける一方で、フランス革命のなかから誕生したブルジョワと小ブルジョワのフランスを嫌っている。なぜなら、このフランスは「偉大な思い出」にささげられたパロディや笑劇を演じることしかできないからである(30)。

こうした感情の背後には、フランス的な「言い回し」すなわちかつてのジャコバン派のレトリックに対するマルクスの根深い不信感があり、この不信感は、彼の生涯とその著作の全体を貫いている。だが、こうした感情がとりわけ明白に示しているのは、マルクスが民主国家の概念を資本主義的でブルジョワ的な社会という概念から切り離すことができないということ、また、同時代にトクヴィルの心をとらえて放さなかった問題すなわち平等が近代社会の未来にとってもつ意味の重要性を理解することができないということである。なぜなら、トクヴィルにとっては民主主義の本性そのものであり、その最も深遠な真理にほかならない当のものを、マルクスは逆に幻想としてたえず非難し続け、また幻想へとたえず還元し続けるからである。すなわち、近代的個人が抱いている、自分たちが互いに平等であるという表象である。みずからが提起した問いから出発するトクヴィルが、ギゾーとマルクスによって特権視されたイギリス史を離れてアメリカ史へと向かったのは、偶然ではない。もしかりに、フランス革命が民主主義の観念の到来にほかならないとすれば、フランス革命と比較しうるのは、同じ観念によって特徴づけられるもうひとつの歴史だけである。だがもし、フランス革命がブルジョワジーの到来を告げるものでしかないとすれば、イギリスのほうが比較の対象としては重要になる。ギゾーはイギリス史を代議制の角度から研究したが、マルクスはそれを資本主義社会の模範的かつ最初の発展事例として分析する。このように、これら三人の著述家たちは、それぞれの哲学を反映する歴史研究の著作を書いたのである。

マルクスの驚くべきところは、彼が時折、フランス近代史やそこで君主制国家がかつて果たし民主国家が今また果たしている役割について、トクヴィルとかなり近い見方を示すということである。つまり、彼はあるとき突然、社会的でブルジョワ的な決定が出来事や観念を支配しているという考え方から逸脱してしまうのである。すでに見たように、マルクスが一八五一年十二月二日のようなエピソードに対して示した問題関心は、のちに『アンシアン・レジームと大革命』において提起される問題とあまり変わらない。だが、マルクスは奇妙なことに、これらの問題をトクヴィルのそれとはまったく別の、ほとんど正反対といってもいいようなアプローチに結びつけることによって、これらの問題をいつも覆い隠してしまう。なぜなら、マルクスのアプローチは彼自身の歴史哲学のアプローチにほかならないからである。

だが、マルクスの思考が周期的な動揺を示すことも確かである。それは、彼の思考の癖がもたらす過度の単純化に対して彼が抱いた良心の呵責ともいうべきものであるが、ただしそれがこれほど頻繁に現れるのは、彼が生涯にわたって書き継いできたフランス革命と同時代のフランスに関する著作のなかだけである。なぜなら、ひとつの謎をめぐって果てしなく続くこの両義的な思索は、同時に、自分自身との、そしてまたみずからの仕事とのあいだで交わされる暗黙の対話でもあったからである。こうして彼は、マルクス主義とともにそのマルクス主義に対する批判の要素をも注釈者たちに遺すことになった。彼がフランス革命に関する書物を書かなかったという事実そのものが、イギリス資本主義に関する彼の主著が語らない何かを証言しているのである。

原注

(1) 実を言えば、「フランス革命を終わらせる」というテーマは、フランス革命そのものと不可分である。このテーマはまた、一七八九年から一七九四年にかけて次々に登場する革命の主人公たち、すなわち、王政派からフイヤン派、ジロンド派、ダントン派を経てロベスピエールとその仲間たちに至るまでのすべてが影響力や権力を振るう立場に立つたびに浮上するテーマである。それは、一世代のちに純理派の思考の中心テーマとなる以前にすでに、テルミドール派の思考のなかでほとんど強迫的な性質を帯びて現れている。

(2) ロワイエ゠コラールとギゾーを中心とするものたちのことである。すなわち、シャルト君主政の理論家たちであり、一八二〇年以降は野党に転じ、一八三〇年以降はオルレアン派の重鎮になったものたちである。

(3) 「アンシアン・レジームの後には立憲君主制が続き、君主政の後には共和政が、共和政の後には帝政が、帝政の後には王政復古が続いた。そして今度は、七月王政が到来した。こうした変化が起きるたびに、いつも人々はフランス革命が終わったと言ってきた。なぜなら、彼らが図々しくもフランス革命の仕事と称するものをフランス革命がついになしとげたからというわけである。人々はそう語り、そう信じた。何たることか！　私自身、王政復古のさいにはそれを期待し、王政復古政府が倒れた後もなおそう願っていた。ところが見ての通り、フランス革命は再び始まっている。なぜなら、いつも同じことの繰り返しだからである。」トクヴィル『回想録』第二部Ⅰ、一一八ページ、フォリオ゠ガリマール。

（4）『フランスにおける階級闘争　一八四八—一八五〇年』、『ルイ・ボナパルトのブリュメール十八日』、『フランスの内乱』の三つである。これらの著作のうち最初の二つは、レーモン・ユアールのおかげで先頃（一九八四年）エディシオン・ソシアル社およびメシドール社から再版された。三つ目の著作は、同じエディシオン・ソシアル社から一九七二年にその校訂版が出版されている。

（5）マルクスの国家理論（あるいは、多くの論者に言わせれば国家理論の不在）や、とりわけ十九世紀フランスに関するマルクスの分析について解説している数多くの文献のなかでは、ジョン・エルスターの近著『マルクスを理解する』（ケンブリッジ大学出版局およびメゾン・デ・シアンス・ド・ロム、一九八五年）を読むことをお勧めする。とくに、その第七章（三九八—四五八ページ）「政治と国家」を参照されたい。

（6）一八三〇年世代が抱いているこの「イギリス的な」強迫観念については、レミュザの『回想録』のなかにとりわけ雄弁な証言がある。「ティエールとミニェは、フランス革命があたかも、イギリス革命の軌跡によってあらかじめそのすべての地点が決定されているグラフのように推移していくかのごとく考えていた。彼らは、事態がどこへ向かっているかをほとんど数学的な厳密さで計算していた。かくして彼らは、自分たちにとって不可避と思われるものを躊躇なく受け入れるとともに、自分たちが必然とみなすものを望みさえした。すなわち、王家の交替である。そこから、合理的ではあるが絶対的ではないオルレアン主義が生まれる［……］。われわれは、革命を代議政体という現実によって締めくくるべきであるという考え方、つまりフランス革命の考え方を共有していたのである」（第三巻、二八六—二八七ページ）。

（7）イギリス議会は、一八四六年に、イギリスの農産物市場を保護してきた「穀物法」の廃止を決議する。それは今なお、産業界の利益を代表する圧力団体によって長年にわたり攻撃されてきた地主層の利益の敗北を象徴するものであり続けている。

（8）これらの論文は、一八九五年にエンゲルスによって『フランスにおける階級闘争』と題してひとつにまとめられたものであり、エンゲルスがその序文を書いている。以下のページで引用しているのは、そのエディシオン・

ソシアル社版（一九八四年）である。
（9）『フランスにおける階級闘争』一二五ページ。
（10）同書、一二六ページ。
（11）事実、彼はつねに七月王政を「金融貴族」の支配として、また「産業ブルジョワジー」をその対抗勢力のひとつとして描き出す一方で、その少し先では次のように書くのである（一四四ページ）。「ブルジョワ階級は二大分派に分かれており、それらが交互に権力を独占していた。すなわち、**王政復古時代**においては**大土地所有者**であり、七月王政においては**金融貴族**と**産業ブルジョワジー**である。」同じ考えが、二十年後の『フランスの内乱』にも現れる。「[……]七月革命は、権力を地主たちの手から大実業家たちの手に移しかえた[……]」（二八五ページ）。
（12）「憲法制定議会が、大統領や閣僚たちと対立したあげく**反乱**のやむなきに至ったとすれば、大統領や閣僚たちもまた、憲法制定議会と対立したあげくにクーデターを起こすことを余儀なくされたのである。なぜなら、彼らは議会を解散するいかなる合法的な手段ももたなかったからである。だが、憲法制定議会は憲法の生みの親であり、憲法は大統領の生みの親であった。クーデターによって、大統領は憲法を反故にすると同時に、共和主義者としての立場をもかなぐり捨てたのである。こうして彼は、皇帝の称号をもちだすことを余儀なくされる。だが、彼が掲げる皇帝の称号はオルレアン派が掲げる称号と似たり寄ったりであり、しかも、これら二つの称号は、正統王朝派が掲げる称号の前では色あせて見える。合法的な共和国の転覆は、その対極にあるものすなわち正統王朝派の君主政を際だたせただけであった。そこでは、オルレアン派はせいぜい二月の敗北者にすぎないし、また、ボナパルトはせいぜい十二月十日の勝利者にすぎない。それでいてこの両者は、共和主義者による簒奪に対抗するためには、それ自身簒奪された王統を旗印にするほかはなかったのである。」『フランスにおける階級闘争』一三六―一三七ページ。
（13）とくに、オギュスタン・ティエリとギゾーにおいてである。
（14）トクヴィル『アンシアン・レジームと大革命』（一八五六年）、キネ『フランス革命』（一八六五年）。
（15）『フランスにおける階級闘争』一二六ページ。
（16）原著、三三―三四ページ〔本書三〇ページ〕。

(17) 原著、二四九ページ〔本書三〇二―三〇三ページ〕。
(18) 原著、二四九―二五〇ページ〔本書三〇三ページ〕。
(19) 原著、二五〇ページ〔本書三〇三ページ〕。
(20) 同所。
(21) 同所。
(22) 『パリ・コミューン』三九―四一ページ。私が引用するのは、エディシオン・ソシアル社の校訂版(一九七二年)である。
(23) 原著、二七三―二七四ページ〔本書三二五ページ〕。
(24) それらは、エディシオン・ソシアル社の一九七二年校訂版『フランスの内乱』のなかに収録されている。原著、二六六―二七六ページ〔本書三一六―三二六ページ〕を参照せよ。
(25) 原著、二六七ページ〔本書三一八―三一九ページ〕。
(26) 原著、二六八ページ〔本書三一九ページ〕。
(27) マルクスは、一八七〇年九月四日に発せられたインターナショナルの第二のよびかけのなかで、以下のような意味深長な表現を用いて、蜂起を自制するようフランスの戦闘員たちに訴えている。「敵がパリの目前に迫っているときに新政府を転覆しようとするのは、絶望的な狂気ではないだろうか。フランスの労働者たちは、公民としての義務を果たすべきである。だが同時に彼らは、かつてフランス農民が第一帝政の国民的**記憶**によってあざむかれたように、一七九二年の国民的**記憶**によって振り回されてはならない。」『フランスの内乱』の一一ページで引用されている文書。
(28) パリ・コミューンの主導権は、あいついで異なる「フランス的」伝統(ネオ・ジャコバン主義、ブランキ主義者、プルードン主義者、等々)に属する戦闘員たちの手にわたり、しかも彼らは互いに抗争を続けていた。だが、マルクスはこれらのものたちすべてを攻撃する。
(29) なぜなら、彼が書かなかった書物を、のちの多くのマルクス主義者たちが彼のために書いた、あるいは書いたと信じたからである。マルクスが解決しなかったディレンマがマルクスの死後にたどった驚くべき運命を理解したければ、本書の冒頭の言葉に立ち戻る以外ない。

マルクスは、国家理論をまったくもたなかった。他方、彼の後継者たちは、彼が残した分析要素のひとつをとりだして強調する。すなわち、市民社会に対する国家——いかなる国家であれ——の従属ということである。だがそうすることによって、彼らはマルクスの理論の精神を裏切ることになる。なぜなら、歴史の弁証法における国家の第二の性格としてのこの従属をマルクスが強調し続けるのは、何よりもヘーゲルに対抗するためだからである。だが、マルクスの後継者たちがこの観念をあらゆるところで妥当する普遍的なドグマとみなしがちであるのに対して、マルクスはこの観念にともなうさまざまな困難を見て取るとともに、フランスの事例に即してその解釈上の価値を議論し続けている。こうした単純化は、とりわけレーニンにおいてはっきり現れる。レーニンは、こうした見方を、マルクス主義の主観主義的ヴァリアントともいうべきボルシェヴィズムの基礎に据える。レーニンの考えでは、国家は革命と権力の場として、また、歴史的変化を引き起こす特権的な道具として肯定されるべきであり、また、それが貴族制国家であるかブルジョワ国家であるか労働者国家であるかに応じてそれ自身の階級的内容へと全面的に還元される。その結果、ボルシェヴィズムの政治思想は、戦術的には内容豊かであっても哲学的にはとるにたりないという独特のコントラストを呈することになる。

二十世紀のマルクス主義的なフランス革命史学は、マルクス主義がこのようにマルクスから逸脱したあおりを蒙っている。それは、『聖家族』や『ブリュメール十八日』の思索よりもむしろ一九一七年の強迫観念によって規定されている。つまり、マルクス主義的な革命史学は、マルクス主義というよりもむしろレーニン主義的であり、そのことは二つの点において確認される。

まず第一に、フランス絶対主義に関するマルクスの理論の放棄が挙げられる。マルクスが、その仕事全体を通じて王政復古時代の歴史家たちの見方すなわち社会から自立した権力とか貴族とブルジョワジーを調停する権力といった見方に忠実であるのに対して、二十世紀のマルクス主義史学において一般的になったテーゼは、古来の封建的階級がみずからの利益のために王国を統治するという貴族制国家のテーゼである。この階級は、絶対君主制の全期間を通じて、政治的には無力であったが社会的には支配的であり続けたのである。ここには、近代資本主義国家の階級的内容に対するレーニン主義的な偏見が一般化される仕方がよく現れている。つまり、近代資本主義国家は、その国制上の手続きがどうあれすべて独占の道具とみなされるのである。だがこれは、フランス革命に関して、マルクスとは異なる見方を提示することにもなった。なぜなら、そこでの君主制国家がマルクスにおける君主制国家とは別の本性をもつというだけでなく、そこでの十八世紀社会は、マルクスにおける場合のようにブルジョワジーによって支配されているのではないからである。

したがって、フランス革命はもはや同じものではない。たとえそれが、最終的には資本主義の発展の産物ということになるとしても、レーニンによれば、それは一種の必然であるばかりか輝かしいものですらある。なぜなら、それが守りの固い貴族制的な社会と国家を転覆し根こそぎにしたからである。ここでもまたレーニン主義は、マルクス主義の主意主義的な傾向性を露骨に示している。フランス革命とは、たんにブルジョワジーの到来を告げる出来事という以上に、その到来が劇的に演じられる英雄叙事詩であり、また、強力な反革命との闘争が不可避であることを物語る一連の暴力と体制にほかならないのである。マルクスとは異なり、レーニン主義的なフランス革命史家は、フランス革命の結果よりもむしろその経緯を祝福する。こうして、なぜ彼が一七八九年よりもむしろ一七九三年を強調し、また、テルミドール派は論外としても、なぜ憲法制定議会よりジャコバン派を好むのかがはっきりする。つまり、彼は一七九三年の人間たちとともにあってこそ居心地がよいのである。なぜなら、ソヴィエトの経験は独裁と恐怖政治がともに必然であることを明らかにしたからである。彼は、革命行動が社会を変えることができるし、またそうでなければならないという信念をジャコバン派やボルシェヴィキと共有している。だが、こうした信念こそはまさしく、マルクスが政治的なものに特有の幻想として分析したものにほかならないのである……。

(30) こうした嫌悪感情は、とりわけ一八六〇―一八七〇年代において顕著である。それはちょうど、第一インターナショナルにおけるマルクスが、フランスのイデオロギー――とりわけ、プルードン主義やブランキ主義やネオ・ジャコバン主義――の影響力と格闘していた時期にあたる。セザール・ド・パプに宛てた一八七〇年九月十四日付の彼の手紙の抜粋を以下に示しておこう。「フランス人たちの悲劇や労働者たちの悲劇は、偉大な思い出である。今度こそ、この反動的な過去崇拝に終止符を打つための出来事が必要である。」

マルクスのテクスト

（リュシアン・カルヴィエによる編集と解題）

マルクスのテクスト1–31（マルクスからの抜粋の校訂版を年代順に提示）

テクスト1 「歴史法学派の哲学宣言」

解題

この論文はマルクスによって一八四二年四月から八月初めまでにかけて書かれ、一八四二年八月九日の『ライン新聞』紙上に発表された。一八四二年四月以降にマルクスが『ライン新聞』紙上に発表した諸論文に照らしてみると、マルクスはプロイセン国家に対してきわめて批判的な自由主義的論戦家のようにみえる（ラインラントはフランス革命期とナポレオン時代にはフランス領であったが、その後で一八一五年以降にプロイセン領になった）。また彼は、一八四〇年のフリードリヒ・ヴィルヘルム四世のベルリンでの即位以来プロイセンのロマン主義的〝反動的発展を支持するイデオロギーと学説を批判する。彼がとくに批判したのはフリードリヒ・カール・フォン・ザヴィニー（一七七九―一八六一）が率いるいわゆる歴史法学派であった。ザヴィニーはゲッティンゲン大学法学教授グスタフ・フーゴー（一七六四―一八四四）の弟子であった。一八四二年から一八四八年にかけて、ザヴィニーはプロイセン政府の大臣であった。歴史法学派はその一部が反動的ロマン主義と結託していたから、逆に一八三一年まではヘーゲルによって、〔ヘーゲル死後では〕ヘーゲルのリベラルな弟子エドワルド・ガンスによって叩かれた。この学派は啓蒙思想の普遍主義と自然法学説に反対した。フーゴーにとってもザヴィニーにとっても、歴史的に作りあげられ確証された伝統だけが法の基礎になる。こうして実定法は自然法または理性の法と対立する。この論文のなかでマルクスが肩入れするのは、後者〔自然法学派〕とフランス革命派である。

十八世紀の他の啓蒙主義の論者たちに対するフーゴーの関係は、摂政〔ルイ十五世の摂政オルレアン公フィリップ〕の退廃した宮廷におけるフランス国家の解体が国議会におけるフランス国家の解体に対する関係と同じである。どちらの側にも解体があるのだ！　あちらフランスでは、現存秩序の空疎な理念喪失に気づいてそれを嘲笑しつつ、理性と道徳のあらゆる拘束から脱して、虫食いのガラクタをもてあそんでいるが、今度はこの遊びにもてあそばれて没落してしまう、といった**猥雑な**軽薄さがある。それは**わが世を謳歌する当時の世間の腐敗**なのだ。古い形式はもはや新しい精神を捉える**価値**もなければ**能力**もないからである。それは**新しい生の自己感情**であって、**すでに破壊されたものを破壊し、すでに論破されたものを論破している**。したがって、**カント哲学**が正当にもフランス革命の**ドイツ的理論**とみなされるとすれば、**フーゴーの自然法**はフランスのアンシアン・レジームの**ドイツ的理論**とみなされてよい。われわれは彼フーゴーのなかにあの**放蕩仲間**〔roués、摂政オルレアン公の取り巻き〕の軽薄さを再び見いだす。それは**卑俗な懐疑主義**であって、理念に対して横柄だが、わかりきったことには恭順な態度をみせる。この懐疑主義は、実証的なものの**精神**を殺して、純粋に実証的なものをあたかも残り滓のようにつかみとり、この野獣のような状態のなかでくつろいではじめて自分が賢明だと感じる始末だ。そしてフーゴーが数々の理由の重みを計るとき、彼はまちがいのない本能をもって、制度のなかの理性的で道徳的なものを、理性にとって疑わしいものと判断することだろう。野獣的なものだけが彼の理性にとっては疑いのないものにみえるようだ。

(Marx-Engels, *Werke*, I, Dietz, S. 80–81. 以下では MEW と略記する。)

テクスト2 「マルクスのルーゲへの二つの書簡」(『独仏年誌』に発表)

解　題

青年ヘーゲル派のアルノルト・ルーゲに宛てたマルクスの二通の手紙は、一八四三年三月と五月の日付をもっている。二通とも、一八四四年二月にパリで発行された『独仏年誌』(Deutsche-französische Jahrbücher) は『ハレ年誌』(Hallesche Jahrbücher für Wissenschaft und Kunst) と『ドイツ年誌』(Deutsche Jahrbücher für Wissenschaft und Kunst) の後継誌であった。後の二つの年誌は主としてルーゲが主筆となったもので、最初はハレ大学都市で、ついで一八四一年以後ではプロイセンの検閲のためにドレスデンで出版された。一八四四年二月に発表された往復書簡のなかには、ルーゲからマルクスへの手紙、バクーニンからルーゲへの手紙、ルーゲからバクーニンへの手紙、フォイアーバッハからルーゲへの手紙も含まれていた。討議の主要論点はドイツにおける(「ブルジョワ的」)政治革命の可能性――あるいはむしろ悲劇的不可能性――という論点であった。ドイツの政治の「悲惨さ」を描くために、ルーゲはマルクスに対してヘルダーリンの小説『ヒュペーリオン』末尾の有名な手紙〔ヒュペーリンからベラルミンへの手紙〕を引用している(A・ルーゲの『全集』第二版、第九巻、マンハイム、一八四八年、一一四―一一五ページ)。

「これは苛酷な言葉だ。だが、それが事実である以上、言わずにはいられない。ドイツ人ほど支離滅裂な国民は考えられない。職人はいる、だが人間はいない。思想家はいる、だが人間はいない。牧師はいる、だが人間はいない〔ルーゲはこの一句を書きもらしている〕。主人と使用人、青年と大人はいる、だが人間がいない。これはまるで、手や腕や五体のあらゆる部分がばらばらになって散らばり、おびただしく流された血が砂を染めている悲惨な戦場と同じではないか。」〔手塚富雄訳、『ヘルダーリン全集』第三巻、河出書房新社、一九六六年、一四五―一四六ページ。〕

一八四三年十月にマルクスは妻イエニー・フォン・ヴェストファーレンと一緒にパリに落ち着く。パリで彼は、とくにルーゲ、民主主義者の詩人ヘルヴェーク、一八三〇年から一八四八年にかけてのドイツの政治的「悲惨」に対するもう一人の批判者ハインリヒ・ハイネと再会する。

I　マルクスからルーゲへ

Dに向かう曳船にて、一八四三年三月

私はいまオランダを旅行しているところです。当地の新聞とフランスの新聞から見るかぎり、ドイツは泥沼に深くはまりこんでおり、これからますますひどい状態になるでしょう。国民としての誇りなどすこしも感じないひとでも、オランダにいてさえ国民としての羞恥はやはり感じるにちがいありません。どれほど取るに足りないオランダ人でも、どんなに偉そうなドイツ人とも違って、ひとりの公民ではあるからです。それに、プロイセン政府にたいする外国人の評価といったらどうでしょう！　それは驚くほど一致しており、だれももはやこの体制とその単純な本性に欺かれる者はいません。そうだとすれば、新しい学派はなにほどかの役には立ったわけです。リベラリズムという絢爛たるコートは脱げ落ちてしまい、忌むべき専制主義がすっぱだかで万人の眼にみずからをさらけだしているのです。

これは、たとえ逆立ちしたものではあれ、ひとつの啓示ではあります。これはすくなくとも、自分たちの愛国心のむなしさやわが国家制度の不自然さを知り、顔をおおうことをわれわれに教えてくれるひとつの真理ではあるのです。あなたは笑いながら私を見て、こう質問されることでしょう。「それでどうなるというのか。羞恥からはどんな革命も起こりはしない」と。羞恥はすでにしてひとつの革命だ、と私は答えましょう。じっさい羞恥は、かつて一八一三年に打ち負かされたドイツ愛国主義にたいするフランス革命の勝利なのです。羞恥とは一種の憤怒、おのれ自身に向けられた憤怒です。全国民がほんとうにみずからを恥じるなら、彼らは跳躍しようと身構えているライオンになるでしょう。しかし、こうした羞恥さえドイツにはまだ存在せず、それどころか、これらみじめな人びとがいまだに愛国者でいることは、私も認めます。とはいえ、新騎士〔フリードリヒ・ヴィルヘルム四世〕のこのばかげた制度でないとすれば、ほかのどんな制度が彼らの愛国主義を追い払うというのでしょうか。われわれにたいして演じられている専制主義の喜劇は、かつてスチュアート家やブルボン家にとって悲劇がそうであったように、この新騎士にとっても危険なのです。それに、かりにこの喜劇がとうぶんのあいだまさにそうしたものとはみなされないとしても、それでもやはりこの喜劇はすでにしてひとつの革命です。国家は、道化芝居にされるにはあまりにもゆゆしきものですからね。愚者たちの船は、おそらくそう長くは追い風をうけて帆走できないでしょう。それでもこの船がみずからの運命にさからって航行してきたのは、愚者たちがそれを信じなかったからにほかなりません。この運命こそは、われわれの目前にさしせまる革命なのです。

II　マルクスからルーゲへ

ケルン、一八四三年五月

わが親友よ、あなたの手紙はすばらしい哀歌であり、胸ふさぐ弔歌ではありますが、まったく政治的ではありません。どの国民も絶望してはいませんし、たとえとうぶんのあいだはたんなる愚かさから希望を抱かないことがあっても、長い年月ののちにはいつか突然利口になって、自分たちの殊勝な望みをかなえるものです。

そうはいっても、あなたは私に火をつけてくれました。あなたのテーマはまだ論じつくされてはいませんので、私がフィナーレをつけくわえたいと思います。いっさいが片づいたあかつきには、われわれが最初からふたたび始められるように、私に手をさしのべてください。死者をして死者を葬らしめ、死者のために嘆かしめよ。これにたいして、生き生きと新しい生活に踏みこむ最初の人であることはうらやむべきことであり、これこそがわれわれの運命でなければなりません。

古い世界が俗物のものであるのはほんとうです。だからといって、われわれは俗物を、人びとがびくびくして眼をそむけるお化けの人形みたいにあつかう必要はありません。むしろ、しっかりと眼をこらしておかなければいけません。世界のこの主人たちを研究することはやりがいのあることなのです。

いうまでもなく、俗物が世界の主人であるのは、蛆虫が死体にむらがるように、自分の仲間で世界を埋めつくしているからにすぎません。したがって、この主人たちの仲間は一群の奴隷であってかまわないし、奴隷の所有者たちにしても自由である必要はないわけです。彼らが土地と住民を所有しているためにすぐれた意味で主人と呼ばれるとしても、だからといって、住民よりも俗物でないわけではありません。

人間は精神的存在であるべきですし、自由人は共和主義者であるべきです。だが、俗物はそのいずれでありたいとも望んでいません。では、あるべきなにが、望むべきなにが、彼らに残るのでしょうか。

彼らが望むことといえば、生きることと繁殖することであり（ゲーテに言わせれば、だれもこれ以上のところまでは進まないのですが）、そんなことなら動物でも望みます。ドイツの政治家がこれにつけくわえうるものといえばせいぜい、それでも人間は自分がそうしたものを望むことを**知っており**、ドイツ人はそれ以上のものを望まないだけの分別がある、ということぐらいでしょう。

自由という人間の自己感情は、まずこうした人間たちの胸のうちにこそふたたび呼び覚まされるべきでしょう。ギリシア人とともに世界の外に消えさり、キリスト教とともに天空の青いかすみのなかに消えさるこの感情だけが、この社会から人間の性向の目的に奉仕する共同体、つまり民主主義国家をつくりだせるのです。

これにたいして、自分を人間と感じないような人間は、飼育される奴隷や馬のように、主人たちのものになってしまいます。これら主人たちの世襲制こそが、この社会全体の目的になっています。彼らは世界をあるがままに、感じるままに受け容れます。彼らは自分自身をも現にあるがままに受け容れ、自分の両足が生えているところに、つまり、彼らに「臣従し、好意をいだき、その命令を待ち受ける」以外の使命を知らないようなそうした政治的動物の首のうえに、立っているのです。

俗物の世界は**政治的な動物界**であり、その存在を認めざるをえないのなら、現状をあっさり認めるほかはなくなってしまいます。野蛮な数世紀がこの現状を生みだし、磨きあげてきたのであり、そしていまやそれは**非人間化された世界**を原理とするひとつの首尾一貫した体制として存在するにいたっています。そうだとすれば、もっとも完全な俗物世界であるわれらのドイツが、人間をふたたび復活させたフランス革命のはるか後方に取り残されざるをえなかったのも、当然なわけです。ドイツのアリストテレスというべき人が**政治学**をわれわれの現状から引きだそうとすれば、彼はその冒頭にこう書くでしょう。「人間は社会的な、とはいえまったく非政治的な動物である」と。

(MEW, I, S. 337–339. 村岡晋一訳、『マルクス・コレクション』Ⅶ、筑摩書房、二〇〇六年、所収。)

テクスト3　『ヘーゲル法哲学批判』

解　題

一九二七年にはじめて公表されたマルクスのこの草稿［『ヘーゲル国法論批判』ともよばれるもの］は、一八四三年夏のあいだにクロイツナハで書かれた。ということはつまり、プロイセン政府の命令で『ライン新聞』が廃刊になった後で書かれたのである。『ライン新聞』紙上のいくつかの論文のなかで、マルクスは――ついでに言えば『ハレ年誌』や『ドイツ年誌』上のルーゲと同様に――国家問題に関してはまだヘーゲルにかなり近い立場を保っていた。すなわち〔この立場によれば〕国家は特殊に対して普遍を、市民社会を構成する社会集団や個人の矛盾した利益に対して一般利益（すなわち「公共善」）を代表し守るのである。マルクスはしばしば青年ヘーゲル派の面々と同様に、王政復古期のドイツにおけるプロイセン国家の進歩的で自由主義的な使命の可能性をまだ信じているようにみえる。一八四三年夏の草稿はこの〔ヘーゲル左派的な〕考え方との断絶をはっきりと教えてくれる。ヘーゲルの『法哲学綱要』のなかの国家〔第三部第三章〕に関する二六一節から三一三節までの詳細な注釈を通してこの断絶は生じた。マルクスはとりわけ立憲君主制のヘーゲル的礼賛と格闘する。現在、彼にとって重要なことは、政治的形態（共和政か君主政か）よりも、経済的・社会的内容（不平等、私的所有）である。

クロイツナハでマルクスはきわめて注意深く――これは彼の読書ノートからわかる――十八世紀の政治哲学上の諸テクスト（ルソーの『社会契約論』やモンテスキューの『法の精神』）と、フランス史と一七八九年の大革命に関するドイツとフランスの歴史家たちの諸著作を読んだ（ＭＥＧＡ〔『マルクス・エンゲルス全集』

第四部門第二巻を参照せよ)。

フランス革命を実現したのは立法権力である。その特殊性の面でも支配的な要素の面でも立法権力が姿を現したところではどこでも、立法権力は有機的で普遍的な意義をもつ大きい革命をなしとげたのである。それは国制そのものと闘ったのではなく、時代遅れの特殊な国制と闘った。なぜなら、立法権力は人民と人類意志の代表であったからである。反対に、行政権力はごく小さい革命、後ろ向きの革命、反動しかやらなかった。行政権力は新しい国制に味方して古い国制に反逆したのではなくて、国制一般に反逆したのである。なぜなら、まさに行政権力は特殊な意志、主観的恣意、意志の呪術的要素の代表であったからである。

問いを正しく提起するなら、単純に次のようになるだろう——はたして人民は新しい憲法〔国制〕をみずから作る権利をもっているのだろうかと。それへの答えはしかりである。なぜなら、憲法が人民の意志の現実的表現であることをやめるやいなや、事実上ひとつの幻想になってしまうからである。

憲法と立法権力との衝突は、**憲法の自己自身との対立**、憲法概念における一個の矛盾にほかならない。憲法は政治的国家と非政治的国家との妥協にほかならないのだから、必ずやそれ自身において、本質的に互いに異質の諸権力間の契約になる。この場合、これらの権力のひとつ、すなわち憲法の一部が、憲法すなわち国家制度全体を変更する権利を簒奪してよいと、法律が宣言するわけにはいかない。

(MEW, I, S. 260.)

さて、今度は**身分制度**と**代議制度**を考察しよう。

歴史の進歩によって、**政治的**身分は**社会的**身分に変わった。したがって、人民のさまざまのメンバーは、ちょうどキリスト教徒が天上では平等、地上では不平等であるのと同様に、政治的宇宙の天上では平等で、**社会**《ゾチエテート》の地上的生存面では不平等になった。政治的身分から市民的身分への本来の転換は絶対君主制においておこなわれた。国家のなかのさまざまの身分に対抗して統一の理念を際だたせたのは官僚制であった。それにもかかわらず、絶対的な統治権力の官僚制と並んで、諸身分〔＝団体〕の**社会的差異**はいぜんとして政治的差異のままであった。しかも、ほかならぬ官僚制の**内部で**、また官僚制と並んで社会的差異は同時に政治的差異であった。フランス革命がはじめて**政治的**身分の**社会的**身分への転換を完成したのである。言い換えれば、フランス革命は市民社会の**諸身分**〔＝団体〕**の差異**を純粋に**社会的な**差異へ、政治的生活ではとるにたりない私的生活の差異へと変化させたのである。政治生活と市民社会の分離はこうして決定的になったのである。

(MEW, I, S. 283–284.)

テクスト4　『ユダヤ人問題について』

解　題

この論文は青年ヘーゲル派のブルーノ・バウアーの二論文への批判的応答である。バウアーの論文は一八四三年に発表されたもので、ドイツにおけるユダヤ人の市民的解放と政治的解放の可能性または不可能性を扱っていた。このユダヤ人問題は一八四〇年代の初めには最先端の意義をもっていたし、フリードリヒ・ヴィルヘルム四世の「ゲルマン＝キリスト教的」国家の建設計画をもつプロイセンではとくに先鋭的問題であった。ドイツの自由主義者たちは若干のニュアンスの差はあったが、おおむねユダヤ人の解放に好意的であった。ブルーノ・バウアーはけっして反ユダヤ主義者ではなかったのだが、ユダヤ人がその宗教的本性からして解放には不向きであると考える。したがって、バウアーによると解放はまずはユダヤ人によってユダヤ教から拒絶され、つぎにキリスト教とキリスト教国家から拒絶されるにちがいないという。マルクスがこの論文を書いたのは、おそらく一八四三年の夏の終わりから秋にかけて、クロイツナハ滞在中とパリ滞在のはじめ頃であった。彼はこの論文を一八四四年二月に『独仏年誌』に発表した。マルクスの議論の筋立ては、一方における国家と市民社会の区別、他方における政治的解放と人間的解放の区別、という二重の区別に足場を置いている。マルクスは「人間の権利」と「公民」の権利を分けるブルジョワ的自由主義のイデオロギーならびにこの自由主義の経済的基礎――エゴイズム、貨幣、私的所有――を批判する。マルクスの論文のなかに反ユダヤ主義の宣伝文書を見たがる連中がしばしば散見されるが、それはまちがった解釈である（ロベール・ミスライ『マルクスとユダヤ人問題』、パリ〔ガリマール書店刊〕、一九七二年を参照せよ。この本のなかのある章のタイトルは「『ユダヤ人問題』のひそかな反ユダヤ主義とあらわな反ユダヤ主義」となっている）。当時パリにいてマルクスに影響を与えたモーゼス・ヘスと同様に、マルクスはエゴイズムと貨幣愛がユダヤ人だけに特有のことではなくて、近代のブルジョワ的・キリスト教的社会の根本特徴であることを明らかにする。たしかに、フランス革命はユダヤ人を解放したが――一八一五年以後にドイツではこの解放が問いなおされていた――、現実的または類的人間を解放することはなかった。

以上でわれわれが示したのは次のことである。宗教からの政治的解放は、特権的宗教はなくすが、とにかく宗教を存続させる。特定の宗教の信者が、信者としての自分と国家公民としてのあり方の間に矛盾を感じるとすれば、その矛盾は、**政治的国家と市民社会との間にある普遍的な世俗的矛盾の一部にすぎない。**

キリスト教国家の完成は、国家が自らを国家として信奉し、その成員の宗教を問題にしない、そういう国家である。宗教からの国家の解放は、宗教から現実的人間が解放されることではない。

そういうわけでわれわれは、ユダヤ人に向かってバウアーが言うことには同調しない。彼は言う。「君たちは、自分たちをユダヤ教から根本的に解放しないかぎり、政治的に解放されることもありえないのだ」と。だがわれわれはむしろ彼らにこう言う。「君たちは自分を完全かつ首尾一貫した形でユダヤ教から絶縁しなくても、政治的に解放されうるのだ。それゆえ**政治的解放**そのものは**人間的**解放ではないのだ。君らユダヤ人がもしも人間的に自分を解放することなしに政治的に解放されることを欲しているとすれば、その中途半端さと矛盾とは、たんに君たちの中だけにあるのではなく、政治的解放という**カテゴリー**とその**本質**のうちにあるのだ。君たちがこのカテゴリーのうちに捉われて狭くなっているとすれば、君たちは一般的なとらわれと狭さを分け持っているのだ」。国家が、国家でありながら、ユダヤ人に対してキリスト教的にふるまうとすれば、そういう国家は**福音色を強めて**いることになるが、それと同じように、ユダヤ人が、ユダヤ人でありながら、種々の公民権を要求するとき、ユダヤ教徒は**政治のカテゴリーで考えて**いるのである。

しかし人間が、ユダヤ人であろうと、政治的に解放され、各種公民権をうることができるにしても、彼はいわゆる**人権**を要求して獲得することができるのだろうか。バウアーはそれを否定している。

「問題はユダヤ人がユダヤ人として、つまりその真の本質によって他の人々と永遠に隔離されて生きることを強いられていると自認している、ほかならぬそのユダヤ人として、普遍的な人権をもらい、他の人々の人権も認めることができるのかどうか、ということである。」

「人権の思想は、キリスト教世界にとっては、前世紀になってはじめて発見されたものである。それは人間にとって生得のものではなく、むしろ人間がこれまでそのなかで育てられてきた歴史的伝統に対する戦いのなかで勝ち取られたものである。そういうわけで、人権は自然の贈り物でも、これまでの歴史が持参してきた品々でもなくて、生れの偶然に対する闘争、歴史をつうじて代々伝え遺されてきたさまざまの特権に対する闘争の報償である。それは自己形成の成果であり、自分で手に入れ獲得した者のみが所有することができるのである。」

「ところでユダヤ人はこの人権を本当に所有することができるのだろうか。彼がユダヤ人であるかぎり、彼をユダヤ人たらしめている偏狭な本質が、彼を人間として人間に結びつけるはずの人間的本質を押しのけて彼を非ユダヤ人から隔離せずにはいないだろう。このような隔離によって、彼は、彼をユダヤ人たらしめている特殊な本質こそ、彼の真の最高の本質であって、その前では人間の本質は引き込まざるをえないことを宣言しているのである。」

「同じような仕方で、キリスト教徒は、キリスト教徒として、いかなる人権も〔他者に〕認めることはできない。」(『ユダヤ人問題』一九―二〇ページ)

バウアーによれば、人間は普遍的人権を受けとるためには**「信仰の特権」**を放棄しなければならない、とされる。そこでわれわれはしばらくの間、いわゆる人権なるものを、それも元来の原初的な形、つまりその**発見者**である北アメリカ人とフランス人のもとで持っていた形に即して、考察してみることにしよう。部分的にはこの人権とは**政治的**権利、つまり他人と共同してのみ行使されるさまざまの権利である。**共同体への参加**、それも**政治的**共同体、つまり国家というものへの**参加**が、その内容をなす。それは**政治的自由**のカテゴリー、つまり、**国家公民としての諸権利**というカテゴリーに属するものであるが、すでに見たように、決して宗教、したがってまたユダヤ教を、首尾一貫して積極的に廃棄することを前提するものではない。ところで人権にはこれとは別の部分があってそれも考察しておかなければならない。それは**公民の諸権利**(droits du citoyen)と区別されるかぎりでの**人間の諸権利**(droits de l'homme)のことである。

この意味での一連の人間の権利のうちには、良心の自由、めいめいの信じる宗教を礼拝する権利がある。つまり**信仰の特権**は、**人権**の一つとしてか、あるいは自由という人権の帰結として、明白に承認されているのである。

「人間および公民の諸権利についての宣言」一七九一年、第一〇条、「なんびとも宗教上のものを含め、その信条のゆえに迫害されることがあってはならない」。一七九一年憲法の第一篇では、「誰であろうと、その信じる宗教的礼拝を行う自由」が人権として保証されている。

一七九三年の「人権宣言」の第七条では、「礼拝の自由な実行」がうたわれている。いや、それ以上に、自分の思想や意見を表明し、集会を催し礼拝を行う権利については、「これらの権利を声明する必要は、専制主義が現在もしくはつい最近まで存在したこともしくはその記憶を前提している」とさえ書かれている。一七九五年の憲法、第一四篇三五四条を参照していただきたい。

「ペンシルヴァニア憲法」第九条第三項、「すべての人間は、その良心の示唆するところにしたがって全能の神を拝む不滅の権利を、自然から授かったのである。誰であろうと、その意に反して、何らかの祭儀、礼拝に帰依し、入会、支持することを法によって強制されることはできない。どんな場合でも、何らかの人間的権力が、良心の問題に介入して、心の働きをコントロールすることがあってはならない」。

「ニュー・ハンプシャー憲法」第五条、第六条、「自然権のうちには、まったくかけがえのないものであるがゆえに、その本性上、譲渡することのできないものがいくつかある。良心の権利はその一つである」（G・ドゥ・ボーモン『マリあるいは合衆国等における奴隷制』、二一三、二一四ページ）。

宗教が人権とは合致しないなどということは、人権の概念には含まれていないのであって、宗教的である権利、自分の好む仕方で**宗教的である権利**、自分独自の宗教の礼拝を行う権利は、むしろ明白に人権に含まれているのである。**信仰の特権**は**普遍的人権**の一つである。

「人間の権利」（droits de l'homme）つまり人権は、その**固有の**意味からすれば、**「公民の権利」**（droits du citoyen）つまり国家公民としての諸権利（Staatsbürgerrechte）からは区別されている。この場合、**公民**《シトワイヤン》から区別された**人間**《オンム》とは誰のことなのだろうか。それは、**市民社会の成員**以外のなにものでもない。だが、なぜに市民社会の成員が「人間」、人間そのものと呼ばれ、なぜにその権利が**人権**と呼ばれるのだろうか？　われわれはこの事実をなにによって説明するのか？　市民社会に対する政治的国家の関係によって、つまりは、政治的解放の本質によって説明するのである。

なによりも先にわれわれが確認しておきたいのは、いわゆる**人権**というもの、つまり**公民**《シトワイアン》**の諸権利**から区別された意味での**人間**《オンム》**の権利**とは何かということである。それは**市民社会の成員**、つまり利己的人間の権利、人間および共同体から切り離された人間の権利にほかならない。もっともラディカルな憲法である一七九三年の憲法はたしかにこう言っている。

「人間および公民の権利宣言」

第二条、「これらの権利（自然から与えられた不滅の権利）は、**平等**、**自由**、**安全**および**所有**の権利である」。

だが、ここでいう自由とはなんのことだろうか？

第六条、「自由とは、他人の権利を侵害しないかぎり、なにをしてもいい、という人間の権利である」。あるいは一七九一年の人権宣言によれば、「自由とは、他人を侵害しないことはなにをしてもいい、ところにある」。

つまり自由とは、他人を害しないならば、なにをしてもやってもかまわない、という権利なのである。めいめいが他人を**害することなく**行動できる限界は、法律によって決められている。ちょうど二つの畠の境界が垣根の杭で分けられているように。ここで扱われているのは、孤立した形で自分の中に引きこもっているモナド〔単子〕としての人間の自由である。ところでバウアーによると、なぜにユダヤ人は人権を享受する資格がないのだろうか？　「彼がユダヤ人であるかぎり、彼をユダヤ人たらしめている偏狭な本質の方が、彼を人間として人間に結びつけるはずの、人間的本質に勝ち、そうした人間的本質を押しやって、彼を非ユダヤ人から隔離させずにはいない」。

しかしながら自由を保証する人権は、人間と人間との結びつきよりも、むしろ人間と人間との隔離に基礎を置いているのだ。この隔離の権利が自由なのであり、人権とは、**限定された**、自分に局限された個人の**権利の**ことなのである。

自由を保証する人権を実際的場面で役に立つように応用したものが、**私有財産**を保証する人権にほかならない。

では、ここでいう私的所有権としての人権とはいったいなんのことだろうか？

第一六条（一七九三年の憲法）、「所有権は、公民の一人一人が、その財産、収入、労働および勤勉の成果を、**自分の欲するように**享受もしくは処分する権利である」。

これによれば、私的所有という人権は、自分の欲するままに（à son gré 思いどおりに）、他人とは関わりなく、社会から独立に、自分の財産を享受しまたは処分する権利、つまり私利追求の権利である。前に出てきた個人的自由と、こういう形でのその実利的応用とが、市民社会の基盤を形づくっている。市民社会では人間は誰でも、他人の中に自分の自由の**実現**ではなく**制限**を見出すようになっている。それでいながら市民社会は、なににも先んじて、「自分の財産、収入、労働および勤勉の成果を、**自分の思いどおりに**、享受もしくは処分する」人権を宣言するのだ。

これ以外にまだ、平等と安全という別の人権が残っている。

ここで非政治的意味で使われている平等とは上で述べた**自由**の平等ということ、つまり各人は、平等にこういう自立的なモナドと見なされる、ということにほかならない。一七九五年の憲法は、この平等の概念を、その意味にふさわしく、次のように規定している。

第三条（一七九五年の憲法）、「平等とは、保護法であれ罰則であれ、すべての人に同一の法が適用される、ということである」。

では安全とは？

第八条（一七九三年の憲法）、「安全とは、社会がその各成員に対して、それぞれの人格、権利、財産の保全のために与える保護のことである」。

安全は、市民社会の最高の社会的概念であり、**警察**の概念であって、それによれば、全社会は、もっぱらその成員の一人一人に、その人格、権利、財産を保証するために存在するのである。この意味でヘーゲルは市民社会を「必要国家、悟性国家」と呼んでいる。

安全の概念によって市民社会はその自己中心主義《エゴイズム》を超え出るわけではない。安全とはむしろそういう自己中心主義を**保証する**ことなのである。

こう見てくると、いわゆる人権は、どれをとっても、エゴイスティックな人間、市民社会の成員としての人間、つまり自分自身へと引きこもった個人、自分自身の私的な利益と恣意とに引きこもって、共同体からは隔離された個人、そういう人間を越え出るものではない。いわゆる人権の中では、人間は類的存在と捉えられるどころではない。そこではむしろ、類的生活そのものである社会は、個々人にとっては、ある外的枠として、本来の自律性の制限として現れている。彼らを結び合わせる唯一の絆は、自然的必然性であり、欲求と私的利害であり、彼らの財産と利己的人格の保全である。

今まさに自己を解放し始めた国民、さまざまの成員の間の障壁をとりはずし、政治的共同体の基礎を築こうとし始めた国民、そういう国民が、利己的な人間、隣人からも共同体からも切り離された人間の正当化を堂々と宣言し（一七九一年の憲法）、いやそれどころか、もっとも英雄的な献身のみが国民を救うことができ、しかもそうした献身がぜひとも必要とされる瞬間に、市民社会のあらゆる利害をその犠牲にささげることが日程に乗り、エゴイズムが一つの罪として罰されねばならない瞬間に、こういう宣言が繰返されたということ（一七九三年の人間およびなどなどの権利宣言）、これがすでに謎めいたことである。だが、以下のことを見ると、それ以上に不可解である。つまり、国家公民であることの本質（Staatsbürgergertum）、すなわち**政治的共同存在**が、政治的解放を志向する者たちの手によって、いわゆる人権の保持のためのたんなる**手段**に引き下げられてしまっていることである。だからそこでは、公民（citoyen）は利己的な人間（homme）の召し使いだと宣言され、共同存在として人間が振る舞う〔国家公民としての〕領域が、限られた部分的なものに格下げされ、ついには公民（citoyen）としての人間ではなく、ブルジョア（bourgeois）としての人間が、**本来の真の**人間だとされる。こういう事態を見るのは、なんとも不可思議としか言いようがない。

「あらゆる**政治的結合**《アソシアシオン》の目的は、人間の自然から与えられた不滅の諸権利を保全することにある」

（一七九一年の人権宣言、第二条）。「**政府**は人間に、自然から与えられたその不滅の諸権利の享受を保証するために制定される」（一七九三年の宣言、第一条）。

こうして政治的生活は、それがまだ若々しい熱狂に燃え、その熱狂が事態の急迫によって頂点に達した瞬間においてさえ、自らを、市民社会の存続を目的とするたんなる**手段**だと宣言していることになる。たしかにその革命的実践は、その理論とは明白に矛盾している。たとえば、安全が人権の一つだと宣言されている一方で、信書の秘密の侵害が毎日のように公然となされている。「報道の無制限な自由」（一七九三年憲法、一二二条）が、人権の、そして個人的自由の帰結として保証される一方で、報道の自由は完全に否認されている。なぜなら、「報道の自由は、それが公共の自由を侵す場合には、許されるべきではない」（ロベスピエールの弟の言葉『フランス革命議会史』、ビュシェとルー共著、二八巻、一五九ページ）とされているからである。したがって、自由という人権は、**政治的**生活と衝突するや否や、権利であることを止めるし、他方、理論上、政治的生活は、個人としての人間の権利である人権を保証するためにのみ存在しているのであって、その**目的**である人権と矛盾するや否や廃棄されねばならないはずなのだが。しかし実践はあくまで例外であって、理論の方が、原則なのである。もちろん、革命的実践を、この関係に対する正しい立場だと見ようとすることもあろう。とはいえその場合でも、なぜ政治的解放をめざす人たちの意識のうちではこの関係がさかさまになり、目的が手段に、手段が目的のようになるのか、という謎はいぜんとして、解き残されている。彼らの意識の中にあるこういう錯視は、この場合は心理的なものではあるが、じつはやはり理論的な謎と同じものなのである。

謎は簡単に解ける。

政治的解放は、それと同時に、国民にとって疎遠な国家政体、つまり王侯権力がその基礎を置いている旧社会の**解体**でもある。政治的革命は市民社会の革命である。それではこの旧社会とはどんな性格のものだったのだろうか？　一言で言えば、それは**封建制**であったと特徴づけることができよう。古い市民社会は、**直接に政治的性格**を帯びていた。つまり、たとえば財産、家族、労働様式といった市民生活のさまざまな要素は、領主権とか身分とか職業団体《コルポラチオン》といった形をとって、国家生活の要素へと高められていたのである。こういった要素は、そういう形で、個々人の**国家全体**への関係、つまり彼らの**政治的**関係、さらに言えば、彼が社会の他の構成部分から隔離され排除されている、そういう関係を規定していた。というのは、上述した民衆生活の組織化は、所有や労働を社会的要素へ高めるのではなくて、むしろ国家全体からの、その**隔離**を完成させ、社会の中に**特殊な**社会をつくり出したからである。とはいえ、市民社会のさまざまの生活条件は、たとえ封建制という意味であったにせよ、いぜんとして政治的だった。それらは個々人を国家全体から締め出し、国家全体に対する彼の所属団体の**特殊な**関係を、民衆の生活に対する彼自身の一般的（allemein）関係に変えるとともに、個々人の特殊な市民的活動や状況を彼の一般的な（allgemein）活動や状況に変えてしまった。他方こういった組織化の帰結として、国家という統一体、つまり国家という統一体の意識、意志、行動、つまり普遍的（allgemein）国家権力の方も、必然的に同じような仕方で、民衆から切り離された支配者とその家来たちの**特殊な**仕事になってしまっていた。

この支配権力を打倒し、国の仕事を人民の仕事へと高めた政治革命、政治的国家を**普遍的仕事**として、つまり現実的な国家として建て直した政治革命は、共同存在という在り方から人民を引き離してきた、すべての身分、職業団体、同業組合、さまざまの特権といったその分離の表現形態を粉砕した。それによって政治革命は、**市民社会の政治的性格を廃棄**したのである。それは、市民社会をその単純な構成部分に分解した。つまり一方では**個々人**に、他方ではそういう個々人の生活内容である市民的状況を形づくっている**物質的**、**精神的**要素へと分解した。政治革命は、いわば封建社会のときにはその各種の袋小路へと分割解体され、散らばっていた政治的精神を鎖から解き放った。つまりそれは、散らばっていた政治的精神を結集し、市民的生活との混交から解放し、共同存在の領域として確立した。そこでは政治的精神は、市民生活のあのさまざまな**特殊な**要素からは理念上独立した**普遍的な**、人民の仕事となっている。**特定の**生活活動や特定の生活状況は、たんに個人的な意味しか持たないものに格下げされてしまった。それらはもう国家全体に対する個人の普遍的関係を規定するものではない。公的な仕事そのものがむしろ各個人の普遍的な仕事となり、政治的機能が各自の普遍的機能になった。

しかしながら、国家の理念主義《イデアリスムス》の完成は、同時に市民社会の物質主義《マテリアリスムス》の完成である。政治的軛《くびき》を脱することは、同時に、市民社会の利己的精神を縛りつけていたさまざまの絆《きずな》を振り払うことでもあった。政治的解放は同時に、市民社会の政治からの解放、普遍的内容を持つかのような**見せかけ**自身からの解放であった。

封建社会はその基盤へ、**人間へ**と解体された。ただしその場合の人間とは、現実にその基盤をなしていた人間、つまり**利己的**な人間にほかならない。

こういう**人間**、市民社会の成員である人間が、今や**政治的**国家の基礎であり前提である。そういう人間が、政治的国家によって、各種の人権に関して承認されているのだ。

しかしながら、利己的人間の自由とこの自由の承認とは、むしろ彼らの生活内容をなしている精神的、物質的諸要素の**とどまるところを知らぬ**運動を承認することを意味する。

だから人間は宗教から解放されたのではない。彼はただ宗教の自由を得ただけである。人間は所有から解放されたのではない。所有の自由を得ただけである。営業の利己主義から解放されたのではない。営業の自由を得ただけである。
政治的国家の構築と**独立した諸個人**への市民社会の解体——かつての身分やギルドのメンバーの関係が**特権**によって与えられたように、独立した個人の関係は**法**によって支えられる——は、**同じひとつの行為**によって遂行される。ところで、市民社会の成員としての人間、つまり**非政治的**人間は、必然的に**自然的**人間として現れる。**人間の権利**（droits de l'homme）は**自然権**（droits naturels）として現れる。なぜなら自覚的な活動は、政治的行動へと集中するからである。**利己的**人間は、解体した社会の、**受動的**な結果、**所与の**結果にすぎず、**直接的な確実性**の対象、つまりは**自然的**な対象となる。**政治革命**は市民生活をその構成部分に解体しはするが、それらの構成部分そのものを**革命し**批判にさらそうとはしない。政治革命は市民社会、つまり欲求と労働、私利、私権の世界に対しては、それらが自らの**存立基盤**、それ以上基礎づけられない**前提**、つまりはその**自然的**土台であるかのような態度をとる。つまるところ、市民社会の成員のような人間が、本来の人間であり、公民（citoyen）とは区別された人間（homme）と見なされることになる。それというのも、そういう人間は、感性を持った個人的な**もっとも身近な**存在だからであり、それに対して**政治的**人間は、**抽象化**された人工的人間であり、**比喩的**《アレゴリー》で、**道徳的**《モラーリッシュ》な人格としての人間だからである。現実の人間は**利己的な**人間の姿において、真の人間は**抽象的公民**という姿において、初めてそれとして認められることになる。

政治的人間の抽象化についてルソーは、いみじくも次のように描いている。

「いやしくも国民に一個の法制度を与えようと志す者は、いわば**人間の本性を変える**ことができるという自信を持つ者でなければならない。つまりそれ自身において完結した単独の全体である各個人を、ある意味で彼に生命と存在を授ける、より大きな全体の**一部**に変え、独立した肉体を持つ存在の代りに、社会の一人としての**倫理的な存在**にすることができる、という自信が必要なのである。その人は人間から持ち前の力を奪い、その代りに本来持っていなかった力、他人の助けをかりなければ発揮できない力を人間に与えることができなければならない」（ルソー『社会契約論』、第二部、ロンドン、一七八二年、六七ページ）。

あらゆる解放は、人間の世界を、そのさまざまの関係を、**人間自身へと復帰させる**ことである。

政治的解放は、人間を一方では市民社会の成員つまり**利己的に独立した**個人へ、他方では**国家公民**、つまり道徳的人格へと還元するだけである。

現実の一人一人の個人が、抽象的な公民を自分のうちにとりもどし、個人としての人間がその経験的生活、その個人的労働、その個人的諸関係の中で、**類的存在**となった時、つまり人間がその「固有の力」(force propres) を社会的力として認識し、組織し、それゆえに社会的力を**政治的**力という形でもはや自分から切り離すことがなくなる時、はじめて人間的解放が成就されるだろう。

（MEW, I, S. 361–370. 徳永恂訳、『マルクス・コレクション』I、筑摩書房、二〇〇五年、所収。）

テクスト5　『ヘーゲル法哲学批判　序説』

解　題

マルクスのこの論文は一八四三年末に書かれ、一八四四年二月に『独仏年誌』に発表された。副題の「序説」が示すように、これは『ヘーゲル法哲学批判』（一八四三年の草稿〔『ヘーゲル国法論批判』〕）のための序論的テクストである。この論文中には、マルクスが一八五九年に〔『経済学批判』の序言のなかで〕述べたことは少なくとも見いだされる〔次の書物を参照せよ。エミール・ボッティジェリ『科学的社会主義の生成』、パリ〔エディシオン・ソシアル社〕、一九六七年、一〇八ページ〕。実際、このテクストは独立した全体をなしており、めざす方向の面では前の諸テクストとは異なり、それらから独立した一種の宣言である。たしかに彼はドイツの歴史的・政治的「悲惨」をいまいちど描写し、ヘーゲル左派（青年ヘーゲル派）とフォイアーバッハが挙げた成果の目録を作っている。成果とは、とくに宗教が地上の幸福の代用品であり、幸福の「幻想」であるとする宗教批判である。さて、マルクスのテクストのなかに、はじめてプロレタリアートという用語が登場する。この用語は一八四三年夏の草稿にも『ユダヤ人問題について』にもなかった。これらのテクストにおいて問われていたことは、「公民」と「人間の権利」というブルジョワ的・自由主義的抽象物に対抗させた「現実的」または「類的」人間に限られていた。さらにまた、一方のプロレタリアート、受苦する人間、他方の革命的知識人、ヘーゲル主義批判から生まれた思考する人間、との連合、一種の利害共同体の想念が現れる。この連合は未来のドイツ革命の土台であって、この革命はもはやたんに一七八九年の大革命のようなブルジョワ的・政治的革命ではなくて、普遍的に人間的な、したがって社会的な革命なのである。

マルクスの思想は、この論文では、プロレタリアートにはっきりと言及しているにもかかわらず、まだヘーゲル左派的であり、のぞむなら観念論的である。というのも、革命的運動の能動的要素（「頭脳」）は批判的知性から成り立ち、大衆やプロレタリアートは運動の受動的要素（運動の「心臓」または「肉体」）であり、また知的活動によって豊穣にされる素材だとみなされているからである。この論文でマルクスはドイツの「悲惨」のもう一人の偉大な批判家すなわち詩人ハイネにきわめて近い。ハイネは一八四四年に彼の叙事＝風刺詩『ドイツ冬物語』と遺稿『ドイツに関する書簡』のなかで、一方では思想と行動、理論と実践、あるいは批判的哲学とプロレタリアートとの弁証法的関係、つまり「思想のきらめき」が人民大衆を豊穣にするという関係を強調し、他方ではフランス革命タイプの政治的（ブルジョワ的）革命を乗り越えるようなドイツ独自の革命の道を是非とも定義すべきだと強調していた。

このテクストのなかでもうひとつ注意すべきことは、マルクスのなかで政治（または革命）のフランス・モデルとよべるものが執拗に現れているという事実である。それはこのモデルを「乗り越える」と称する批判のなかにまで染み通っている（この論文の末尾に見える言葉――「すべての内的条件が満たされたとき、ドイツの復活祭の暁を、ガリアの鶏が鳴き声で告げるであろう。」――を参照せよ）。この点でもマルクスはハイネとルーゲに近い。ハイネの場合、来るべきドイツ革命が問題になるとき、フランス革命とそれに関する比喩像への言及がきわめて頻繁に現れる。ルーゲの場合、彼は一八四三年の論文のなかで「ドイツ人とフランス人の知的同盟」――ルーゲはその論文のなかでルイ・ブランの『十年の歴史』に評注を加えている――を次のラテン語の文句で締めくくっていた。Nulla salus sine Gallis〔ガリアなくして救いなし〕（ルーゲ『全集』第二版、第二巻、マンハイム、一八四八年、三五三ページ）。この観点から見れば、若きマルクス、ハイネ、ルーゲおよび大部分の青年ヘーゲル派は、ナポレオン時代の終わり以降にドイツ、とくにプロイセンで広まり、「ドイツのライン」に関して一八四〇年代の初めの民族主義的危機によって強化されたドイツびいきとフランス嫌い、さらには「フランス食い（Franzosemhressenheit）」に反対していた。

宗教という悲惨は、一面では現実の悲惨の**表現**でもあり、同時にもう一面においては、現実の悲惨にたいする**抗議**でもあるのだ。宗教とは、追いつめられた生き物の溜め息であり、心なき世界における心情、精神なき状態の精神なのである。宗教こそは民衆の**阿片**である。

民衆に**幻想の**幸福を与える宗教を廃する〔Aufhebung＝止揚〕ということは、彼らに**現実の**幸福を与えるよう要求するということだ。自己自身の状況についての幻想を民衆が放棄するべきであるとする要求は、**幻想を必要とするような状況は放棄せよという要求**なのである。宗教批判はそれゆえ、**涙の谷**〔「涙の谷は」は聖母マリアとともに使われることの多い比喩〕への批判の**萌芽**なのである。涙の谷に**聖なる光背**をかぶせたものが宗教なのだから。

　宗教批判は人間を縛る鎖を覆い隠す幻想の花を摘み取った。それは、人間がこの鎖をいかなる幻想も慰めもなく担いつづけるためではなく、鎖を断ち切り、生きた花を手折れるようになるためである。宗教批判は人間を幻想から目覚めさせる。それは、幻想から覚め意識を取り戻した人間が、みずから考え、行動し、自己の現実を自分で作るようになるためである。人間が自分自身のまわりを、つまり自分自身という現実の太陽のまわりを回れるようになるためである。宗教とは、人間が自分自身を中心として動いていないときに、人間のまわりを回っている幻想の太陽なのである。

　それゆえ、**真理という彼岸**が消滅した後の**歴史の課題**とは、**此岸という真理**を確立することである。人間の自己疎外が**聖なる姿**を取っていたことが暴露された現在では、人間の自己疎外が**聖ならざる姿**で起きていることを暴露することは歴史に仕える**哲学の第一の課題**である。それゆえ、天国への批判は地上への批判に、**宗教への批判**は**法への批判**に、**神学への批判**は**政治への批判**に変わっていくことになる。

　以下の論述[1]は——この批判のための論なのだが——とりあえずはこうした批判の原典〔イギリスやフランスの啓蒙主義と経済学〕に対してなされるのではなく、むしろそのコピーに、つまり、ドイツの国家**哲学**および法**哲学**に対してなされるものである。それはとりもなおさず、この批判が**ドイツ**に対するものだからである。

　ドイツの**現状**（status quo）そのものに関わろうとするなら、そしてその唯一正しいやり方である否定的なやり方でのみ関わったとしても、結論として見えてくるのは常にドイツの**アナクロニズム**でしかない。たとえ、われわれの現在の政治的状況を否定したとしても、それは、近代諸国民の歴史の物置きの中で埃をかぶっている古い事実を否定したことにしかならない。髪粉をつけたかつら〔文化史的にはバロック時代から、政治的には絶対主義時代からの廷臣のスタイル〕を否定してみたところで、髪粉をつけていないかつらが依然として残っているのである。私が一八四三年のドイツの状況を否定しても、フランスの暦で言えば、一七八九年にすら到達していない。ましてや現代の焦眉の課題などとは無縁のままである。

ドイツの歴史というのはたいしたもので、それに類したことをこれまでにした国民は歴史の天空にいなかったし、今後もいないであろうことを自慢できるほどのものである。というのも我々は、近代諸国民が行った革命をいっさい行わなかったのに、こうした諸国民の復古体制だけは共にしているのだから。我々が旧体制に復したのは、第一には他の国民たちが革命を敢行したからであり、第二には、彼らが反革命の憂き目にあったからである。はじめの方、つまり、革命をしなかったのは、我々の大旦那たちが恐がりだったからであり、後の方は、旦那たちが恐がらなかったからである。我々は、我々の羊飼い〔聖職者たちのこと〕たちを先頭に、いつも一度だけ自由の傍らにいるのだ。それは**自由の葬式の日**なのだ。

今日の下劣さを昨日の下劣さで正当化する学派がある。鞭にうめく農奴のどんな叫びも、この鞭が由緒のある年ふりた、歴史的な鞭であるかぎり、けしからぬ反抗であると宣言するような学派がある。つまりは、イスラエルの神が自らの下僕であるモーゼにしたように、歴史は、自らの事後的な姿しか見せてくれないとする学派、すなわち**歴史法学派**である。それゆえ、この学派は、もしもそれがドイツ史の生み出したでっち上げの産物でなかったとしたら、自分の方でドイツ史をでっち上げたことであろう。シャイロック、それも下僕としてのシャイロックは、民族の心臓から一ポンドの肉を切り取るときにはつねに、自らのあかし、つまり自らの歴史的証文、そのキリスト教的ゲルマン的証文に依拠するのである。

それに対してお人好しの感激屋がいる。彼らは、血はドイツ主義者、理屈は自由主義者で、我々の自由の歴史を、歴史の外にあるトイトニアの奥深い森のなかに求めようとする。だが、もしも自由の歴史が森の中にしか見つからないとするなら、我々の自由の歴史と、イノシシの自由の歴史とはどこが違うのだろうか。その上、誰でも知っていることだが、森の中に向かって叫ぶと、同じ言葉が森の中からかえってくる。それでは叫ぼうではないか。トイトニアの原始森に平和あれ、と。

ドイツの状況に対して**戦争**を仕掛けようではないか！　是が非でも！　ドイツの状況は**歴史の水準以下**、**批判にも値しない**。とはいえ、やはり批判の対象となるのだ。ちょうど人間性の水準以下の犯罪者が**死刑執行人**の対象となるのと同じように。ドイツの状況と戦う時の批判は頭脳の情熱ではなく、情熱の頭脳なのである。つまり、それはただ調べるための解剖のメスではなく、一個の武器なのだ。この批判の対象は、自らの**敵**なのであり、批判がめざすは、この敵を論駁することではなく、**抹殺**することである。というのも、このドイツの状況を支えている精神はすでにその間違いが証明されているからである。それ自身として見れば、ドイツの状況は**考えるに値するような**対象などではなく、軽蔑すべき、そして実際に軽蔑されているもろもろの**ものごと**なのである。批判そのものはこうした対象と相互理解を求める必要などない。なぜならこの批判は自らの対象についてもうよくわかっているからである。批判はもはや批判自身を目的、つまり**自己目的**とは見ていない。そうではなく、自ら**手段**にすぎないと見ているのである。批判の基本的なパトスは**憤激**であり、その基本的な仕事は**告発**である。

ここで重要なのは、あらゆる社会的分野が相互に重苦しく圧迫しあっている事態を描き出すことである。つまりは、不愉快なのになにもしないでいる全般的状況を、そして自らをすごいと思いながら、実際には思いちがいをしている偏狭さを描き出すことである。いっさいのみじめさを温存することで存続している政治体制、そしてそのこと自体、**政治のみじめさ**以外のなにものでもないような政治体制に、そうしたいっさいが組み込まれている事態を描き出すことである。

なんという見せ物であることか！　社会が多様な種族に際限なく分裂しており、それらがたがいにけちくさい反発や良心の疚しさや、野蛮な凡庸さに振り回されつつ対立し合っている事態、しかもこうしたさまざまな種族が、まさにおたがいに怪しげで猜疑心をもって対峙しあっているゆえに、そのどれもが、形式の上で異なってはいても、実際にはいかなる区別もなく、支配者がその存続を**とりあえず容赦してやっている存在**として扱われているのである。しかも、そうした種族はみずからが支配され、治められ、人の持ち物でしかないというそうした事態を、天国が寛大にも**許してくれている**と受け取り、その事態に恭順の意を表さなければならないのだ。他方で、その支配者たちも、その力といえば、彼らの数の多さに反比例しているのだ。

こういった内容に関わる批判は、**取っ組み合い**の形を取った批判となる。そして取っ組み合いにおいて重要なことは、相手がこちらと対等の、高邁な、その意味で**面白い**相手であるかどうかではなく、相手を**打ちのめす**ことである。ドイツ人に自分についての思い違いとあきらめの余裕をいかなる意味でも与えないことが肝腎なのだ。自分たちが抑圧されているという意識をつけ加えさせて、現実の抑圧をもっと抑圧感の強いものにしなければならないし、恥辱を公開することによって、もっと恥ずかしさを感じさせなければならない。ドイツ社会のいかなる領野も、この社会の**恥部**（partie honteuse）として描き出さねばならない。この化石化した状態にそれ自身のメロディーを歌ってやり、自らそれに合わせて踊りださざるを得ないようにしなければならない。この民衆が自らの姿に**驚愕し**、〔このままでは駄目だ。なにかしなければば、という〕勇気を抱くようにしなければならない。そうすることで、ドイツの民衆の拒みようのない欲求を満たすことができるのだ。そして、諸国民の欲求こそは、それ自身として、欲求を満足させるための最終根拠なのである。

さらには、偏狭な自己満足というドイツの**現状**（status quo）に対する戦いには、**近代的な**諸国民ですら、関心があるはずである。なぜならドイツの**現状**（status quo）こそは、**アンシャン・レジーム（旧体制）が露骨な完成**を見たものであり、そして**アンシャン・レジーム（旧体制）**こそは、**近代国家の隠れた欠陥**だからである。現代ドイツの政治に対する戦いは、近代的な諸国民の過去に対する戦いなのである。そして、近代的な諸国民といえども、まだこうした過去のなごりに今なお苦しめられているのである。こうした近代的な諸国民にとって、**アンシャン・レジーム（旧体制）**は自分たちのところで**悲劇的結末**を味わったのに、それがドイツで再生して**喜劇**を演じているのを見るのは、示唆に富むことであろう。アンシャン・レジーム（旧体制）の歴史が**悲劇的**であったのは、それが世界の既成権力であったのに対して、自由は個人的思いつきでしかなかったからである。一言でいえば、アンシャン・レジーム（旧体制）は、自分自身の正当性を信じていたし、また信じていなければならなかったからである。**アンシャン・レジーム（旧体制）**自身が既存の世界秩序として、これから生まれ出でつつある世界と戦っているかぎり、アンシャン・レジーム（旧体制）を支えた誤謬は世界史的な誤謬であって、私的なそれではなかった。だからこそアンシャン・レジーム（旧体制）の没落は悲劇となったのである。

それと逆に現在のドイツの体制は、まさにアナクロニズムであり、一般に認められているもろもろの原則に対する明白な違反であり、公衆に広く開示された、**アンシャン・レジーム（旧体制）**の空疎さそのものである。この体制は、今では自己自身を信じていると思いこんでいるだけに成り下がったにすぎず、おまけに広く世界に対しても、この同じ思いこみを受け容れるように要求している。もしもこのアンシャン・レジーム（旧体制）が自分自身の**ありよう**を本当に信じているならば、他のありようの**影**に自らのありようを隠すようなことをするだろうか？　そして、欺瞞と詭弁に救いを求めるようなことをするだろうか？　現代の**アンシャン・レジーム（旧体制）**は、もはやその**本当の主人公たち**がとっくに死んでしまったひとつの世界秩序の**喜劇役者**でしかない。歴史というのは実に几帳面で、ひとつの古き形態を埋葬するときでも、多くの段階を経るようになっている。〔アンシャン・レジーム（旧体制）という一個の〕世界史的形態の最後の段階は、それ自身の**喜劇**なのである。アイスキュロスの『鎖につながれたプロメテウス』のなかで深手を負って命を落とす悲劇にいたったギリシアの神々は、ルキアノスの『対話篇』のなかでいまいちど、こんどは喜劇的な死に方をしなければならなかった。なぜ歴史はこのような進み方をするのだろうか？　それは、人類が自らの過去に**明るい**気持ちで別れを告げうるためなのである。ドイツのもろもろの政治勢力に対しても、このような**明るい**定めに従うように我々は要求する。

ところが**現代**の政治的－社会的現実そのものを批判に曝そうとするなら、つまりは、批判が真に人間的な問題を扱うところまで立ち上がろうとするなら、批判はもうドイツの**現状**の枠外でなされることになってしまう。そうでなければ、この批判は、自らの対象を、その対象**以下**のところで捉えるだけに終わってしまうだろう。ひとつの例を挙げてみよう。産業界と政治的世界の関係、ようするに富の世界と政治との関係こそは、現代の主要な問題である。しかし、この主要問題がドイツ人の関心を引くのはいったいどういうかたちにおいてであろうか？　それは、**保護関税**、**輸入禁止制度**、**国民経済**という形態においてである。ドイツ風を吹かせる風潮は、人間だけでなく、人間から物質の中にも乗り移ってしまい、ある日気づいてみると、我々の木綿業界の騎士たちも、鉄鋼業界の英雄たちも愛国主義者に変身していた。ようするにドイツでは、独占に対して、それが主権と同じであることを**対外的に**認可することによって、この独占の主権性を国内向けにも承認し始めたのである。つまりはドイツでは、フランスやイギリスでは終わり始めていることを今始めている、ということである。これらの国では旧弊な状態に理論の上では反抗し、せいぜい鎖に縛られた場合には、しぶしぶ耐えているにすぎない。ところがドイツでは、その同じ状態が、美しい未来を告げる、せまり来る曙の光りとしてもてはやされている。しかも、**狡猾な**理論〔listige Theorie. 歴史経済学を唱える保護関税論者のリスト Liszt の名前と引っかけている〕から遠慮会釈のない実践へと移行するところまではまだいっているかいないかなのにである。フランスやイギリスでは問題は、「**政治経済学**つまり**社会による富の支配**であるのに対して、ドイツでの問題は、「**国民経済学**つまり**私有財産による国民の支配**なのである。ようするにフランスとイギリスでは、行きつくところまで行きついてしまった独占体制を止揚することが問題になっているのに、ドイツにおいては、独占体制の最終帰結に向かってこれから進もうとしているのである。イギリスやフランスではいかに解決するかが問題となっているのに、ドイツではようやく衝突が起きるところなのである。この一例をとっても現代の諸問題が**ドイツ**ではどのような形態をとることになるのかが十分に分かる。つまりは、我々の歴史が、使い古された歴史物語を、未熟な新兵同然に繰り返し練習すればよかったということを示す好例である。

もしもドイツ**全体の**発展が、ドイツ**の政治的**発展以上に進んでいなかったとするなら、一人のドイツ人としては、現代の諸問題にはせいぜいで**ロシア人**程度にしか関われないであろう。とはいえ、個人が、国民という枠に縛られていないならば、個人が解放されているからといって、当該国民が解放されていることにはならない。ギリシアの哲学者の中にスキティア人〔アナカルシスのこと〕が一人いるからといって、スキティア人が全体としてギリシア文化の方へ一歩でも前進したことにはならない。

とはいえ、幸いなことに我々ドイツ人はスキティア人ではない。

古代の諸民族はその前史を想像力、つまり**神話**の中で体験してきた。同じように我々ドイツ人は、自分たちの後史〔未来〕を思想の中で、つまり哲学において体験してきたのである。我々は、現代の**歴史的な**同時代者にはならないままに、その**哲学的な**同時代者となっている。ドイツ哲学はドイツの歴史の**理念上の延長形態**である。我々の未完の作品（œuvres incomletes）である実際の歴史を批判する代わりに、残された遺作（œuvres posthumes）としての理念の上での歴史を、つまり哲学を批判するなら、そのような批判は、「それが問題だ（that is the question）」と、現代でよく言われるさまざまな問題の中心に位置することになる。先進諸国民にあって現代の国家体制との**実践的な**決裂となるものは、こうした国家状況そのものがまだ存在すらしていないドイツにおいては、まずは、こうした現代の国家状況の哲学的反映との**批判的**決裂なのである。

ドイツの法哲学および国家哲学は、ドイツの歴史の中では、現代というこの時代の**公式の**側面と同水準（al pari）にある唯一のものである。したがってドイツの民は、この夢のような歴史〔ドイツ法哲学および国家哲学〕も、実際の現存する状況の一部と見なして、この現在の状況ばかりでなく、その抽象的な延長物〔ドイツの法哲学および国家哲学〕をも批判に曝さねばならない。ドイツの民の未来は、その国家および法の現実状況の直接的否定で十分としてはならないし、また同じく、その国家および法の理念的状況の直接的実現で**よしとしてはならない**。というのは、現実の状況の直接的否定は、その理念的状況というかたちですでになしているわけであるし、またその理念的状況の直接的実現は近隣諸国を観察することで、すでに**乗り越えている**からである。それゆえ、ドイツの**実践派の**政党が**哲学**の否定を要求するのは正当である。彼らが不当であるとすれば、それはこの要求にあるのではなく、要求するだけに終わっていて、どだいこの要求を本気で実行するわけでもないし、実行できるわけでもないところにある。彼らは、哲学の否定なるものを実現するためには、哲学に背を向け、そっぽを向きながら、哲学への不快感を示す月並みな決まり文句をぶつぶつつぶやけばよいと思い込んでいる。彼らは視野が狭いので、哲学もこの**ドイツの現実**のなかにあると考えることができない。それどころか、哲学はドイツの実践や、それに役立つ理論より**低いもの**と思い違いをしている。君たちは、**現実的な生命の萌芽**に依拠しなければならないと言うが、その際君たちは、ドイツの民の現実的な生命の萌芽はこれまでは、その**頭蓋骨**のなかでのみ繁茂してきたことを忘れているのだ。一言でいえば、**哲学を終了**（aufheben）**させたければ、哲学を実現するしかないのだ**。

個々のファクターは**逆**だが、同じような不見識には、哲学を起源とする**理論派の政党**も陥っていた。こうした理論派政党は、現在の戦いのうちに**ドイツ的世界に対する哲学の批判的闘争**しか見ようとしない。**これまでの哲学**自身がこのドイツ的世界に属していて、それをたとえ観念的にであれ、**補完**するものであったことを考えようとしないのである。彼らは自分たちの敵〔ドイツ的世界、ドイツの現実〕に対しては批判的な態度をとるが、自分自身に対しては批判性を欠いていた。というのも彼らは、哲学の**諸前提**から出発し、すでに与えられている結論のところで足踏みしてしまったか、あるいは、どこか別のところから持ってきた要求や結論を哲学から直接出てくる要求や結論であるかのように吹聴したからである。しかし、実際にはこうした要求や結論は——それらが正当であるとしても——逆に、**これまでの哲学の否定**、すなわち哲学としての哲学の否定によってのみ得られるものなのだ。こうした理論派についてもっと詳しく論じるのは別の機会に譲りたい。この党派の根本的欠陥は、纏めてみれば次のようになる。彼らは、**哲学を終了させないで哲学を実現できる**と思いこんだのである。

ヘーゲルによってそのもっとも徹底した、豊かな最終形態を与えられた**ドイツの国家哲学および法哲学**に対する批判は、現代国家およびそれと関連する現実を批判的に分析することであるとともに、また、これまでの**ドイツの政治意識・法意識のあり方**全体を徹底的に否定するというこの両方を意味する。これまでのドイツの政治意識・法意識のもっとも高尚で普遍的な、**学**にまで高められた表現こそ、まさにこの**思弁的法哲学**に他ならないからである。ドイツでのみこの思弁的法哲学が、つまりは現代国家についてのこの抽象的で、思い入れ過剰の**思考**が可能だったのだ。しかもこの思考の現実は彼岸にしかない――仮にこの彼岸なるものがライン川のむこう岸という意味に過ぎないとしても。しかしまた逆のこともいえる。現代国家についての、**現実の人間**を捨象した**ドイツ的な**思考形態が可能となったのは、現代国家そのものが**現実の人間**を捨象しているからであり、あるいはまた、人間**全体**を空想的なやり方でのみ満足させているからである。ドイツ人は、政治においては、他の諸国民が**実行した**ことを、**思考した**のである。ドイツは諸国民の**理論的良心**であった。ドイツの思考の抽象性と高踏性は、そうした彼らの思想の現実が持つ一面性や鈍重さと常に歩調を合わせていたのである。ようするに**ドイツの国家体制の現状**が**アンシャン・レジーム**（**旧体制**）**の完成**を意味しているなら、すなわち現代国家に突き刺さった肉中の棘を表しているなら、**ドイツの国家学の現状**は、**現代国家の未完成状態**を表している、つまりは、棘の突き刺さった肉自体が腐敗していることを意味している。

思弁的な法哲学に対する批判は、これまでの**ドイツの**政治意識のあり方に対する断固たる対抗の立場に立つ以上、自分自身の中に迷い込むことなく、ただ一つの解決手段しかない**諸課題**へと歩を進める。その解決策とはすなわち、**実践**である。

問題はこうである。そもそもドイツは、原則の高みに見合った実践にいたることができるのか、すなわち、**革命**にいたることが可能なのか、現代諸国民の**公的水準**にドイツを高めるのみならず、これら諸国民の次の未来となるであろう人間的高みにまでいたらしめることができる、そのような革命にいたることが可能なのか。

批判という武器はしかし、武器による批判の代わりになることはできない。物理的な力は物理的な力によって転覆しなければならない。だが、理論といえども、それが大衆を捉えると物理的な力となるのだ。そして理論は、それが「人間に向けて」(ad hominem)展開されるなら、大衆をつかむことが可能なのだ。そして理論は、それがラディカルになるならば、「人間に向けて」(ad hominem)展開されるのである。ラディカルであるということは、ものごとをその根本において捉えるということである。そして人間にとっての根本とはとりもなおさず人間自身なのである。ドイツの理論のラディカリズムを、つまりそれが実践的エネルギーに富んでいることを明白に証明するのは、それが、宗教の断固たる**積極的**止揚に発しているところにある。宗教批判は、**人間こそが人間にとっての最高の存在**であるという教えでもって終わるのだ。つまり、人間が卑しめられ、隷属させられ、見捨てられ、軽蔑された存在となるような**いっさいの状況を転覆するべきであるとする定言的命法**で終わるのだ。かつてフランスで畜犬税が計画されたとき、あるフランス人はこう叫んだという。「かわいそうな犬たち。みんながおまえたちを人間並みに扱おうとしている」と。このエピソード以上に、この人間が卑しめられている状況をみごとに言い当てているものはない。

歴史的に見ても理論的解放はドイツにとって特別に実践的な意味合いを持っていた。というのも、ドイツの**革命的**過去というのは理論的なもの、つまり**宗教改革**だったからである。当時は**僧侶**の頭の中で革命が開始され、現在では**哲学者**の頭の中で革命が開始されるのだ。

とはいえルターが、打ち破った隷属は、**敬虔**の念に発する隷属であって、彼はその替わりに、**信念**に依拠する隷属を打ち立てたのである。彼は権威への信仰を打破したが、それは、信仰の権威を復興させることによってだった。彼は坊主を平信徒に変身させたが、それは、平信徒を坊主に変身させることによってだった。彼は人間を外面的な宗教生活から解放したが、それは、宗教生活を人間の内面に据えることによってだった。彼は身体を鎖から解放したが、それは、心を鎖につなぐことによってだったのである。

だが、プロテスタンティズムは、問題の真の解決ではなかったとしても、問題を正しく提出したにはちがいなかった。もはや重要なのは、平信徒と、**彼の外にいる坊主**との戦いではなく、自分自身の内なる**坊主**、**自己の坊主的体質**との戦いとなったのである。プロテスタンティズムはドイツの平信徒を坊主に変えることで、俗人教皇、つまり、**諸侯**たちを彼らを支える聖職者階層や特権層や俗物とともに解放した。それと同じに、坊主的体質のドイツ人が哲学によって人間に変わると、**人民**の解放が起きるであろう。しかし、解放は諸侯の解放だけに終わることはなかった。同じように、教会財産の**世俗化**は、偽善的なプロイセンが始めたような**教会財産の没収**だけに終わることはないであろう。宗教改革の時は、ドイツ史におけるもっともラディカルな事実であった農民戦争も、神学の壁にはばまれて挫折した。今日ではしかし神学そのものがすでに挫折している。とするならば、ドイツ史におけるもっとも不自由な事実であるわれわれの**現状**は、哲学にぶつかって粉々に砕け散るであろう。宗教改革前夜の**公式の**ドイツは〔ドイツの体制は〕、ローマの絶対的な奴隷であった。革命の直前の現代のドイツは、ローマの奴隷でこそないが、プロイセンとオーストリアの、つまり田舎ユンカーと俗物の奴隷である。

とはいえ、ドイツで起こる**ラディカルな**革命には、ひとつの大きな困難があるように思われる。

というのも、革命には、**受動的な**要素が、すなわち**物質的な**基盤が必要だからである。ひとつの民の中で理論が実現するのは、その理論自身が当該の民の欲求の実現であるかぎりにおいてである。ところで、ドイツの思想が要求することと、ドイツの現実が返す答えのあいだにはとほうもない乖離があるが、同じように、市民社会と国家とのあいだにも、いや市民社会とそれ自身とのあいだにも、同じ乖離がありはしないだろうか。理論的欲求は直接そのまま実践的欲求となるのだろうか？　思想がみずからの実現を迫るだけでは不十分で、現実自身がその思想化を希求しなければならないのだ。

しかしドイツは、政治的解放のいくつかの中間段階を、現代の諸国民と同時期によじ登っていくことがなかった。それどころか、理論的には自ら克服したはずのいくつかの段階ですら、実践においては到達していないのだ。ドイツが、のるかそるかの**跳躍**をして、自分自身の枷を飛び越えるだけでなく、近代諸国民の枷、つまり、ドイツが現実に自己自身の枷からの解放と感じ、またそうしたものとして追究するような近代諸国民の枷までも飛び越えてしまう、などということがどうしてあり得るだろうか。ラディカルな革命というものは、ラディカルな欲求にもとづく革命としてしかあり得ない。まさにそのような前提となる欲求も、またそうした欲求を生み出す場も、ドイツには欠如しているように思われる。

たしかにドイツは抽象的活動によって現代の諸国民の発展に同行するのみで、この発展をもたらした現実の闘争に自ら体を動かして参加することはなかった。他方で、この発展のもたらした快楽や、その部分的満足にもあずかることもなく、むしろそれが生み出す**苦しみ**の方を諸国民と共有することになった。一方の抽象的活動に相応するのは、他方の抽象的苦しみである。それゆえドイツは気づいてみたら、ヨーロッパ解放の段階に達する前に、すでにヨーロッパの没落の段階にいることになろう。それはキリスト教という病気にかかって憔悴している**偶像崇拝者**にも較べうるものとなろう。

まずは**ドイツの諸政府**を見ると、時代状況のゆえに、またドイツのおかれている位置のゆえに、さらにはドイツの教養の現在のゆえに、そして最後には幸運な本能のゆえに、**現代国家から成る世界**――そのいいところを我々はまったく経験していないのだが――という**文明世界の欠陥**と、**旧体制**〔**アンシャン・レジーム**〕という**野蛮な世界の欠陥**――おかげさまでそれはフルに味合わせてもらっているのだが――が結びついていて、結果としてドイツは、自己の現状とかけ離れた国家形態の筋が通っているところならまだしも、その理不尽性にますます関与している。例えば立憲国家の制度の現実を持たないのに、立憲国家の幻想のすべてをこれほど素朴に共有している国が、このいわゆる立憲ドイツをおいて、世界のどこにあるだろうか。あるいは、検閲制度の苦痛を、出版の自由を前提としたフランスの九月法〔七月王政下の一八三五年に成立した新聞規制法〕がもたらす苦痛と結びつけようというのは、当然のことながらドイツの政府の思いつきでなくてなんであろう。ローマのパンテオンにはすべての国民の**神々**がまつられているが、それと同じに、神聖ローマ・ドイツ帝国には、すべての国家形態の罪業が揃っている。この折衷主義は、これまで予想もできなかった高度の折衷主義となるであろうが、それを保証するのは、ドイツ国王〔フリードリヒ・ヴィルヘルム四世〕の**政治的＝美的な健啖家ぶり**である。というのも、この国王は、王制のもたらすいっさいの役割を演じようとしているのだから。つまり、封建制的な王制であれ、官僚制的な王制であれ、さらには、絶対主義、立憲主義、専制主義、民主主義それぞれの王制であれ、そうしたいっさいを国民の委託によってでなく、**自己自身で**任命して、また国民のためではなく、**自分自身のために**演じようとしているのだから。**政治的現代の欠如がそれ自体として独自の世界へと国制化されているドイツ**は、この特殊ドイツ的な枷をふりほどこうと思うならば、現代政治全体にかぶさる枷を振り払わねばできないであろう。

ドイツにとっては、**ラディカルな**革命が、そして**普遍人間的な**解放が、ユートピア的な夢なのでは決してない。むしろ、ユートピア的な夢にすぎないのは、部分的革命、政治的**側面のみの**革命、家の柱は残しておくような革命である。それでは部分的な、そして政治的な側面のみの革命とはどういうものだろうか？　それは、**市民社会のある部分**だけが自らを解放し、それによって**全体的な**支配にいたることによる革命のことである。あるいは、ある特定の階級がその**特殊な状況**から発して社会の全体的な解放を企てることによる革命である。しかし、この階級が社会全体を解放するには、社会全体がこの階級と同じ状況にあることが前提である。例えば、富と教養を持っているか、あるいはそうしたものがいつでも得られることが前提である。

しかし、市民社会のいかなる階級であっても、この役割を果たすには、ある種の情熱的契機を自分自身のうちにも、大衆のうちにも引き起こさねば無理である。つまり、当該の階級が社会全体と兄弟愛で結びつき、合体し、そして社会全体と同一視され、その**普遍的な代弁者**と感じられ、認められるような契機である。あるいは、その階級の要求や権利が社会の権利や要求にそのままなっているような契機、つまり、その階級が社会の頭脳であり、心臓であるような契機が必要である。特定の階級は、社会全体の権利の名においてのみ全般的な支配権を請求できる。このような解放的立場を奪い取るためには、そしてそれとともに社会の全階層を自分の階層の利害のために政治的に使い尽くすためには、革命的エネルギーと精神的自負だけでは不十分である。逆にまた、**ひとつの国民の革命**と、市民社会の**特定のひとつの階級の解放**が収斂し同一のものとなり、**ひとつの**階層が社会全体の状況にあてはまるためには、社会全体のいっさいの欠陥がその階級とは別の階級に集中していなければならない。ある特定の階層が、皆から嫌われる身分であり、社会全体の枷の権化でなければならない。特定の社会的階層が社会全体の**悪名高き**犯罪性の根源ということになっていなければならない。それによってこうした階層からの解放こそが全般的な自己解放と見えるようになっていなければならない。ある特記される階層が、解放の階層となるためには、それとは別の階層は、抑圧する階層として明確に見えてこなければならない。フランスの貴族と聖職者階層につきまとっていた全面的にネガティヴな意義こそは、最初はそうした階層に隣接していながら、ついには対立することになった**ブルジョア階級**の全面的にポジティヴな意義の条件となっているのである。

しかし、ドイツにおけるどの特定の階級にも、社会のネガティヴな代表者の烙印を押すに値するだけの徹底性、激しさ、勇気、厚顔無恥、そうしたものが欠如している。だが、それだけではない。同じように、どの階層にも、たとえ一時的であれ大衆の魂と同一化するようなあの心の広さが欠如している。つまりは、物質的な力に息吹きを入れて政治的な力とするようなあの天分、「**私は無で失うものはない。だから、私はなんにでもなりうるのだ**」という反抗的な文句を敵に向かって投げかけるだけの、革命的な勇気が欠如しているのだ。ドイツ人が個人としてだけでなく、階級としても見せる道徳的きまじめさの内実は、むしろあの**謙譲なるエゴイズム**、自分自身の狭隘さを見せてくれるような、自分自身に対してすら見せてくれるような、謙譲なるエゴイズムである。ドイツ社会におけるさまざまな階層相互の関係は、それゆえドラマチックなものではなく、散文的である。どの階層も、自分たちが抑圧されているときはそうではないが、逆に自分はなにも努力しないのに時代のせいで、自分より下の社会的階層ができ、それに対して圧迫をかけることができるようになると、すぐに自分たちはひとかどのものだと思い始め、自分の特殊な要求を持ち出して、他の階層の横に並び始めるのである。**ドイツ中産階級の道徳的な自負**ですら、自分たち以外の全階級の俗物的凡庸さを自分たちが全面的に代表しているという意識に発しているのだ。それゆえ、悪いときに王位についたドイツの王様たちだけでなく、市民社会のどんな階層も、勝利する前に敗北を喫しており、自分たちを押さえている枷を振り払う前に自らの枷を作ってしまうのだ。また、自分たちの度量の広さを見せる前に、了見の狭さを明らかにしてしまい、結果として偉大な役回りも、それに遭遇する前に、逃してしまうのだ。そして、どの階級も自分の上に立つ階級との闘争を始めるとたちどころに、自分より下の階層との闘争に巻き込まれてしまう。それゆえに、諸侯は王権と、官僚は貴族と、ブルジョアはそれら全部との闘争をしているあいだに、プロレタリアがすでにブルジョアとの闘争を始めている、というありさまである。中産階級が自らの立場から解放の思想を構想しはじめたかはじめないうちに、社会的発展の状況や、政治理論の進歩によって、こうした中産階級の立場そのものが時代遅れであるとか、少なくとも、問題があるとか言われてしまうのだ。

フランスでは、ある人がなにものかでありさえすれば、なににでもなることができる。ところがドイツでは、自らはなにものでもないことが、いっさいをあきらめないですむための条件なのだ。フランスでは部分的解放が普遍的解放の根拠となる。ところがドイツでは、普遍的解放こそが、いっさいの部分的解放の不可欠な条件なのだ。フランスではいっさいの自由を生み出すのは段階的解放という現実であり、ドイツでは、段階的解放の不可能性こそが自由を生み出す。フランスでは国民の中の全階級が**政治的理想主義者**であり、自らをまずは特定の階級とは感じずに、社会のさまざまな欲求の代表者一般であると考えている。**解放者**の役割はしたがって、フランス国民のさまざまな階級に順番に劇的に回ってきて、最後に一つの階級に手渡される。つまり、人間の外部にあるが人間によって作られた条件を前提に社会的解放を実現するのでなく、人間の生活のいっさいの条件を社会的解放という前提の下に組織化する階級のところに回って来るのである。ところがドイツでは、実際生活にはいかなる精神もなく、また精神的生活にはいかなる実際性もないため、市民社会のいかなる階級といえども、**直接的な**状態、つまり**物質的**必然性、彼らに加えられる束縛そのものによって強制されるまでは、全面的解放への欲求や、そのための能力を持っていない。

それでは、ドイツの解放に向けての**ポジティヴな**可能性はどこにあるのだろうか。

答えは以下のとおりである。**ラディカルな鎖**につながれた階級を作ることにある。つまり、市民社会の階級でありながら、市民社会の中の階級ではない階級を作ることにある。すなわち、いっさいの身分階層の解体となるような階層、普遍的な苦痛のゆえに普遍的性格を持つ階層、そして我が身に受けたのはいかなる**特殊な不正**でもなく、**不正そのもの**であるがゆえに、いかなる**特殊な権利**も請求できない階層、**歴史的な**資格に訴えることができず、もはや**人間としての**資格に訴える以外にない階層、ドイツの国家制度の帰結となんらかの一面での対立をするのでなく、この国家制度のもろもろの前提と全面的に対立している階層、つまり、自分自身を解放するために、まずは社会の自分以外のいっさいの階層から自己を解放し、それによってそうしたいっさいの階層をも解放する以外にはない階層、ひとことで言えば、**人間の完全なる喪失**であるがゆえに、**人間の完全なる再獲得**によってのみ自らを獲得しうるような階層を作ることである。ある特定の階級として社会の解体をするのは、**プロレタリアート**である。

プロレタリアートは、**工業化**の動きが始まってはじめてドイツに現れる。**自然的に発生した**貧困ではなく、**人為的に作り出された**貧困、社会の重力によって機械的に押しつぶされた集団ではなく、**社会の現実の解体**、特に中産階級の解体によって生まれた人間集団がプロレタリアートなのである。もちろん、当然のことながら、自然発生的な貧困も、またキリスト教的＝ゲルマン的な農奴も、次第にプロレタリアートの陣営に加わるようになるが。

プロレタリアートは、**これまでの世界秩序の解体**を告げる。だが、それは、**プロレタリアート自身の存在の秘密**を明らかに述べているだけのことである。というのも、プロレタリアートは、この世界秩序の**事**

実上の解体だからである。プロレタリアートは、**私有財産の否定**を要求する。だが、それは、社会が**プロレタリアートの**原理にしてしまったことを、つまり、プロレタリアートがなにもしないのに社会の否定的結末としてプロレタリアートのうちに体現されていることを、プロレタリアートが**社会の原理**に高めるだけのことである。既存の世界ではドイツの**王たち**は馬をさして**わが**馬と呼び、民をさしてわが民と呼んだ。来るべき世界では、プロレタリアがその同じ権利を行使するのだ。王は、国民を自己の私有財産であると宣言するなら、それによって彼は、私有財産の保持者こそは王であると、明言しているにすぎないのだ。

哲学にとってはプロレタリアートこそがその**物質的な**武器であり、おなじくプロレタリアートにとっては哲学こそその**精神的**武器である。そして、思想の稲妻が、この素朴な民衆の大地に落ちるならば、たちどころに**ドイツ人が人間へ**と解放されるであろう。

結論をまとめておこう。

ドイツの**実践的に**可能な唯一の解放は、人間の最高のあり方は人間であるとする**かの**理論に立つ解放である。ドイツにおいては**中世**からの解放は、中世の**部分的な**克服からの解放が同時に起きてのみ可能なのである。ドイツにおける**どんな**隷属でもそれの打破は、**いっさいの**隷属の打破としてのみ可能なのである。物事を**徹底**しなければ気の済まないドイツを革命するには、革命もまた**根底から**行うほかはない。**ドイツ人の解放**は**人間の解放**なのである。この解放の**頭脳**は**哲学**であり、解放の**心臓**は**プロレタリアート**である。哲学は、プロレタリアートの廃止なくしては、現実化され得ないし、プロレタリアートは、哲学の現実化なしには自己自身を廃止できない。

すべての内的条件が満たされたとき、**ドイツの復活祭**の暁を、**ガリアの鶏**〔フランスはよく鶏に譬えられる〕が鳴き声で告げるであろう。

(1) 結局は公刊されなかった「ヘーゲル国法論批判」(一八四三年)などを素材とする体系的なヘーゲル批判の目論見。

(MEW, I, S. 378–391. 三島憲一訳、『マルクス・コレクション』Ⅰ、筑摩書房、二〇〇五年、所収。)

テクスト6 『論文「プロイセン国王と社会改革」に対する批判的評注』

解題

この論文は一八四四年八月七日と十日の『フォアヴェルツ!』紙に掲載された。マルクスはこれを七月末に書いた。一八四三年の末に創刊された『フォアヴェルツ!』は、とくにルーゲとマルクス自身の影響下で、パリ滞在中のラディカルで革命的なドイツ人亡命者たちの結集点になった。一八四四年六月に、ドイツのシレジア州の自家営業の織工蜂起、そしてその後の軍隊による弾圧は、ドイツにおいても亡命者仲間においても、侃々諤々の騒動を引き起こした。「極貧状態」〔窮民〕の問題はイギリスとフランスで提起されるとただちに〔ドイツでも〕提起された。

アルノルト・ルーゲは一八四四年七月二十七日の『フォアヴェルツ!』紙に、「プロイセン国王と社会改革」と題する論文を「一プロイセン人」という偽名で発表した。ルーゲはルイ・ブランの新聞『レフォルム』(一八四四年七月十九日号)に現れた一論文を反駁しようとしたのである。『レフォルム』紙上の論文は、「極貧状態(窮民)」をなくす闘いに関するプロイセン王令を、織工運動を前にした政治権力の恐怖の結果として記述していた(オーギュスト・コルニュ『カール・マルクスとフリードリヒ・エンゲルス』第三巻、『パリのマルクス』、パリ、一九六二年、七一ページを参照せよ）。ルーゲの評価によれば、プロイセン王令はたんなる行政措置にすぎず、織工蜂起は直接的な社会的・物質的反逆がより広範囲の政治運動から切り離されているかぎり、革命的希望をもつことはまったくできないという。すなわち、ドイツの政治的「悲惨」のなかでは、シレジア織工のごとき運動はせいぜい産業上のジャクリー〔一三五八年のフランス農民一揆〕であって、プロイセン国王はこれを恐れる理由はいささかもない（ルーゲの論文はグランジョンの『マルクスとパリのドイツ人コミュニストたち』（パリ、一九七四年、一三九―一四二ページ）のなかに翻訳されている）。

ルーゲに反論しつつ、また『ヘーゲル法哲学批判　序説』（テクスト5を見よ）におけるプロレタリアートの理論上の「発見」の延長線上で、マルクスは未来にとってのシレジアの運動の重要性ならびに政治革命に対する社会革命の優位を主張する。さらに、革命的議会であろうと、ナポレオン国家であろうと、イギリス国家や現在のプロイセン国家であろうと、そもそも国家なるものは「極貧状態」という社会問題に対して政治的解決をもたらすにすぎない。『ヘーゲル法哲学批判　序説』と比べて、マルクスの頭のなかで変化したものがあるとすれば、それはプロレタリアートが革命過程のなかで、もはや受動的ではなく能動的な役割をもつということである。

ここにはっきりと現れたルーゲとマルクスとの断絶は、実際には、一八四四年の初めに『独仏年誌』上に発表された一八四三年の書簡（テクスト2を参照）のなかにすでに告げられていた。ドイツ・ブルジョワジーの政治的無力に直面したルーゲの政治的ペシミズムに対して、マルクスはその書簡のなかですでに原則的な革命的希望（「革命がわれわれを待ち受けている」）を対置していた。この希望は、第一に未来の革命的階級としてのプロレタリアートの理論的「発見」のなかに確認されるし、第二にシレジアにおけるドイツ・プロレタリアートの実践という新事実によっても確認される。結局、相変わらず「ドイツ革命」の問題が争点なのである。

マルクスは八月七日と十日の論文のなかで、ヴァイトリングを賞賛した後で、次のように書いていた――ドイツのプロレタリアートはヨーロッパのプロレタリアートの「理論家」であり、ドイツは社会革命の「使命」をもっているのだから、この点でドイツはドイツ・ブルジョワジーの政治的無力と政治革命へのドイツの不適格をいわば相殺するのだ、と（MEW, I, S. 405）。

ナポレオンは乞食の群を一挙になくそうと考えた。彼はフランス全土から**乞食を根絶する**ための計画を準備するように所轄官庁の諸部門に命じた。計画案が手間取ったので、ナポレオンは辛抱しきれなくなり、内務大臣フレテに対して、**一カ月**以内に乞食の群をなくすように厳命した。彼はこう言っている――「われわれの記憶を後世に委ねる痕跡をこの地上に残さずにこの世を無為に過ごしてはならぬ。［……］情報収集のためにもう三、四カ月待ってほしいと言ってはならぬ。諸君は若い監督官、聡明な県知事、学識に富んだ土木技師たちをもっている。これら全員を急き立てよ。諸君は官庁の日常業務に埋没してはならぬ。数カ月のうちに万事が整った。一八〇八年七月五日に法律が施行され、物乞いは禁止された。それにもかかわらず、立法府のメンバーであるノアイユ・デュ・ギャール氏はこう叫んだ。「極貧層に避難所を、貧民に食物を保証してくれる英雄に対して永遠に感謝しよう。子供たちはもう見捨てられず、貧しい家族は生活資財に欠けることはなく、労働者たちは励ましと仕事にこと欠くことはないだろう。**廃疾者や恥ずべき悲惨という不愉快な姿によって、われわれの歩みがおしとどめられることはもうないであろう。**」最後の鉄面皮な言葉は、この追従文のなかの唯一の真実である。

ナポレオンが監督官、県知事、技師たちの分別に訴えているときに、なぜプロイセン国王は公共機関のほうに顔を向けないのだろうか。

なぜナポレオンはただちに物乞いの禁止を命じなかったのか。「プロイセン人」の次の問いは、いま述べた問いと同じことだ。すなわち、「なぜプロイセン国法はただちに見捨てられた子供たちの教育を命じないのか」。いったいこの「プロイセン人」はプロイセン国王が何を命じることになるのかを知っているのだろうか。それはすなわち、**プロレタリアートの廃棄**にほかならない。子供たちを教育するためには、彼らに**食物を与え**、**食い扶持をかせぐ**ための労働から彼らを解放しなければならない。見捨てられた子供たちに食物を与えて育てること、すなわち**生成途上の**プロレタリアート全体を食わせ育てることは、つまるところプロレタリアートと極貧層を**絶滅させる**ことにひとしい。

国民公会はあるとき勇敢にも極貧状態の廃止を**命令した**。だが国民公会は、たしかに「プロイセン人」が自分の国王に要求するように**ただちに**命令したのではなくて、公安委員会が必要な計画と提案を作る仕事を引き受けた後で、またこの公安委員会がフランスにおける悲惨な極貧状況に関する**憲法議会**の詳細な調査を利用して、バレールの口を借りて**国民慈善台帳**の設立を提案した後で命令したのであった。国民公会の命令の結果はどうであったか。命令がもうひとつ増え、**一年**後には飢えた女性たちが国民公会を占拠しただけである。

けれども国民公会は**政治的エネルギー**、**政治権力**、**政治的知性の極致**であった。

所轄官庁と相談しないで極貧状態をなくす措置をただちに実行する政府は世界中どこにもない。イギリス議会は極貧層問題に取り組む種々の行政対策に精通させるために、委員たちをヨーロッパ諸国全域に急いで派遣した。しかし諸国が極貧層に関心をもつかぎりでは、対策はせいぜい行政措置や慈善措置どまりであったし、しばしば行政以下、慈善以下であった。

そもそも**国家**はこれ以外のことができようか。

国家は、「プロイセン人」が自分の国王に要求するように**社会的欠陥の原因を「国家と社会組織」のなかに見つけだすことはけっしてない**であろう。さまざまの政党があるところでは、各党は自分の党派ではなく敵党派が**国家を掌握している**ことのなかに**諸悪**の根源を見ている。フランス革命期の急進的な政治家たちでさえ、悪の原因を国家の**本性**のなかにではなくて、国家の特殊な**形態**のなかに見て、この国家形態を別の国家形態によって置き換えようとした。

政治的観点から見れば、国家と社会組織は互いにまったく別のことではない。国家とは社会の組織化である。国家が社会の欠陥の存在を認めるかぎり、国家はその理由を、あるときは人力では手に負えない**自然法則**のなかに、あるときは国家から独立した私生活のなかに、あるときには国家に依存する行政の非能率のなかに求める。たとえばイギリスは悲惨な貧しさの原因を人口数がつねに生存手段を超過するという**自然法則**のなかにあると思っている。イギリスのもうひとつの説明法によれば、**極貧状態**が存在する理由は貧民の**よこしまな意志**にあるというのだが、この説明の仕方は、ちょうどプロイセン国王が極貧状態を金持ちにおけるキリスト教的寛容の欠如によって説明するとか、国民公会が有産階層のよこしまで反革命的精神によって説明するのと同断である。まさにそれゆえにイギリス人は貧民を罰し、プロイセン国王は金持ちに説教し、国民公会は有産者の首をはねるのである。

最後に、あらゆる国家は害悪の原因を、行政の**偶然的**または**故意の**欠陥のなかに求め、したがって欠陥をなくす**対策を行政措置のなかに**求めるものだ。なぜなのか。なぜなら行政はまさに国家の**組織的活動**であるからである。

国家が自らすすんで自分を廃棄するのではないかぎり、国家は、一方で行政の役割と良き意志との、他方でその手段と権力との、**矛盾**を耐えることができない。そもそも国家がこの矛盾に**基礎を置く**からである。国家は**公的**生活と**私的**生活、**一般的利益**と**個別的利益**との矛盾に基礎を置いている。したがって、**行政**は**形式的で消極的な**活動に限らざるをえない。なぜなら、行政の権力は市民生活とその労働が始まるところで停止するからである。実を言えば、この市民生活、この私的所有、この商業、この産業、さまざまな市民的領分の相互略奪、これらの反社会的本性から生じる数々の帰結に直面するとき、行政の**無力**は行政の**自然法則**である。なぜなら、この**市民社会**の分裂状態、この下劣さ、この**奴隷状態**は近代国家が依存する自然的基礎であるからだ。それはちょうど**奴隷制の市民社会**が**古代**国家の自然的基礎であったのと同じである。**国家の存在と奴隷状態の存在は不可分である**。古代国家と古代奴隷制——腹蔵なき**古典的**相反関係——は近代国家と近代商業世界——**キリスト教的な**偽善的相反関係——に劣らず、互いに緊密に**溶接されて**いる。行政の無能力をなくすためには、国家は今日の私的生活をなくすほかはあるまい。国家が私的生活をなくそうと思えば、自分自身を廃棄しなくてはならない。なぜなら私的生活との対立によってのみ、近代国家は存在しているからである。けれども**生命体**はどれも自分の生存の結果が自分の生命の原理、自分の生命の本質に内在しているとは思わずに、むしろ反対に自分の生命にとって**外的な事情**のなかに結果の原因を見いだそうとする。自殺は反自然的である。したがって、国家は自分の行政の**生得の**無能力、すなわち自分自身の無能力を認めることできない。国家は行政の形式的・偶然的結果だけを認めて、それへの対策を論じようと努めるのがせいぜいである。これらの改革はどれも実を結ばない結果に終わるのだろうか。明らかにそれ以外にない。その理由は、社会的欠陥が人間から独立した、生まれつきの不完全であり、**神の掟**のひとつであるからである。あるいは私人の意志が行政の良き計画を歓迎するにはあまりによこしまであるからだ。これらの私人は実にひねくれているのだ！　政府が自由を制限するたびに彼らは政府に不満を言い、しかも政府に対して、この自由の必然的結果が起きないように要求するのである。

国家が強力になるにつれて、したがってひとつの国が**政治的**になればなるほど、**国家の原理**のなかに——すなわち国家がその能動的・意識的・公的な表現であるところの**社会の現実的組織化**のなかに——**社会的**欠陥の理由を探すことがなくなり、その結果の**一般的**原理を理解しようとしなくなる。**政治的**知性がまさに政治的知性であるのは、それが政治の限界内で考えるからである。その知性が鋭く生き生きすればするほど、社会的欠陥の本性を把握することができなくなる。政治的知性の**古典的**時期は**フランス革命**である。フランス革命の英雄たちは社会的欠陥の源を国家原理のなかに探すのではなくて、反対に社会的欠陥のなかに政治悪の源を求める。このようにロベスピエールは極端な貧困と極端な豊かさのなかに**純粋デモクラシー**にとっての障害物ばかりを見る。だから彼はスパルタ風の全員の質素倹約を樹立しようとする。政治の原理は**意志**である。政治的精神が排他的に、より完全になるにつれて、それは意志の全能を信じるようになって、それだけますます意志の自然的限界と精神的限界に盲目になる。したがって政治的精神が社会的欠陥の源を発見することがますますできなくなる。「プロイセン人」の見解では「政治的精神」は「ドイツの社会的悲惨の根源を暴露する」使命があると言うのだが、このようなばかげた希望を論評するまでもない。

国民公会とナポレオンをひとつにしてももてないような権力をプロイセン国王にもたせようとするのは愚の骨頂であった。**あらゆる**政治の限界を超える物の見方、また聡明な「プロイセン人」が彼の国王と同じくもちそうにない物の見方を国王にもたせようとするのもばかげたことであった。

(MEW, I, S. 399–403)

「プロイセン人」は、「共同体から切断された人々の不吉な孤立や、社会的原理と彼らの思想との分離のなかで」爆発する反乱は押しつぶされてしまうであろうと予告している。

われわれがすでに指摘したように、シレジアの反乱は、社会的原理と思想との分離のなかで生じたのではまったくない。われわれがもっぱら問うべきことは、「共同体から切断された人々の孤立」である。ここでいう共同体とは、政治的共同体すなわち国家と理解しなくてはならない。それは**非政治的**ドイツの古い決まり文句である。

ところで、反乱はすべて例外なく**共同体から切断された人々の不吉な孤立**のなかで爆発するのではないのか。すべての反乱は必ず孤立を想定するのではないのか。フランスのブルジョワたちが絶望的なまでに共同体から孤立していなかったなら、はたして一七八九年のフランス革命は起きただろうか。革命はまさにこの孤立を終わらせる使命を帯びていた。

ともあれ、労働者がそこから孤立させられている**共同体**は、**政治的**共同体とはまったく別の現実とまったく別の広がりをもつ共同体である。労働者自身の労働が彼をそこから切り離すこの共同体とは、生活そのものであり、肉体的・知的生活、人間的道徳、人間的活動、人間的享受、**人間的**自然である。**人間的自然**とは人間たちの**真の共同体**である。この自然の不吉な孤立が政治的共同体からの分離よりもはるかに普遍的、はるかに恐るべき、はるかに矛盾的であるのと同様に、この孤立をなくすことは、それどころか孤立に対する部分的反抗や反逆ですら、比べようもないほど大きい。それはちょうど**人間**が**公民**よりも大きく、人間的生活が政治生活よりも大きいのと同じである。したがって、たとえ部分的であれ、**産業的**反乱はやはり**普遍的**魂をひそかにかかえている。**政治的**反乱は、どれほど普遍的であっても、その大規模な姿の陰に偏狭な精神を隠している。

「プロイセン人」はその論文を次の文章をもっておごそかに締めくくる。

「政治的魂なき（すなわち全体の観点での組織的理解なき）**社会革命**は不可能である。」

繰り返して言おう。たとえただひとつの工業地区で起きたとしても、**社会**革命は全体の展望のなかに位置づけられている。なぜなら、社会革命は非人間的生活に対する人間の抗議であるから、**かけがえのない現実の個人**の視点から出発するから、個人が分離されることを拒否する**共同体**が人間の**真実の**共同体、**人間的**自然であるからである。逆に、革命の**政治的魂**は政治的影響力のない階級が**国家**と**権力**からの**距離**をなくす傾向にある。それ〔政治的革命〕の視点は国家の視点である。それは現実的生活との分離によってのみ存立し、一般的理念と人間の個人的存在との**組織的**対立なしには考えられない**抽象的な**全体性である。したがって、その魂が**政治的**である革命は、その狭くて雑種的な本性にふさわしく、社会を犠牲にして、社会内の支配的一領域を組織するのである。

(MEW, I, S. 407–408.)

テクスト7　『聖家族　批判的批判への批判　ブルーノ・バウアーとその一味を批判する』

解　題

マルクスはこのテクストを一八四四年九月から十一月にかけて書いた。そのごくわずかなページ（十数ページ）はエンゲルスによって書かれた。このテクストは一八四五年二月にフランクフルト・アム・マインで出版された。これはブルーノ・バウアーと『アルゲマイネ・リテラトゥール・ツァイトゥング』紙に拠る彼のベルリン仲間に対する細部にわたる長大な論争書である。マルクスは一八三七年にベルリンで哲学研究を始めて以来、ブルーノ・バウアー、その弟エドガーおよびドクトルクラブのヘーゲル派知識人たちと親しくつきあっていた。博士論文を完成するように励ましたのは、ほかならぬブルーノ・バウアーであった。一八四一年にマルクスはボンでブルーノ・バウアーに再会した。バウアーはボン大学で教えていたが、同じ年の十月に自由主義的意見を公にしたかどでプロイセン政府によって解任された。一八四二年にマルクスは『ライン新聞』紙上で、「解放されたものたち」(die Freien)——ブルーノ・バウアーとシュティルナーに影響された青年ヘーゲル派と『ライン新聞』の通信員たち——の故意に挑発的な極端主義と混乱した空理駄弁を論駁した。

一八四三年末以降、ブルーノ・バウアーと彼の友人たちは『アルゲマイネ・リテラトゥール・ツァイトゥング』紙上に、精神・理論・「批判」の高級な権利の名のもとにブルジョワと労働者を含めた「大衆」が知的にも政治的にも「受け身の態度」をとっているのに対して、例外的な歴史的人物や「批判的」知識人だけが能動的である、という意見を述べていた。プロイセン・ドイツの政治的「悲惨」におじけづいたヘーゲル派的観念論は現実からの逃走を極度におしすすめて、すでに変質していた。だが実のところ、ベルリンの「解放されたものたち」の立場は、一八四三年末のテクスト『ヘーゲル法哲学批判　序説』(テクスト5を見よ)のマルクスの立場とたいして違っていなかった。しかし彼ら〔「解放されたものたち」〕は理論と実践の弁証法が少なくとも人民「大衆」——たとえ「受動的」であれ——の存在を前提することを忘れた、あるいは見たくなかった。彼らが大衆に対して公然と発した軽蔑の言葉は彼らの実践的存在をかえって否定することになった。

マルクスは彼らと逆の方向に進んだ。一八四四年八月十一日付のフォイアーバッハへの手紙(cf., MEW, XXVII, S. 426)や『一八四四年の草稿』の表題で知られるテクスト〔『経済学・哲学草稿』のこと〕(cf., MEW, EB, I, S. 553–554)のなかで、マルクスはパリ労働者の知的・実践的活動や組織能力と人間性を賞賛しているが、まさにこの時点でマルクスはブルーノ・バウアーとその友人たちと衝突するほかはなかったのである。

ブルーノ・バウアーは一七八九年の革命を自由と平等のための理念の闘いとして紹介していたが、同時にまたブルジョワジーの挫折ともみなしていた。というのも、ブルジョワジーの「理念」は「大衆」の関心のなさや国民全体と個人のエゴイズムと衝突したからだという。逆にマルクスにとって、フランス革命はブルジョワ階級とアンシアン・レジームの特権階級との実践的闘争であって、ブルジョワジーの闘争に対する人民「大衆」の無関心は両階級のそれぞれの物質的「利害」の違いによって説明できるものであった。

『聖家族』を書くために、マルクスは一八四三年夏にクロイツナハでとった読書ノート（テクスト3を見よ）や一八四三年末と一八四四年初めにとった読書ノート、とくにフランス革命と国民公会の歴史に関するノートを利用した（ルヴァスール・ド・ラサルトの『メモワール』、旧MEGA第四部門第二巻、二八三―二九八ページおよび七二五ページ以下を参照）。

フランス革命に対する批判的論戦〔『聖家族』第六章 c の表題〕

大衆の無理解のために、「精神」に対して批判的であるバウアー氏は**フランス革命**を「**散文的**意味で」フランス人の革命的敬虔の時期とみなすのではなくて、「端的に」自分自身の批判的たわごとの「象徴にして非現実的な表現」とみなさざるをえなくなった。批判は**革命**を新しく**吟味し**なおしてから、自分の「誤解」の非を認めるのだが、同時に批判は自分の純潔を汚した誘惑者たる「大衆」に罰を与えて、「新しい吟味」の結果を大衆にこうもらしてやるのだ。

「**フランス革命**はたしかにまだ十八世紀に属する実験であった。」

フランス革命のような十八世紀の実験がたしかにまだ十八世紀の実験であって、十九世紀の実験ではないということは、年代順から見た真理のひとつであって、これは「はじめから自明の」真理に「たしかにまだ」属している。しかし「明晰きわまりない」真理に強い反感をもつ批判の用語法では、この種の真理は「吟味」とよばれていて、だからその自然な位置を「革命を新しく吟味すること」のなかに見いだす。「しかしながらフランス革命が開花させた**幾多の思想**は、革命が暴力的に廃棄しようとした**秩序**を越えて進むまでには至らなかった。」

幾多の**思想**は古い世界秩序をけっして越えることはできず、古い世界秩序の**思想**を越えることができたにすぎない。思想はまったく**何も実現する**ことはでき**ない**。思想を実現するためには、実践力を駆使する人々がいなくてはならない。前の批判的文章もまた、文字通りの意味ではおのずから理解できるひとつの真理であり、それもまたひとつの「吟味」である。

フランス革命は、この種の吟味などにいっさいかまわずに、古い世界秩序の**思想**を乗り越える思想を出現させた。一七八九年に**社会クラブ**（cercle social）〔フランス革命初期に活動した民主主義的知識人のクラブ。土地の平等分配、大財産の制限、すべての市民に仕事を提供すること、といったコミュニスト的思想を生む〕で生まれ、発展の途上でルクレールとルーを代表者としてもち、一時的にバブーフの陰謀とともに挫折することになった革命的運動は**コミュニズム**の思想を生みだした。バブーフの友人ブオナロッティはこのコミュニズム思想を、一八三〇年革命後のフランスに再び持ち込んだ。系統的に仕上げられたこの思想こそ**新しい世界秩序の思想**である。

「したがって（!）、人民の生活の内部に食い込んでいた封建的隔壁を取り払った後で、革命は国民の赤裸々なエゴイズムを満足させ、ときにあおることさえ余儀なくされたが、同時に最高存在の承認や多様なエゴイスト的アトムをまとめて維持する使命をもつ国家という普遍的存在の優位の確認という必要な補完物によって、あのエゴイズムを抑制しなければならなかった。」

封建的隔壁のエゴイズムと違って、国民のエゴイズムは普遍的国家組織の、したがって国民の優位の確認である。にもかかわらず、最高存在は国民のエゴイズムすなわち普遍的国家組織のエゴイズムを抑えなくてはならないというのだ！　エゴイズムを認めながらも抑制するとは、さらにはエゴイズムを**宗教的な**仕方で認め、それを超人間的存在として承認し、したがって人間的拘束から解放された存在として承認しながら、エゴイズムを抑えるとは、たしかに批判的な課題ではある！　最高存在の発明者たち〔ロベスピエール、サン＝ジュストたち〕は、こんな「批判的」意図などおよそ知らなかった。

ビュシェ氏は国民の狂信を宗教の狂信の上にうち立てるが、その彼のほうが彼の**英雄ロベスピエール**の思想をよりよく理解している(1)。

ローマとギリシアは国民的事象という暗礁にぶつかって挫折した。だから批判がフランス革命を国民性という暗礁で挫折させたとしても、フランス革命について特別のことを言ったわけはないのだ。同様に、批判が国民性のエゴイズムを**純粋**だと形容したところで、国民性について何かを言うわけではない。反対に、この純粋エゴイズムは、きわめて不透明な、血と肉でこねあげられた生まれつきのエゴイズムのようにみえる。それをフィヒテの**純粋自我**のエゴイズムと比べてみればそのことがわかるはずだ。しかし封建的諸制約をかかえるエゴイズムと比べて国民的エゴイズムの純粋さが相対的でしかないとしたら、国民を内容とするエゴイズムがここの社団やここの同職組合を実体とするエゴイズムよりもずっと普遍的でずっと純粋であることを確認するためには、「フランス革命による再吟味」をまつまでもない。

普遍的国家制度に関する批判の説明も、右のことに劣らず教訓的である。その説明は次のことに尽きる――不変的国家制度は必ずや多種多様なエゴイスト的アトムをまとめて維持することを課題としなくてはならない。

散文的だが正確な言葉で語るなら、市民社会のメンバーは**アトム**ではない。性質をもたず、したがってそれ自身の自然的必然性のゆえに自己にとって外的な他の存在と関係しないことが、アトムのアトムたるゆえんである。アトムは**欲求をもたず**、**自己自身に充足している**。アトムの外部にある世界は絶対の**空虚**である。すなわち、アトムはまさに自己自身で充実しているから、内容をもたず、意味をもたず、言語表現をもたないのである。市民社会のエゴイスト的個人は、彼の非物質的な表象や血の気のない抽象のなかで**アトム**にまで舞い上がる、すなわち関係もなく自己充足し、欲求もなく**絶対的に充実し**、幸福な存在にまで舞い上がることがあるかもしれない。ところが不幸な感覚的現実は、この個人の想像力などに頓着せず、個人の五感のひとつひとつが個人の外にある世界と諸個人がもつ意味《ジン》に気づくのを余儀なくさせる。しかも、彼の俗世間的な胃袋はしっかりと現存しており、外部の世界は空虚であるどころか、むしろ反対に、そして厳密な意味で胃袋を満たしてくれるものだと、日々彼に思い起こさせるのである。彼の活動のひとつひとつ、彼の存在特性のひとつひとつ、彼の生命的衝動のひとつひとつが**欲求**であり、**必要**であって、それが個人の**エゴイスト的欲望**を、他の対象や彼の外にいる諸個人を求める欲望に変える。ところが、このような個人の欲求は他のエゴイスト的個人――この欲求を満たしてくれる手段の所有者――にとって明白な意味をまったくもたず、彼の欲求充足との直接の関係をもたないのだから、どの個人も自分の欲求を充足させてくれるこの関係を創造せざるをえないし、また自分自身が他人の欲求とその欲求の対象との媒介者にならざるをえない。したがって、自然的必然性、どれほど疎外されていようと人間の本質的特性が、すなわち**利益**が、市民社会のメンバーたちをまとめて維持するのである。彼らの真実の絆は市民生活であって、政治生活ではない。したがって、市民社会の**アトムたち**をまとめ維持するのは**国家**ではなく、**表象**のなかでのみ、また彼らの想像力の**天上**でのみ**アトム**であるという事実である。ところが〔想像的表象とは違って〉現実の諸個人はアトムとは大いに異なる存在であって、要するに**神的エゴイスト**ではなくて、**エゴイスト的人間**なのである。今日、市民生活が国家によって維持されなくてはならないと思い込んでいるのは**政治的迷信**だけである。現実はそれとは逆であって、国家が市民生活によって維持されているのである。

「正義と徳の規則に従って生きる〈自由な人民〉を創造するというロベスピエールとサン＝ジュストの壮大な理念――たとえば、ダントンの罪に関するサン＝ジュストの報告および保安管理全般《ポリス》に関する別の報告を参照――、この理念はしばらくのあいだは恐怖政治によってかろうじてもちこたえたにすぎない。それはたしかに**矛盾**であったが、これに対抗して**人民**（Volkswesen）の卑俗でエゴイスト的分子たちは、彼らにしてはじめてできるような、臆病で腹黒い仕方で反応した。」

「自由な人民」をひとつの**矛盾**として特徴づけ、この矛盾**に対抗して**「人民」の分子たちが反応すると称するこの**まことに批判的な**文章は、まったくの空文句である。その証拠に、ロベスピエールとサン＝ジュストの頭にあった**自由、正義、徳**は、実は「人民」の生活の現れであり、「共同体」の諸性質にすぎないとされてしまったからである。ところが、ロベスピエールとサン＝ジュストははっきりと「人民的共同体」（Volkswesen）だけに固有の古代的な「自由、正義、徳」について語っているのだ。スパルタ人、アテナイ人、ローマ人は、それぞれの偉大な時期には「自由で正義をもった有徳の人民」なのである。

「民主主義的または民衆的政府の**根本原則**とは何か」とロベスピエールは公共道徳の原則に関する演説のなかで問い、「それは**徳**である」と答えている（一七九四年二月五日の国民公会の会議）。「それは**徳**である。**ギリシア**と**ローマ**においてあの驚くべき偉業をなしとげ、また共和政フランスにおいてさらにいっそう賞賛に値する偉業を実現したのは、私の考えでは**公共**道徳である。この徳は、祖国と法律への愛にほかならない。」そのとき彼は、はっきりと**アテナイ人**と**スパルタ人**を「**自由な人民**」とよんでいる。彼はたえず古代の意味での**人民**を喚起し、英雄も壊乱者もとりまぜて引用している——リュクルゴス、デモステネス、ミルティアデス、アリスティデス、ブルートゥス、カティリナ、カエサル、クロディウス、ピソなどである。

ダントン逮捕に関する報告のなかで——批判はこれに触れているのだが——サン゠ジュストが言ったことを原文通りに引用すると、こうなる。「**ローマ人**の後では、世界は空虚である。ローマ人の記憶は世界を充実させ、さらに**自由**を予告する。」彼の告発は古風な仕方でダントンに向けられている。ダントンは〔ローマの壊乱者〕カティリナ扱いされているのである。

全般的保安管理に触れるサン゠ジュストの別の報告のなかで、共和主義者は全面的に古代的な姿で描かれている——彼は不屈、質実剛健、質素である、等々。保安管理の仕事は本質的にローマの検閲（ケンズーラ）に似た制度である。コドロス、リュクルゴス、カエサル、カトー、カティリナ、ブルートゥス、アントニウス、カシウスも描写のなかに登場する。最後に、サン゠ジュストは彼が顕揚する「**自由**、正義、徳」をたった一語で特徴づけて言う——「**革命的人間はローマ人である**」と。

ロベスピエール、サン゠ジュストおよびその仲間たちが没落したのは、**現実の奴隷制**を土台とする**古代**共和国——現実主義的で民主主義的な——と、**解放された奴隷制**すなわち**ブルジョワ社会**を土台とする、**唯心的で民主主義的な代議制国家**とを混同したからである。**人間の諸権利**のなかに近代ブルジョワ社会を、産業、全般的競争、自由に自分の目的を追求する私的利益の社会を、無秩序、自己自身から疎外された自然的で精神的な個人主義の社会を承認し認可することを余儀なくされるのと同時に、諸個人のなかにあるこの社会の生活表現を事後的に取り消しつつ、しかもこの社会の**政治的頂点**を**古代風に**しつらえようとするのは、なんと壮大な錯覚であることか！

サン＝ジュストがその処刑の日に、コンシエルジュリ監獄の広間に懸けてある「人間の諸権利」という大きな絵を指さしながら、誇りをもって「**あれを作ったのは私なのだ！**」と叫んだとき、あの錯覚の悲劇があざやかに現れる。経済的・産業的生存条件が古代的でないのと同様に、古代の共同体の人間ではありえない**人間**の**権利**を宣言したのは、ほかならぬあの絵なのである。

テロリストの錯覚をここで歴史的に弁明してみせる必要はない。

「ロベスピエールの没落後、**啓蒙**の**政治運動**はナポレオンの餌食になる地点に急速に近づいていった。ナポレオンはブリュメール十八日の直後に次のように宣言した――〈わが知事、わが憲兵、わが司祭とともに、私は自分の望むようにフランスを作ることができるのだ。〉」

世俗の歴史ではおよそそれとはまるで違う。度外れの熱狂のなかで**自分の力に余ることをしようとした政治的啓蒙**は、ロベスピエールが没落した後になってようやく、**散文的に**素面の現実に戻りはじめる。**ブルジョワ社会**は、恐怖政治によって古代風の政治生活の犠牲にされかけたとはいえ、総裁政府時代に封建的拘束から解放され、また革命そのものによって公式に認知されてから、奔流のようにその生命を湧き出させる。商業に向かう怒濤のごとき殺到、飢餓のごとき致富熱、眩暈のするような新しいブルジョワ的生活、これらの最初の享受は奔放・無思慮・気まぐれ・陶酔的であった。**啓蒙**は現実となった、すなわちフランスの**大地**の光になったのだ。フランスの土地の封建的構造は革命のハンマーによって打ち砕かれたので、多くの成り上がり大土地所有者はあらゆる仕方で土地開発に熱狂する。以上は新しいブルジョワ社会の消息のいくつかである。**ブルジョワ社会**は**ブルジョワジー**によって積極的に代表される。かくしてブルジョワジーはその支配を開始する。人間の権利がたんに理論の上にとどまった時代はこうして終わったのである。

ブリュメール十八日にナポレオンの餌食になったのは、批判がフォン・ロッテク氏やヴェルカー氏(2)を素朴にも信用して主張するように、革命運動そのものではなく、**リベラルなブルジョワジー**であった。この事実を納得したいのであれば、この時期の立法者たちの演説を読めばよい。そうすれば、国民公会から今日の下院に場所を移転した感じがするであろう。

ナポレオンとは、ブルジョワ社会――ナポレオンと同じく革命が生みだしたものだが――とその政治に対抗する**革命的テロリズム**の最後の闘いであった。たしかにナポレオンは**近代国家**の本性をすでに完全に把握したし、国家がブルジョワ社会の妨げられることなき発展や個別利害の自由な働きなどに基礎を置いていることをよく承知していた。彼はこの基礎を認知し、それを守る覚悟を決めていた。彼は熱狂したテロリストではまったくなかったが、同時に彼はまだ**国家**を**目的自体**とみなし、市民生活をもっぱら、自分の意志をもってはならぬ彼の金庫番や下役としてしかみなしていなかった。彼は**恒久革命**を**恒久戦争**に置き換えることによって**テロリズムを完成した**。彼はフランス国民のエゴイズムを十分に満足させたが、その見返りとして征服という政治目的が要求するたびに、ブルジョワ的業務、ブルジョワの享楽や富などを犠牲にするように要求した。彼は専制君主としてブルジョワ社会のリベラリズム――ブルジョワ社会の日常的実践から生まれる政治的理想主義――を抑圧したが、同じく商業や興業という最も基本的な**物質的**利益でさえ、それらが彼自身の政治的利益と衝突するときにはいつでも容赦しなかった。ナポレオンの産業**実業家**に対する軽蔑的態度は、イデオローグ〔デステュット・ド・トラシーを代表とするフランス「観念学」論者。ナポレオンによって空論家として批判された〕への軽蔑と好一対をなしていた。また国内でも、彼は自分の国家の絶対的な目的それ自体という価値を一身に体現していたが、ブルジョワ社会のなかにいる国家の敵と戦っていた。だから彼は参事院で、大土地所有者たちが土地を随意に耕作したりしなかったりすることに我慢ならないと宣言したのである。こうして彼は**交通運輸**の独占によって、商業を国家の管轄下に置くプランを構想した。フランスの商人たちはナポレオンの権力を揺るがしはじめる出来事を準備した。パリの相場師たちは、人工的に飢饉を生じさせて、ナポレオンがロシア戦役を二カ月ばかり遅らせて戦争にとって遅すぎる季節にまで延期することを余儀なくさせた。

リベラルなブルジョワジーは、ナポレオンの人格のなかに革命的テロリズムが体現されているのを見たのと同様に、王政復古とブルボン家のなかに反革命の体現を見た。一八三〇年に、ブルジョワジーはついに一七八九年の彼らの願望を実現したが、そこにはひとつの違いがある。すなわち、いまや**政治的啓蒙**は十分に**実現された**のだが、ブルジョワたちはもはや立憲代議制国家のなかで国家の理想を達成するとは思わず、むしろ反対に、この代議制国家のなかに自分たちの排他的権力の公的表現と自分たちの個別的利益の政治的確認を認めることになったのである。

一七八九年の日付をもつフランス革命の歴史はこの年一八三〇年になってもまだ完結していない。この年に、革命の勝利はいまや社会的重要性を十分に自覚した諸勢力のひとつ〔金融ブルジョワジー〕によってかっさらわれてしまったのである。

（1） マルクスが念頭に置いている文献は次のものである。J・B・ビュシェとP・C・ルー『フランス革命の議会史または一七八九年から一八一五年までの国民議会議事録』第一巻から第四〇巻、一八三四—一八三八年。

（2） カール・フォン・ロッテク（Karl Rotteck）とテオドール・ヴェルカー（Theodor Welcker）はどちらも法律家であり、フライブルク・イム・ブライスガウ大学の教授であり、一八三〇—一八三一年のバーデン議会では自由主義の代議士であった。彼らはそのリベラルな意見と活動のゆえに、一八三〇年十月に教授ポストを奪われた。一八三三—一八三四年以降、彼らは共同して理論的な政治学事典（Staatslexikon）を編集した。この事典は一八四八年までドイツのリベラルなブルジョワジーの座右の書であった。ブルーノ・バウアーが『南ドイツの立憲運動と革命運動の歴史（一八三一―一八三四年）』（全三巻、ベルリン＝シャルロッテンブルク、一八四五年）を出版し、そのなかで彼がしばしばロッテクとヴェルカーに言及していることにも注目してよい。

(MEW, II, S. 125–131.)

テクスト8

解題

このテクストは、有名な『フォイアーバッハに関する諸テーゼ』（一八四五年春に書かれ、一八八八年にエンゲルスによってはじめて公表された）と隣り合わせてマルクスの研究ノートのなかにあり、一九三二年にはじめて公表された〔モスクワのマルクス＝エンゲルス研究所による刊行〕。

（一）**近代国家の生成史**または**フランス革命**。

政治的であることの傲慢不遜――古代国家との混同。市民社会に直面した革命家たち。あらゆる要素が市民的存在と政治的存在へと二分される。

（二）**人間の諸権利の宣言**と**国家構成**〔憲法〕。個人の自由と公権力。**自由**、**平等**および統一。人民主権。

（三）**国家**と**市民社会**。

（四）**代議制国家**と**憲章**。

立憲代議制国家、それは民主主義的代議制国家である。

（五）**諸権力の分割**。立法権力と施行権力。
（六）**立法権力**といくつかの立法諸団体。政治クラブ。
（七）**執行権力**。中央集権と階層構造。中央集権と政治的文明。連邦制と産業主義、**国家の行政と自治体の行政**。
（八の一）**司法権力**と**法**。

（八の二）**国民性**と**人民**。

（九の一）**諸政党**。

（九の二）**選挙権**。国家とブルジョワ＝市民社会の**廃棄**のための闘争。

エゴイスト的人間と対立させられるエゴイスト的神格。

古代国家の本性に関する革命時代の錯覚。

「**概念**」と「**実体**」。

革命＝近代国家の生成史。


（MEW, III, S. 537–538.）

テクスト9　『ドイツ・イデオロギー　その代表者フォイアーバッハ、ブルーノ・バウアー、シュティルナーにおける最近のドイツ哲学の批判およびさまざまな予言者たちのなかに現れるドイツ社会主義の批判』

このテクストは一八四五年と一八四六年にマルクスとエンゲルスによって書かれたが、各人の持ち分を正確に決定することはできない。これは一九三二年にはじめて陽の目を見た。マルクスは一八四五年二月に、『フォアヴェルツ！』紙の主要な協力者たちと一緒にパリから追放された——ただしハイネは顕著な例外だが。フランス内務大臣ギゾーは、プロイセン政府のしつこい要求を聞き入れて、この処置をとったのである。そのうえマルクスは一八四五年十二月にプロイセン国籍を放棄しなければならなかった。彼は一八四五年二月から一八四八年三月までブリュッセルに滞在した。

『ドイツ・イデオロギー』は『聖家族』のなかですでに定式化されていたヘーゲル左派の極端な観念論への批判を延長し、深めている。攻撃はおもにブルーノ・バウアー（きわめて頻繁に「ブルーノ」とか「聖ブルーノ」とよばれている）とマックス・シュティルナー（「聖マックス」とか「聖サンチョ」あるいは「サンチョ」とよばれている）および彼の著作『唯一者とその所有』（一八四四年十月）に集中している。しかし新ヘーゲル派の観念論への批判はいまや「真正社会主義」の種々の代表者たち——カール・グリュン、ゲオルク・クールマン、そしてある程度までモーゼス・ヘス——にまで広げられていく。「真正社会主義」の主張者自身が自分たちをそのように名付けたのは、知的骨格をもたない原始的または初歩的社会主義との違いを際だたせるためであったが、それは新ヘーゲル派の弁証法図式を労働者世界に応用する試みであった。この社会主義の代表者たちのなかには知識人出身のものも独学者もいたが、彼らはしばしば短命の新聞や雑誌に拠って活動していた——たとえば、プロイセンのライン州、とくにルールの産業地域に現れたヘルマン・ピュットマン『社会改革のためのライン年誌』が知られている。モーゼス・ヘスの場合はやや特殊である。彼は『ドイツ・イデオロギー』のなかでマルクスとエンゲルスに批判されているが、彼自身もまたシュティルナーの書物を批判し、部分的ではあれ『ドイツ・イデオロギー』の制作に協力したことがあるからである。「フォイアーバッハ」というタイトルのついたこのテクストの第一部は、実際にはフォイアーバッハをほとんど扱っておらず、哲学的世界観と歴史観を提案しているのである。この世界・歴史観は、これ以前からのマルクスの思想的発展の到達点であると同時に、マルクスのなかに残存していた新ヘーゲル主義的またはフォイアーバッハ的な要素との断絶の表明でもある。いまや物質的諸要素（もはや「思想の輝き」ではなく）、すなわち生産諸関係と社会諸階級の相互関係が政治的変化、とくに諸革命の決定的基礎であるばかりでなく、イデオロギーの運動――最も抽象的なイデオロギーの動きをも含めて――の決定的基礎である。まだ観念論的な世界・歴史観から唯物論的な世界・歴史観への移行――一八四五年から一八四六年にかけて起きた移行――は、さまざまの注釈者や解釈者によって注目されてきた。この変化の解釈はもちろん論者によって違うけれども、移行の時期（一八四五年末から一八四六年の初めにかけての時期）と思想の主要な構成要素（一般に「史的唯物論」とよばれる）の確定に関しては解釈の差異はない。

次の文献を参照せよ。

――リュシアン・ゴルドマン「若きマルクスの著作における哲学と社会学」。これははじめに雑誌『アンナーリ』（ミラノ）の一九六四―一九六五年号に発表され、のちにL・ゴルドマン『マルクス主義と人間科学』（パリ、一九七〇年、一三〇―一五〇ページ）に再録された、ゴルドマンは『フォイアーバッハ・テーゼ』と『ドイツ・イデオロギー』を最も重視している。

――ルイ・アルチュセール『マルクスのために』パリ、一九六五年〔一九六九年新版で一一五ページ以下〕（河野・田村・西川訳、平凡社ライブラリー〕。アルチュセールは一八四五年（『フォイアーバッハ・テーゼ』と『ドイツ・イデオロギー』の時期）に「イデオロギー的」時期と「科学的」時期との「切断」が起きたと言う。

——コスタス・パパイオアヌ『マルクスとマルクス主義者たち』（初版、パリ、一九六五年、増補再版は一九七二年）。「『一八四四年草稿』（『経済学・哲学草稿』のこと）のいう〈人間主義または完成された自然主義〉はその後のマルクスの諸著作のなかでまったく姿を消す。一八四五年以降、マルクスはフォイアーバッハの影響から抜け出し（『フォイアーバッハ・テーゼ』）、彼が『ドイツ・イデオロギー』（一八四五—一八四六年）のなかではじめて描く「唯物論的歴史観」は物質を歴史的に把握する考え方——伝統的唯物論の根本的否定に通じる——と重なる。」

——エミール・ボッティジェリ『科学的社会主義の形成』、パリ、一九六七年。とくに一九八ページと二〇一ページ。

——オーギュスト・コルニュ『K・マルクスとF・エンゲルス』第四巻「史的唯物論の形成」、パリ、一九七〇年。

——ミシェル・ローウィ『若いマルクスにおける革命の理論』パリ、一九七〇年、とくに一二六—一二七ページ。

マルクスが観念論的な歴史・革命観から唯物論的な歴史・革命観へ移行するにさいして、いくつかの要素がたしかに重要な役割を演じた——たとえば、一八四四年のシレジア織布工の蜂起、イギリスの産業界とプロレタリア界に関する友人エンゲルスの具体的な研究、一八四四年以降にマルクス自身がパリでおこなった経済学の集中的読書など。

『ドイツ・イデオロギー』の第一部（「フォイアーバッハ」の項）から抜き出された次の文章は、最初は暗示的であるが、終わりのほうでは明示的に、一七八九年以前のフランスの状況と革命の時期に触れている。

たとえば、王権、貴族、およびブルジョワジーが支配権をめぐって争い、したがって支配権が**分割**されているような時代や国においては、権力分立の学説が支配的な思想として現れ、それが「永遠の**法**」として**言い表される**ことになるのである。

われわれはすでに上述のところで、分業をこれまでの歴史の主要な**威力**として見いだした。ところで分業は、支配的な階級のなかでも、精神的労働と物質的労働との分業として現れる。それゆえ、支配的階級の内部で、その一部がこの階級の思想家（この階級の自己自身に関する幻想の形成をおもな生業《なりわい》とする能動的・構想的なイデオローグたち）として登場するのに対し、他の人々は、こうした思想やイデオロギーに対して**むしろ**受動的・受容的なかたちでかかわることになる。というのも、現実においては、これらの人々がこの階級の能動的な構成員なのであり、彼らには自己自身に関する幻想や思想をあえて作りだすほどの暇が**ほとんど**ないためである。階級のこうした**分裂**は、この支配的階級の内部で、〔分裂した〕両者の一種の対立や敵対にまで発展することもありうる。しかし、そのような対立や敵対は、階級そのものが危機にさらされるような実践的衝突が生じる場合には、いつでもおのずと消滅するのであって、その場合はまた、次のような**仮象**、すなわち支配的な思想が、支配的な階級の思想ではなく、この階級の**威力**とは異なる威力をもつかのような仮象も消え失せるのである。ある特定の時代における革命的な思想の存在は、革命的な階級の存在をあらかじめ前提とする。こうした階級の存在の諸前提については、すでに上述のところで必要なことが述べてある。

ところで、歴史の経過を把握するにさいして、支配的階級の思想をこの支配的階級から切り離してしまうならば、つまり、その思想だけを自立化させ、ある時代にはしかじかの思想が支配したということで終わりにしてしまい、これらの思想の生産の諸条件とそれを生産するもののことを考慮しないならば、したがって、思想の基礎となっている諸個人と**現実世界の状態**を捨象してしまうならば、その場合にこそ、たとえば、貴族が支配していた時代には、名誉や忠誠などの概念が支配し、ブルジョワジーの支配期には、自由や平等などの概念が支配した、などと言えることになる[a]。支配的な階級それ自身は、概してそのように思い込んでいる。こうした歴史観は、とくに十八世紀以降のすべての**歴史家**に共通しているが、それは必然的に次のような現象に行きあたることになる。すなわち、よりいっそう抽象的な思想が、つまりよりいっそう普遍性の形式を帯びた思想が〔しだいに〕支配するようになる、という現象である。というのも、以前の支配的階級に取って代わる新たな〔支配的〕階級は、そのいずれもが、自らの目的を遂行するためにも、自らの**利害**を社会の構成員すべての**共同的な**利害として示さざるをえないからであり、すなわち、観念的に表現すれば、自らの思想に普遍性の形式を与え、それを唯一の理性的な思想、普遍的に妥当する思想として示さざるをえないからである。〔ところで、〕**革命を遂行する**階級は、あるひとつの**階級**に対峙するという理由からしても、はじめからそもそも、階級としてではなく、全社会の代表者として登場し、ただひとつの支配的階級に**対抗する**社会の全大衆として現れる[b]。この階級にそのことが可能であるのは、はじめは彼らの利害が、実際にはまだ、他の非支配的階級すべての**共同的な**利害と多分に結びついており、これまでの諸関係の圧迫のもとでは、まだ特殊な階級の特殊な利害として発展することができずにいたためである。それゆえ、この階級が勝利することは、支配権を握っていない他の諸階級に属する多くの個人にとっても利益となる。ただし、それはあくまで、その勝利によって、これらの個人がいまや支配的階級に**成り上がる**ことができるようになるかぎりでのことである。フランスのブルジョワジーが貴族の支配を打ち倒したとき、彼らはそのことによって、多くのプロレタリアがプロレタリアートを**越え出る**ことを可能にした。ただし、それはあくまで、これらのプロレタリアがブルジョワになったというかぎりでのことである。それゆえ、新たな階級はいずれも、従来の支配的階級が基づいていた土台よりもいっそう広い土台の上でのみ、自らの支配を実現することになるが、その一方では、いまや支配的になった階級に対する非支配的階級の対立も、やがてそれだけいっそう鋭く、またいっそう深く発展する。そしてこれらの両面が条件となることにより、この新たな支配的階級に対して**おこなわれる**闘争もまた、およそこれまで支配をめざしてきたどの階級がなしえたよりも、いっそう決定的、いっそう根本的な仕方で、これまでの社会状態を否定することへと向かうようになるのである。

（a）〔草稿のなかで消された文章〕これらの「支配的な概念」は、支配的階級が自らの**利害**を社会の構成員すべての**利害**として示さざるをえなくなればなるほど、それだけいっそう、より普遍的でより包括的な形式をもつようになる。支配的な階級それ自身は、概して、こうした自らの諸概念が支配してきたという表象〔考え〕をもっているのであって、自らの諸概念を永遠の真理として示すことによってこそ、それを以前の時代の支配的な諸表象から区別する。

（b）〔マルクスによる欄外への書き込み〕普遍性は次のものに対応している。（一）身分に対する階級、（二）競争、世界**商業**など、（三）支配的階級に属するものの数がきわめて多いこと、（四）**共同的**利害があるという幻想（はじめはこの幻想は真実であった）、（五）イデオローグたちの欺瞞、および分業。

(MEW, III, S. 46–48.)

解　題

『ドイツ・イデオロギー』のなかのマックス・シュティルナーにあてられた部分（「聖マックス」）において、マルクスとエンゲルスはシュティルナーがとくに歴史における精神の優位という主題に関して、ヘーゲル的観念論を極端におしすすめて戯画化してしまうことをあばきだす。彼らはシュティルナーがヘーゲルのいくつかの用語を変更するにとどめてヘーゲルをしばしば丸写しすることで満足していると、引用を次々と繰り出して暴露する。彼らはヘーゲルが「経験的歴史」の深い知識をもち、経験的歴史に敬意を払っていることを評価している。ところがこの美質はヘーゲルの追従者たちでは消えてしまった。追随者たちは経済史と社会史の諸事実をまったく見ていないし、知ろうともしない。なぜなら、そうした事実は彼らの思考図式を壊してしまうからである。マルクスとエンゲルスは、シュティルナーが一七八九年から一七九四年までのフランス革命をどう描いたかの実例を示して、右の事実〔ヘーゲル丸写しと事実無視〕を証明していく。

右に挙げたヘーゲルの文章を見れば次のことがわかる。(一) ヘーゲルはフランス革命を精神の支配の新しくていっそう完全な段階であると見ている。(二) ヘーゲルは〔フランスの〕フィロゾーフたちのなかに十九世紀における世界の知的教師を見ている。(三) ヘーゲルにあっては、結婚、家族、国家、職業活動、社会的団体、財産などは「神的で聖なるもの」、「**宗教的要素**」とみなされている。(五) ヘーゲルは**習俗規範**(人倫)を聖人性の世俗化、あるいは世俗生活の聖別として、また世界に対する精神の支配の最高最終の形態として提示する。以上のすべてのことを、われわれは「シュティルナー」のなかに**一語一語そっくり**再び見いだす。

(MEW, III, S. 159.)

もしヘーゲルのように歴史全体と現存世界全体にあてはまるほどの構図をはじめて立てようと企てるとしたら、該博な実証的知識、大変なエネルギーと透徹した洞察力なしにはとうていできないであろうし、場合によっては経験的歴史の細部にまで研究の手を染めることなしにはやりとげることはできない。反対に、他人から受け継いだ既存の図式を、個人的目的のために部分的修正を施して利用し、「個人的な」思いつきをわずかばかりの具体例（たとえば、黒人とモンゴル人、カトリックとプロテスタント、フランス革命、等々）を援用して証明することでよしとするならば——そしてこれこそわれらの熱狂的な聖性信者がやっていることだが——歴史から何かを認識することなどまったく無用なことである。この種の空疎な大風呂敷は喜劇的でしかない。

（MEW, III, S. 159–160.）

シュティルナーは、昔の聖職者支配を現代に移しかえて、この同じ現代を「聖職者中心主義《クレリカリスム》」として定義するに至る。そして今度は、現代に移しかえられた聖職者支配を中世の神父支配から区別する差異を定義しようとして、それをイデオローグの支配、「**教育者の時代**」だとよぶ。したがって、聖職者中心主義＝精神の支配としてのヒエラルヒー、教育者の支配＝ヒエラルヒーとしての精神の支配、となる。

「シュティルナー」が聖職者中心主義への素朴な移行——これはおよそ移行なんてものではないのだが——をやってのけるのに、三つの不細工なやり方をしている。

第一に、「偉大な思想、大義（相変わらず大義だ！）のために、学説、等々のために生きる」ほどの人は「聖職者中心主義の考え」を「もっている」。

第二に、シュティルナーは、その妄想の世界のなかで「まだ聖職者知識人なしでやっていくことを学ばなかった世界の古代的妄想」すなわち「**理念**のために生きて働く世界の古代的妄想」に「ぶつかる」等々。

第三に、「これぞまさしく理念の支配だ、言い換えれば聖職者中心主義だ」。なぜなら「たとえばロベスピエール」（たとえば！）「サン＝ジュスト、等々」（エトセテラ！）は「骨の髄まで聖職者知識人であった」等々、だからである。聖職者中心主義が「発見され」、「探りを入れられ」、「呼び出され」ている三つの「ヴァリエーション」（全部で一〇〇ページもある）は、聖マックスがすでに何度も繰り返したことを除けば、何も言っていない。すなわち、精神、理念、聖なるものが「生命＝生活」を支配していること（**いつも同じことの繰り返しだ**〔*Ibidem*〕）。

このように「理念や聖職者中心主義の支配」を歴史の土台だと言い切ってしまった後では、明らかに聖マックスは過去の歴史のいたるところに「聖職者中心主義」を難なく見つけだす。しかも彼は「たとえばロベスピエール、サン＝ジュスト、等々」を司祭のごときものだと言いつつ、彼らをインノケンティウス三世やグレゴリウス七世と同じだと言う。こうなれば、**この**唯一者〔Das Einzige〕を前にするとすべての単独性〔Eintigkeit〕は消え去ってしまう。実のところ、あらゆるものは**ただひとつの**主人公、聖職者中心主義「なるもの」がキリスト教の開始以来歴史全体を作ってきたというのだ。こんな歴史観では「すべての猫は灰色である」〔「すべての子牛は黒い」というヘーゲル（『現象学』）の言葉のもじりか〕。なぜなら、これではすべての歴史的差異が「廃棄」されて「聖職者中心主義の想念」のなかに「解消」してしまうからである。聖マックスはただちに「たとえばロベスピエール、サン＝ジュスト、等々」を引用してその具体例をわれわれに与えてくれる。彼はサン＝ジュストの「例」としてロベスピエールをまず引用し、次にサン＝ジュストをロベスピエールの「エトセテラ」として引用する。彼はこれに付け加えて次のように言う。「これらの神聖な利益代表者たちに対して、無数の「個人的な」「卑俗な」利益の世界が対立する。」本当のところ誰が彼らに対立したのか。ジロンド派とテルミドール派である。彼らは革命勢力――すなわち真に革命的な**唯一の**階級――の真の代表者たちをたえず非難した（「たとえば」R・ルヴァスールの『メモワール』(1)、

「等々」、「すなわち」ヌガレ『監獄の歴史』[2]——バレール[3]——**自由**[4]**(と商業)**[5]**の二人の友人**——モンガイヤール『フランスの歴史』[6]——マダム・ロラン『後世に訴える』[7]——J・B・ルーヴェの『メモワール』[8]を参照せよ。そしてボーリュの手になる下劣な『歴史エセー』[9]その他をも参照せよ。また同様に革命法廷のすべての論争、「その他」を参照せよ)。したがって彼ら〔ジロンド派とテルミドール派〕は「神聖な利益」、憲法、自由、平等、人間の諸権利、共和政治の諸制度、法律、「**神聖な財産**」、「たとえば」権力の分割、人間性、道徳などを侵犯し、度を過ごした「等々」のかどで革命勢力を非難した。このような彼らを目の前にして、司祭たちもこぞって宗教と道徳の教理問答書の諸条項——主要なものも二次的なものも含めて——を侵犯したといって革命派に対して非難の声をあげたのである(「たとえば」一八二八年にパリのカトリック書店から出版されたM・R[10]の手になる『革命期フランスの聖職者の歴史』「等々」を参照せよ)。**恐怖政治**の時期に「ロベスピエール、サン゠ジュスト、等々」が**無辜の民**の首をはねたというブルジョワ的解釈(「たとえば」愚鈍なペルティエ氏[11]の無数の著作や、モンジョワ[12]の『ロベスピエールの陰謀』、等々を参照せよ)は聖マックスにも引き継がれる。彼はこの解釈に次のような変更を加える。「革命的司祭や革命的教師たちは人間一般〔人類〕に奉仕したからこそ、個々の**人間たち**の首をはねたのである」と。明らかにこの文章のおかげで聖マックスは、首がはねられた現実的理由、きわめて卑俗な利害——なるほど**相場師**の利害とは言わぬまでも、「無数の」大衆の——きわめて俗っぽい利害に基づく経験的理由について、たった「一」語ですら言うことを省くことができたにちがいない。

(1) ルネ・ルヴァスール・ド・ラサルト『メモワール』全四巻、パリ、一八二九—一八三一年。

(2) ピエール゠ジャン゠バプティスト・ヌガレの『パリと地方の監獄の歴史』には、数少ない貴重な回想が含まれている。それらはすべて、フランス革命の歴史、とりわけ、ロベスピエールとその配下のものたちや共謀者たちの独裁に関するものである。またそれは、容疑者として拘留されていたすべての人々に献じられている。パリ、一七九七年、全四巻。

（3） ベルトラン・バレール・ド・ヴェザク（一七五五―一八四一年）は、ロベスピエールの失脚のさいに中心的な役割を果たした一人である。

（4） この偽名〔自由の二人の友人〕のもとで、一七九二年にパリで『フランス革命の歴史』と題する数巻が出版されたが、それを実際に書いたのはF-マリ・ケルヴェルソとG・クラヴランである。

（5） （と商業）と付け加えたのはマルクスである。彼は、当時のブルジョワたちをしばしばこの「商業の友人」というあだ名で呼んでいる。

（6） ギョーム゠オノレ・モンガイヤール『フランス史総覧――第一回名士会議から外国軍の撤退まで。一七八七―一八一八年』パリ、一八二〇年。

（7） ジャンヌ゠マノン・ロラン・ド・ラ・プラティエール『公平な後世に訴える――市民ロランより』（パリ、一七九五年）。これは、彼女がアベイ監獄およびサント・ペラジ監獄に拘留されていたときに書いた文書を集めたものである。

（8） ジャン゠バプティスト・ルーヴェ・ド・クーヴレ『メモワール』、一八二三年。

（9） クロード゠フランソワ・ボーリュ『フランス革命の原因と結果に関する歴史的試論』、パリ、一八〇一―一八〇三年。

（10） M・Rというイニシャルを名のる著者は、イポリット・レニエ・デストゥルベである。

（11） ジャン゠ガブリエル・ペルティエ（一七六五―一八二五年）は、フランスの政論家であり、王党派である。

（12） フェリックス゠クリストフ゠ルイ・ヴァントル・ド・ラトゥルーブル・モンジョワ『マクシミリアン・ロベスピエールの陰謀の歴史』、パリ、一七九五年。

（MEW, III, S. 161–162.）

能天気な聖マックスは何にでも充足理由〔または十分な理由、ライプニッツの言葉〕を見つけて喜んでいる（「われいま、わが錨の永遠《とわ》に憩うべき水底《みなそこ》をみつけたり。」[13]）この錨がやすらうべき水底とは、ベルリンの貞節なお針子は別にして、「たとえば、ロベスピエール、サン＝ジュスト、等々」のなか以外にありうるのだろうか。したがって、聖マックスは「どの程度までブルジョワ階級が革命的理念を自由に走り回らせておけるかを知るために自分のエゴイズムに相談したのだとしたら、ブルジョワ階級を悪く思うつもりはない」のである。聖マックスにとって、一七八九年の**共和派兵士**〔革命的民衆〕(habits bleus) や**無辜の民** (honnêtes gens) の「革命的理念」は、一七九三年の**サン＝キュロット**と同じ「理念」であり、この同じ理念を「自由に走り回らせておく」べきかどうかがいまや問われるまでになっている。いまではもう、どんな「理念」であろうと、「自由に走り回らせておく」ことはできないというのだ。

(13) これは、あるプロテスタント唱歌の一節である。

(MEW, III, S. 162–163.)

解　題

もっと先のページにある、シュティルナーの立場を批判する長い記述のなかで、マルクスとエンゲルスはシュティルナーを、そして彼とともに「左派の」新ヘーゲル主義全体を、カント以降のドイツ観念論の長い発展線上に位置づけ、したがって彼らが十八世紀末から一八四〇年代までのドイツの経済的・社会的遅れとドイツの政治的「みじめさ」に依存していることを明らかにする。フランス革命に関するシュティルナーの判断の誤りは、マルクスとエンゲルスの見解では、基本的には彼がドイツ知識人であるという事実によって説明される。というのも、彼はドイツのなかで生きているのだから、**ブルジョワ**(または**シトワイヤン**)を、非政治的で酔っぱらいのベルリンの「俗物」の姿をしているとしか理解できないからである……

聖マックスと彼の先行者たちによるリベラリズム批判の鍵はまた、ドイツ市民層の歴史でもある。フランス革命以来のこの歴史におけるいくつかの契機をここで強調しておきたい。

前世紀の終わりのドイツの状況は、カントの『実践理性批判』に丸ごと反映している。フランスのブルジョワジーは、歴史がこれまでに知っている最大級の革命を通じて支配層へと躍進し、ヨーロッパ大陸を征服した。またすでに政治的解放をなしとげていたイギリスのブルジョワジーは、産業を革命的に変革し、インドを政治的に支配し、それ以外の世界のすべてを貿易によって服属せしめていた。それに対して、無力なドイツ市民たちは、「善意志」の考えに到達するのが精一杯だった。カントは、たんなる「善意志」で──それではいかなる帰結もともなわない場合でも──安心してしまい、この善意志の**実現**、つまり、この善意志と個人の欲求や衝動のあいだの調和である実現を、**彼岸**へと押しやってしまった。カントのこの善意志は、ドイツの市民たちの無力、意気消沈ぶり、そして悲惨に完全に相応している。ドイツ市民たちのけちくさい関心では、彼らがひとつの階級としての共同の、そして国民としての関心にまでまとまる能力をもつことはけっしてなかった。それゆえ、彼らは他の諸国民のブルジョワたちにたえず搾取され続けてきたのである。彼らドイツ市民たちの関心がけちくさくローカルでしかないことに相応するのは、一方で彼らは実際にローカルで田舎くさく視野が狭いが、他方では、コスモポリタン的と自称するうぬぼれぶりをみせる事態である。そもそも宗教改革以来、ドイツの発展はまったく小市民的な性格であり続けている。古き封建貴族はその大部分が農民戦争で滅ぼされてしまった。残ったのは、一方では帝国直属の小諸侯である。彼らはしだいに独立性を強め、きわめてスケールの小さい、小都市的尺度で絶対王政の猿真似をしていた。残ったものとして他方では、比較的小さな地主たちがいる。彼らは、小さな農場にともなうほんのちょっとの財産を使い果たしてからは、小さな軍隊や役所の事務室での下っ端のポストで暮らしていた。あるいはまた、草深い田舎に住むユンカーたちがいた。彼らの生活程度はイギリスの郷士のなかで最も質素な人々や、フランスの田舎殿様でも恥ずかしがるほどのものだった。農業は、零細農家でも、また大規模農耕でもないかたちでなされていたが、そういうかたちでは、たえず隷属と重たい年貢があったにもかかわらず、農民たちが解放に駆り立てられることはけっしてなかった。その理由は、こうした農業形態は、アクティヴな革命的階級を生みださず、さらには、こうした農民階級に対応した革命的ブルジョワジーが生まれ、味方となるということもけっしてなかったからである。

市民層については、ここではいくつかの特徴的な契機を強調するだけで十分であろう。そのひとつは、亜麻布マニュファクチュア、すなわち紡車と手動織機に頼る産業がドイツである程度の重要度を帯びるようになったちょうどその頃、もうイギリスでは、こうした頼りない産業が機械によって追い払われてしまったことである。さらに最も特徴的なことは、こうしたドイツ市民たちのオランダに対する立場である。オランダはハンザ同盟のなかで交易上の重要な位置を得た唯一のメンバーであるが、この同盟から抜け出し、二つの港（ハンブルクとブレーメン）を除いてドイツを世界貿易から切り離し、それ以来ドイツにおける交易のすべてを支配することになったのである。オランダ人による搾取に歯止めをかけるには、ドイツの市民たちはあまりに無力だった。小さなオランダのブルジョワジーたちは、自分たちの階級的利害が発展していたため、数ではるかに勝っているのに、利害をもたないか、たとえもっていたとしてもさまざまに四分五裂したけちな利害だけだったドイツ市民たちよりも強力だったのである。利害が四分五裂だったのに応じて、政治組織も、小さな諸侯や帝国自由都市に分かれ、同じく四分五裂状態だった。そのための経済的条件がいっさい存在しないというのに、政治的集中はいったいどうやったら可能だというのだろうか。どの生活領域も無力である以上（ドイツの状況では、身分とか階級といった表現は不可能である。

せいぜい可能なのは、かつて存在した身分とか、あるいはいまだ生まれざる階級という言い方だけである）、そのどれひとつとして排他的な支配力を得ることはかなわなかった。その必然的な帰結は、ここドイツではきわめて跛行的な、半ば家父長的な形態をとった絶対君主制の時代に、公的利害の行政管理を分業上担当すべき特定の領野〔行政の分野〕が、異常に自立化し、さらには近代官僚制のなかでこの自立化がさらに激しくなったことにある。その結果、国家が、見かけ上は自立した権力となった。他の国々ではこうした状態は一時的なあり方――過渡的段階――にすぎなかったのだが、こうしたあり方がドイツでは今日に至るまで続いている。そのことが、他の国々ではけっしてみられないような官吏の実直さを説明するし、また同時に、ドイツで流布している国家についての幻想のすべても、ここから来ている。さらには、理論家たちが市民たちに対して見かけ上独立しているようにみえる状態も、ここから説明できる。つまりこうした理論家たちが市民たちの利害を述べるときの述べ方と、実際の市民たちの利害とのあいだにある見かけ上の矛盾も、ここに由来するのである。

現実の階級利害に依拠したフランス・リベラリズムのドイツ版の典型は、またしてもカントである。カントはドイツ市民層の言葉巧みな代弁者であるが、このカントとドイツ市民層は、ブルジョワたちの理論的思考の基盤に、物質的利害と、物質的な生産条件によって限定され、規定されている**意志**が潜んでいることに気がつかなかったのである。それゆえカントは、彼が表現する利害そのものと、こうした理論的な表現を分けて、フランスのブルジョワたちにおけるような物質的動機をもった意志の諸規定を、「**自由意志**」の**純粋**なる自己規定へと変えてしまったのである。つまり意志そのもの、すなわち人間的意志の**純粋なる**自己規定ということである。こうして意志を純粋にイデオロギー的な概念規定および道徳的要請なるものに変容させてしまったのである。フランスにおける激しいブルジョワ・リベラリズムが、恐怖政治と、露骨なブルジョワ的営利のかたちで姿を現すやいなや、ドイツの小市民たちがこうした実態に恐れをなしたのも、そのためなのである。

ナポレオンの支配下でドイツ市民たちは、彼らの小さなずる賢い商売と壮大な幻想をさらにおしすすめることになった。当時のドイツに広がっていたけちくさい商売人根性についてならば、聖サンチョは、彼にだけ手に入る文学的資料を引くならば、ジャン・パウルを参照すれば十分であろう。ドイツの市民たちはナポレオンを罵倒したが、それは、ナポレオンが代用コーヒーを強制したからであり、また兵隊の民家宿泊や物資徴発によって安穏な生活を破られたからである。こうしたドイツ市民たちは、彼らの道徳的憎しみのいっさいをナポレオンに浴びせ、同時にイギリスに対してはありったけの賛嘆を惜しまなかった。ところが実際にはナポレオンは、アウゲイアースの牛舎〔エーリスの王アウゲイアースの牛舎は三十年間掃除をしなかったので、ものすごい量の糞尿がたまっていた。ヘラクレスが一日で掃除したという逸話がギリシア神話にある〕でしかないドイツの大掃除を果たし、文明化された市民関係をうち立てることで、ドイツ市民に対する大変な功績があったのであり、イギリスはといえば、ドイツ市民を思いのままに搾取するために襲いかかる機会をうかがっていただけなのである。同じように小市民的な根性で、ドイツの諸侯は、自分たちは正当性の原則のために、そして革命に対抗して戦っていると思い込んでいたが、実際には、彼らはイギリスのブルジョワおかかえの雇い兵にすぎなかったのだ。こういった幻想が一般に広がっている状況では、イデオローグ、学校教師、学生、美徳同盟(14)の徒党たちが大言壮語を振りかざし、誇大妄想と自らの清廉潔白ぶりに相応した、口角泡立つ言辞を弄したのは、至極当然のことであった。

七月革命とともに——いくつかの主要なポイントだけを示唆すれば十分なので、途中の歴史は飛び越すことにするが——十分に出来上がったブルジョワジーに相応した政治形態が外部からドイツ人に押しつけられることになった。ところが、ドイツの経済的状況は、こうした政治形態に対応するような発展段階にはとうてい達していなかった。それゆえ、市民たちはこの政治形態をただ抽象的な理念として受容しただけなのである。つまり、それ自身として他の事柄と無関係に妥当する原則として、敬虔なる願望や常套句として、あるいは、カント的な意志の自己規定、人間はいかにあるべきかという自己規定として受け入れたのである。それゆえドイツ市民たちはこの新しい政治形態に対して、他の諸国民よりもずっと倫理的に、そして利害にこだわらない〔理想主義的な〕態度で対応したのである。つまりは、きわめて独特な狭隘さを発揮したことになる。そしていろいろとさまざまな努力をしたものの、結局は何の成果も挙げることはなかったのである。

だがついには、外国との競争がますます激しくなり、世界貿易からも離れていることがしだいに不可能になって、それまでは局地的な利害に四分五裂していたドイツがある種の共通性をもった存在へとまとまってきた。ドイツの市民たちは、とくに一八四〇年以降、こうした共通の利害を守ることを考えはじめた。彼らはナショナルかつリベラルな思考を始め、保護関税と憲法を要求しだした。彼らはどうやら一七八九年のフランス・ブルジョワジーの段階にほぼ達したのである。

ところがベルリンのイデオローグたちは、自らドイツの狭い田舎の生活感覚のなかにとどまりながら、リベラリズムや国家を判断し、リベラリズムについてのドイツ市民固有の幻想を批判するだけにとどまっている。そして、リベラリズムを、その発生の理由である現実の利害、それによってこそリベラリズムが本当に存在しうる利害との関連で見ることをしない。そのために当然のことながら、世界についてのなんとも空疎な結論に至ることになる。最近まで発言を続けていたこのドイツ・リベラリズムは、すでに見たように、その通俗的な形態からしてすでに空想であり、**現実の**自由主義についてのイデオロギーでしかない。リベラリズムの内容を、なんといとも簡単に哲学に、純粋の概念規定なるものに、「理性認識」なるものに変えてしまっていることか！　もし人が、市民化されたリベラリズムを、ヘーゲルや彼に依拠している学校の先生たちがやっているような昇華された形式でしか知らないほどにまでふしあわせならば、ただもっぱら聖人たちの国にふさわしい結論に到達するのも当然であろう。サンチョは、この点で悲しい例となっている。

(14)　一八〇八年にプロイセンで生まれた秘密結社のことである。この結社の目的は、愛国心を涵養し、フランスの占領から国を解放するために闘うことであった。だが、ナポレオンの要請を受けて、プロイセン国王は一八〇九年にトゥーゲントブント（文字通りには、美徳の同盟）の解散を命じた。

(MEW, III, S. 176–180.)

さて、今度は聖マックスが彼自身の持ち物を歴史的アラベスク〔唐草模様〕で飾り立てるやり方のうちのいくつかをお目にかけよう。この目的のために彼はフランス革命を利用するのだが、そのために彼の歴史仲買人としての聖ブルーノは二、三の単純な資料に限って小さな引き渡し契約を彼と交わしたのである。バイイの言葉を借りていえば――この言葉もまた聖ブルーノの『回想録』が提供したものだが――三部会召集のおかげで「これまで臣民であった人間たちはついに所有者としての自分の状況を自覚するに至る」〔一三二ページ〕。**ねえ君**（mon brave）、事態は逆なのだよ。これまで所有者であった人間たちがこの三部会によってもはや臣下ではないという自覚を確証するのである。彼らはずっと以前からこの自覚に達していたのだ。たとえば、フィジオクラート〔「自然の統治」派―重農主義者〕の著作のなかで、ランゲ（『市民法の理論』）、メルシエ、マブリたちが**ブルジョワたち**に対しておこなった論戦のなかで、そして一般に、フィジオクラートに反対するいくつかの著作のなかで、この自覚が得られていた。しかしこれらの諸著作の意味は革命の当初から、たとえば『セルクル・ソシアル』〔コミュニズムに傾くデモクラットの会〕においてフォーシェ、マラーによって認められ、またラファイエットの民主主義的論敵たちによってても認められていた。もし聖マックスが彼の歴史仲買人とは独立に事態をあるがままに理解したなら、バイイの言葉がたしかに〔そのときからすべての個人は所有者である——原テクストによる補い〕かのように**きこえる**ことに驚くことはなかっただろう。

議会はこの動議を採用して、(15)昔の**三部会**の封建的性格を払い落とした。そのうえ、この時期には国民代表の正当な理論とは何かなどはまったく問題になっておらず、避けることのできないきわめて実践的諸問題が重要であった。ブロイの軍隊はパリを追いつめ、毎日少しずつパリに迫りつつあった。パリは上へ下への大騒ぎになっていたし、**ポーム球戯場の誓い**（Jeux de Paume）と**親臨裁判**（Lit de Justice）があってからまだ二週間と経っていなかった。さらに、宮廷と多数の貴族や聖職者は国民議会に反抗する陰謀を企てていた。最後に、飢饉がほとんどすべての地方を襲ったが、これは地方の封建的関税の存続と封建的農業条件全体との結果であった。また大きな金づまりが予感されていた。〔MEW, III, S. 181.〕

(15)　これは、一七八九年七月四日にタレーランによって提出された動議である。

タレーランの動議によって国民議会は自立を宣言し、議会が必要とする権力を奪取した。このふるまいは、政治の舞台では当然ながら、政治的形式の枠内でのみ起こりうることであって、ルソーその他の手近な理論を使ってはじめて可能であった（バレール・ド・ヴェザクの『夜明け』紙、一七八九年、第一五号と第一七号を参照）。国民議会は、その背後にいる無数の大衆に押されるようにして、一歩前進すること〔MEW, III, S. 181.〕

を余儀なくされた。こうしたからといって、国民議会が「右顧左眄せず臍の緒を断ち切ってまったくエゴイスト的な議会に」変わったわけではない。むしろこのふるまいによってはじめて国民議会は大多数のフランス人の**現実的機関**へと変わったのである。もしそうでなかったなら大衆は議会をふみつぶしていたことだろう。実際に後になって「臍の緒をすべて断ち切ったまったくエゴイスト的な」代議士たちにとって現実になったのだ。ところが、聖マックスは歴史の仲買人〔ブルーノ・バウアー〕の手引きによって、ここに理論的問題だけを見る。彼はバスティーユ襲撃の六日前の**立憲議会**を教義上の一点をめぐって論議する教父たちの会議のごときものだと思っているのだ！　しかも「一人一人の、個人の重要性」の問題は民主的に選ばれる代表制のなかでのみ提起されるのであり、だから国民議会においてはじめて、**陳情書**(Cahiers de doléances) の場合とまったく同じ経験的理由から、個人の問題も討議されたのである（しかしシュティルナーはこの問題に触れていないので、われわれのほうもまたこれ以上それについて細部にわたって語る必要はない）。**立憲議会**が理論的見地から見ても決着をつけたものは、支配的**階級**の代表と支配的**諸身分**の代表との区別である。そしてブルジョワ**階級**の政治的支配は、当時の生産諸関係によって制約されていたから、各個人の生活状態によっても制約されていた。代表制は近代ブルジョワ社会のまったく特殊な産物であって、近代の孤立した個人がブルジョワ社会から切り離されないのと同様に、代表制はブルジョワ社会から切り離せないのである（草稿の補遺から。次の雑誌にはじめて発表された。*International Review of Social History,* Vol.VII, Part I, 1962.）

〔MEW, III, S. 181.〕

「無辜の民」にとっては、彼らと彼らの原則を［守ってくれるのが］絶対王であろうと、立憲君主であろうと、共和国であろうと、その誰（何）であろうと、「どうだってかまわないものだ」と「シュティルナー」はどうやら信じているようだ――なるほど、ベルリンの酒蔵で静かに白ビールを飲んでいる「無辜の民」にとってはおそらくこれはどうでもいいことだろう。歴史上の**ブルジョワ**にとってそれは〔誰が支配者であるかは〕どうでもいいことではない。「シュティルナー」という「無辜の民」はここでもういちど――もっとも、この章全体にわたってずっと同じことをやるのだが――フランス、アメリカ、イギリスの**ブルジョワたち**が白ビールをあおる飲んだくれのベルリンの善良な俗物であると想像している。右に引用した文章は、政治的幻想から正しいドイツ文に翻訳すると、次のようになる――ブルジョワが絶対権力を握るのか、それとも他の階級がブルジョワの政治的・経済的勢力に対抗してくるのかは、**ブルジョワたち**にとって「どうでもかまわない」と。絶対王か他の誰かが、**ブルジョワジー**が自らを守るのと同じようにブルジョワジーを守ることが**ありうる**と聖マックスは想像している。それだけでなく、**各人が自分のために、各人が安泰に**という原則に国家権力を従属させ、この目的のために国家を横領する「ブルジョワの原則」を〔絶対王が〕守ってくれるとシュティルナーは想像している。どうして「絶対王」はそんなことができるのだろうか。商業と工業が発展して競争が激しく、しかも**ブルジョワジー**が「絶対王」によって守られている国があれば、それを聖マックスに教えてもらいたいものだ。

このように歴史上の**ブルジョワ**を歴史外のドイツの俗物へ作りかえた後では、「シュティルナー」は「自足したブルジョワと献身的な役人」(!!)――この二つの化物はドイツの「聖なる」大地にしか登場しないしろものであるが――以外の**ブルジョワジー**を知る必要はない。これによって彼はこの階級全体を「従順な下僕」にまとめてすますことができる。ロンドン、マンチェスター、ニューヨーク、パリの取引所にいるこの従順な下僕たちを彼も少しばかりながめてもらいたいものである。

(MEW, III, S. 181–182.)

やはりシュティルナーにあてられた一部分のなかで、マルクスとエンゲルスは「聖マックス」における反逆(Empörung)の概念を延々と論じている。彼らはもういちどシュティルナーの歴史観の絶対観念論を非難する。その非難は、とくにフランス革命期における社会＝経済的なものと政治的なものとの関係に集中している。ところが「聖マックス」によれば、大革命は観念または概念の勝利のごときものになってしまうのである。

「現存秩序から脱出する」という公式の意味はどうかといえば、われわれはそれを先刻承知している。それは古くからある幻想なのだ。この幻想によれば、国家のメンバーが全員逃げ出せば国家はあえなく崩壊するとか、すべての労働者が受け取りを拒否すれば貨幣の価値は消滅する、というものである。この文句の仮説的形式はそれだけでもう、この恭しい願望が幻想的で無力なものであることを如実に示している。この古い幻想によると現存条件は観念であるのだから、これらの条件が変わるかどうかは人々の善意だけに左右されるという。意識すなわち現実の条件から切り離された意識を変えようとすることは、哲学者たちの職業、すなわち**商売**であって、それはこの現存の条件の産物であり、またそれを構成する要素でもある。このようにこの世の上方にある観念へと自分を高めることは、世界に直面した哲学者たちの無力さのイデオロギー的表現である。哲学者たちのイデオロギー的な空話は日々実践によって否定されている。

いずれにせよ、サンチョはこれらの行文を書いたときに陥った混乱状態には「反逆」しなかった。彼にとって、一方には「状況の変革」があり、他方には「人間たち」がいるのだが、これらの二つの側面はまったく別個なのである。「状況」とはつねにまさにこれらの人間たちの状況であったという考えも、人間たちが変わらなければ状況を変えることができず、状況を変えるところまで行くには、その前に人々が自分自身の状況に「満足していなかった」という事態が不可欠である、という考えもサンチョには毛ほども思い浮かばなかった。彼は新しい制度を作りだそうとするのが革命なのだと言えば、それで革命にとどめの一撃を与えたと思い込んでいる。ところが、反逆はわれわれを諸制度のなかに編入させないようにするし、編入どころか反対にわれわれ自身を組織するに至るのだ。けれども、「われわれ」が「われわれ」を組織するのだ、反逆者とは「われわれ」のことなのだ、という事実のなかにはすでに、サンチョが「われわれ」をどれほど「嫌おう」と個人が「われわれ」によって「組織され」ざるをえないことが含まれている。したがって、革命と反逆との違いがあるとすれば、それは一方〔革命〕がこの事実を自覚しており、他方〔反逆〕が幻想を抱いていることにある。つぎにサンチョは、反逆が「**成功する**」のかどうかという問題を宙づりにしたままにする。たしかに、どうして反逆が「成功」**しない**のかはわからないし、どうして反逆が成功するのかはもっとわからない。というのは、反逆者たちの一人一人が自分なりの道だけを進むからである。ただし、反逆者たちに**共同**行動――エゴイスト的動機からでるかどうかは別にして「政治的または社会的」であるような行動――の必要を教える俗っぽい事情が介入する場合は別である。さらにサンチョは現存秩序の「転覆」とこの秩序を「越え出ていく」ことのあいだに「なげかわしい区別」――またもや混乱した区別だが――を立てる。サンチョのやり方は、あたかも秩序をひっくり返しながらも秩序を越え出ることができないかのようであり、また自分自身がこの秩序の構成要素であるという理由から誰でも秩序を越え出て秩序をひっくり返すことができないかのようである。ともかく、正確な定義をもたないままに「転覆する」とか「越え出る」とか言っても無意味である。革命においてもまた人は立ち上がるのだ〔Sich-Erheben によって「秩序を越え出る」と「決起する」の二つを掛詞にしている〕。「**いざ立て、はらからよ！**」[16]がフランス革命の周知のスローガンであったという事実から、サンチョもそのことを推察できるはずである。

「制度を作ることは、革命が命じる（！）ことである。**まっすぐ立つ**または**胸を張る**ことは、反逆が要求することである。どのような**憲法**（**国制**）を選ぶのかは、革命家たちの頭を占めた関心事であった。この政治的期間全体にわたって憲法闘争と憲法問題が満ちあふれていた。それはちょうど改革者たちが社会制度の発明の面できわめて生産的であったのと同様である（ファランステールその他）。反逆は**憲法**なしで生きたいと願う。」

フランス革命が種々の制度を作りだしたことはひとつの事実である。反逆（Empörung）が「上方へ」（empor）に由来することもひとつの事実である。大革命の最中やその後で、憲法（国制）をめぐって論争があったこともまたさらに別の事実である。種々の社会制度が構想されたことが事実であれば、プルードンがアナーキズムを唱えたことも同じ程度に事実である。サンチョは以上の五つの事実を組み立てて、そこからいま引用した文句を引っ張りだす。[17]

フランス革命がいくつかの「制度」に行き着いたという事実について語りながら、サンチョはそこから革命**なるもの**がそれを「命じる」のだという結論にもっていく。政治革命が実際に政治的であったこと、またその革命のなかで社会的変動が憲法闘争の姿をとって公式に表現されたことから、サンチョは彼の歴史仲買人〔バウアー〕に忠実に従って、闘争の目標が最良の憲法を選ぶことであったと結論した。彼はこの種の発見をするたびに、「――と同じく」という語句を使って諸々の社会制度にいちいち言及していく。近年になって種々の社会制度が作られたの「と同じく」**ブルジョワジー**の時代には憲法問題に人々の関心が集中していた、といった具合である。これが前の引用文の論理のすべてである。

われわれずっと前の箇所〔『ドイツ・イデオロギー』の冒頭章「フォイアーバッハ」〕でフォイアーバッハに

反対して論じたことから明らかになるように、分業の枠内でこれまで起きた種々の革命は必ず新しい政治制度に行き着いた。同様にそこで明らかにされたように、分業を廃棄するコミューン型共同社会をめざす革命は結局のところ政治制度の消滅に行き着くのである。最後に、コミューン型共同社会をめざす革命は「才知ある改革者たちの社会的構想力」に導かれるのではなく、生産諸力の状態によって導かれることも明らかになる。

ところが、「反逆は憲法なしで生きることを願う」というのだ！「自由に生まれた」彼、あらゆる足枷をはじめから打ち砕いたその彼が、あげくのはてに憲法なしですませたいと願うのだ。

さらに、わが善良な民（bonhomme）の昔のあらゆる幻想がサンチョの「反逆」の形成に役立ったことにも注意しておかなくてはならない。だから彼がわけても信じるところによれば、革命をおこなう諸個人はイデオロギーの絆に結ばれていて、彼らの「抗議の意志表明」〔ローマの兵士が盾を挙げて抗議したことに由来する言葉〕は新概念、固定観念、幽霊、亡霊——聖なるものを盾の上に掲げることなのだ。

（MEW, III, S. 362–364.）

（16）これは、週刊誌『パリ革命』が掲げるスローガンであった。その全文は以下のとおりである。「お偉方が偉そうに見えるのは、われわれがひざまずいているからだ。いざ、立ち上がれ！」この週刊誌は、一七八九年七月から一七九四年二月までパリで発行された。

（17）Empo は「上方へ」という意味であり、Empörung は「反逆」を意味する。

解題

マルクスとエンゲルスは、やはりシュティルナーに触れながら、イギリスとフランスにおける「効用と開発・搾取の理論」を、フランス革命の前と後のブルジョワ階級の現実的発展とかかわらせて長々と論じている。

いうまでもなく、シュティルナーはドイツの「俗物」の幻想におぼれていたので、このブルジョワジーの現実やブルジョワ的理論の発展を理解することができない。

効用の理論と開発・搾取の理論の進歩ならびにそれらのさまざまな段階は、ブルジョワジーの進化の種々の段階と相互にぴったりと依存しあっている。エルヴェシウスとドルバックの場合、この理論〔効用・開発理論〕はその実際の内容をよくよく見れば、絶対君主制期の著者たちが使った公式の書き換えのレベルをたいして越え出ていなかった。そのような公式は、現実の実践であるよりは、むしろあらゆる関係を開発・搾取関係に還元し、交換を物質的欲求や欲求を満たすやり方によって説明しようとする願望であった。実現すべき課題ははっきりと立てられていた。ホッブズとロックは、オランダの**ブルジョワジー**の初期の発展を眼前に見ていて(彼らは二人とも一時期だがオランダに滞在していたことがある)、イギリスの**ブルジョワジー**が局地的制限や地方的限界をぶち破った最初の政治的行動をも知っていた。もちろん、彼らがマニュファクチュア、海外貿易、植民地政策の相対的に発展した水準を知っていたことはいうまでもない。いま述べた経済事情の熟知はとくにロックにいえることだ。彼はイギリスの経済が最初の発展をみせ、株式会社、英国銀行が生まれ、イギリスの海外制覇が判然としてきた時期に著作活動をおこなったからである。ホッブズとロックの両者において、とりわけロックにおいては、開発・搾取の理論はまだ経済的内容に直結していた。

エルヴェシウスとドルバックが目にしていたのは、イギリスの理論や英・蘭領国の**ブルジョワジー**がすでになしとげた発展はもとより、自分の自由な発展のために闘っているフランスの**ブルジョワジー**の姿であった。十八世紀に広まっていた商業精神は社会のあらゆる階級を捉えたが、それはフランスではとくに投機のかたちをとった。政府の財政逼迫とそこから生まれた租税論争は、この時期の後でフランス全体の関心事になった。これに加えて、十八世紀のパリは、あらゆる国籍をもつ諸個人が個人的関係を結ぶことのできる唯一の世界都市、唯一の都市であった。これらの前提が他の国民よりも普遍主義的なフランス人全般の性格と結びつくと、エルヴェシウスとドルバックの理論に普遍的性格というこのフランス特有の色彩が付着して、まだイギリス人にみられた積極的な経済的内容が消去される。イギリス人の場合にはまだたんなる事実の確認であった理論がフランスにおいては発展して一個の哲学体系へと成長していく。事実的内容の消失をともなうこの普遍的性格はエルヴェシウスとドルバックにおいて顕著であり、ベンサムやミルのなかではじめて出会うような具体的事実に養われた普遍性とは根本的に違う。前者は闘争し発展しつつある**ブルジョワジー**に対応し、後者はその成長を終えて勝利した**ブルジョワジー**に対応する。

エルヴェシウスとドルバックが無視した開発・搾取理論の内容は、ドルバックが著作活動をおこなっていた時期に、フィジオクラートによって発展させられ体系化された。しかしフィジオクラートの分析の基礎はフランスのまだ原始的にとどまっている経済条件であった。この時期のフランスでは、土地所有を第一義とする封建制度がまだ打破されていなかったからである。だから彼らフィジオクラートたちは、土地所有と農業労働をあらゆる社会のかたちを決定する生産力とみなす点でまだ封建的な見方にとらわれていた。

開発・搾取理論はその後に、イギリスではゴドウィンが、しかしとくにベンサムが発展させた。ベンサムは、ブルジョワジーがイギリスでもフランスでも影響力を広げていくのと同時並行して、フランス人が無視した経済的内容を少しずつ理論のなかに取り入れていった。ゴドウィンの書物『政治的正義』は恐怖政治の最中に書かれ、ベンサムの主要な諸著作はフランス革命期とその後の時期に、またイギリスの大工業の発展期に書かれた。最後に、J・S・ミルのなかには効用理論と経済学との完全な融合がみられる。

経済学は以前では、財政家、銀行家、商人によって、要するに直接に経済問題にたずさわる人々によって研究されるか、ホッブズ、ロック、ヒュームのような普遍的精神――彼らは百科全書的知の一部門たるかぎりで経済学に関心をもった――によって研究されるか、のどちらかであったが、最初にフィジオクラートによって専門科学の地位に引き上げられ、彼らの後にはじめて、経済学は科学として扱われるようになった。経済学は自立した専門科学として、政治的、法的、その他の諸関係を包摂し、それらを経済的関係に還元していった。けれども経済学はあらゆる関係の経済への従属を、あまたある関係の一側面とみなし、経済関係以外の関係に対して経済とは独立した独自の意義を残しておいた。ベンサムにおいてはじめて、現存するすべての関係は効用関係に従属させられることになった。他のすべての関係の内容を効用関係だけが代表するという、効用関係の無条件な地位上昇はベンサムにしかみられない。ベンサムの時代には、フランス革命と大工業の発展の後でブルジョワジーはもうあまたある階級のなかの一階級ではなくて、その生存条件が社会全体の生存条件となる階級として登場したからである。

（MEW, III, S. 396–398.）

テクスト10　「カール・グリュン著『フランスとベルギーにおける社会運動』（ダルムシュタット、一八四五年刊）または真正社会主義の歴史叙述」

解　題

このテクストは「真正」社会主義の代表者たちを批判する『ドイツ・イデオロギー』の一節（テクスト9を

見よ）のなかの一部である。一八四六年春にマルクスが書いたこのテクストは、一八四七年八月と九月に、「真正」社会主義の一雑誌（ビーレフェルトとパデルボルンで発行されていた『ヴェストファーリアの蒸気船』）に発表された。

カール・グリュンはプルードンと友人づきあいをしているが、フランス社会主義をよく理解していないし、彼のフランス社会主義の知識は又聞きの知識、たとえばローレンス・フォン・シュタインの著書(1)やルイ・レイボーの著作(2)を通しての知識にすぎない、とマルクスは証明しようとしている。またマルクスによれば、グリュンはサン゠シモン主義、フーリエ主義あるいは一八四二年にエティエンヌ・カベーが出版した『イカリアへの旅』の最も重要な内容に気づかずにやりすごしている。この知識の欠如、とくに経済分析の領域に関する知的弱点の原因は、マルクスによると、グリュンの知的うぬぼれと観念論であった。グリュンは、「真正」社会主義の他の代表者たちと同様に、フランス人の政治的・社会的実践よりもドイツ人の科学と哲学のほうがずっと優れていると信じ込んでいるからである。

「真正」社会主義への批判は『ドイツ・イデオロギー』で終わらない。事実、マルクスは一八四七年四月八日の『ブリュッセル・ドイツ語新聞』紙上に、反グリュン宣言を発表するし（MEW, IV, S. 37–39）、エンゲルスも一八四七年九月から十二月にかけて、やはり同じ新聞紙上に「真正」社会主義の「文学」を批判する論文「詩と散文におけるドイツ社会主義」を発表する（MEW, IV, S. 207–247）。一八四七年一月から四月にかけてエンゲルスは『ドイツ・イデオロギー』に含まれている「真正」社会主義批判に再び取り掛かったが、この仕事は未完のままにとどまった。この未完の仕事は一九三二年まで未発表であった（MEW, IV, S. 248–290）。『コミュニスト宣言』は「ドイツ」社会主義または「真正」社会主義を批判する部分を含んでいる。マルクスとエンゲルスは〔『宣言』のなかで〕もういちど、ドイツ知識人の特徴をなす抽象癖と社会・経済的現実拒否を非難している（MEW, IV, S. 485–488）。

グリュン氏がフーリエの社会主義観を非難しているところから察すれば、グリュン氏自身が革命期をどう理解しているかがおよそ予測できる。「せめて四十年ばかり前に政治的結合が世間に知られていたとしたら（とグリュン氏はフーリエに言わせる）、革命は避けられたことであろう。しかしそれではどうして（とグリュン氏は質問する）大臣テュルゴが労働への権利を知っていながら、にもかかわらずルイ十六世の首がとんだということが起きたのであろうか。公債を労働への権利によって支払うほうが鶏の卵をもって支払うよりもずっとやさしかったはずである」（二一一ページ）。グリュン氏はひとつの些事を忘れている。すなわち、テュルゴがいう労働への権利は自由競争のことであって、この自由競争が実現するためにはこそ革命が必要であったのだ。

（MEW, III, S. 502.）

カベーはテュルゴを男爵にして大臣とよんでいるが、グリュン氏はカベーの言い方をそっくり真似ている。彼はカベーより話をおもしろくするために、パリ市長の末息子を最も古い「封建領主の一人」に変えている。カベーが一七七五年の飢饉と暴動を貴族階級の陰謀とみているのは、彼の思いちがいである。飢饉のうわさをまき散らし、飢饉にまつわる騒ぎを挑発するものたちのことは、いまだにわかっていない。いずれにせよ、この件に関しては、高等法院や民衆の偏見のほうが貴族階級よりもずっと重要な役割を演じていた。グリュン氏が「頑固パパ」カベーの誤りを丸ごと写していることはごく当然である。彼はカベーを福音書を信じるように信じているからである。カベーの権威に悪乗りして、彼はテュルゴを、すなわちフィジオクラシー学派の指導者の一人、最も「頑固な」自由競争論者、高利の弁護人、アダム・スミスの師匠たるテュルゴをコミュニストに数えている。テュルゴは偉大な人であった。なぜなら、彼はグリュン氏の思いつきに見合った人ではなくて、その時代の大きさに見合った人であったからである。グリュン氏の思いつきがどのように生まれたかについては見た通りである。

フランス革命の人たちに話題を移そう。カベーはブルジョワを非難して語るのだが、彼の話しぶりはブルジョワをひどく狼狽させる。彼はシエースをコミュニズムの先駆者とするからである。その理由はといえば、シエースが権利の平等を認め、財産のために国家の承認を求めたからだと彼は言う[a]。「フランス精神と接するたびに、フランス精神が凡庸皮相に見えてしかたがない」グリュン氏だが、彼は厚かましくもカベーを丸ごと写しながら、カベーのような昔の指導者の使命は、グリュン氏の「ヒューマニズム」を、「本につもる塵」のなかに埋もれることから守ってくれると妄想している。カベーは続けて言う。「**名高いミラボーの言葉に耳を傾けよう！**」（五〇四ページ）。グリュンは言う。「ミラボーの話を聞こう！」（二九二ページ）そして彼はカベーから抜き出した文章のうち、ミラボーが同一家族の子孫間の遺産均分相続に賛成するところを引用する。グリュン氏はこう言う。「これが家族のためのコミュニズムなのだ！」（二九二ページ）。こんな方法をもってすれば、グリュン氏はすべてのブルジョワ的制度をくまなく調べて、いたるところにコミュニズムの断片を見いだすことができるだろう。彼はあらゆる断片を集めるなら、そこから完全なコミュニズムが出来上がることだろう。彼はナポレオン法典を「**共同体法典**」と命名するくらいだから、売春宿、兵営、監獄などのどこにでもコミュニズムのコロニーを発見することができるというものだ。

（a）　カベー『イカリアへの旅』第二版、一八四二年、四九九―五〇二ページ。

（1）　ローレンツ・フォン・シュタイン『現代フランスにおけるソシアリズムとコミュニズム』、ライプツィヒ、一八四二年。
(2) ルイ・レイボー『現代の改革者またはソーシャリストの研究』全二巻、パリ、一八四二―一八四三年。再版はスラートキン社、パリ/ジュネーヴ、一九七九年、全二巻。

(MEW, III, S. 514–515.)

テクスト11 『哲学の貧困 プルードン氏の貧困の哲学に答える』

解題

以下の抜粋文は『哲学の貧困』の結論部である。そこではフランス革命が明示的に論じられていないが、未来の社会的(プロレタリア的)革命と一七八九年の政治的(ブルジョワ的)革命との対比は歴然としている。革命の二つのタイプの関係は一八四七―一八四八年時点におけるマルクスの考察の中心にある(『コミュニスト宣言』を参照)。

マルクスは、一八四六年十月に出たプルードンの書物『経済的矛盾の体系または貧困の哲学』を読んだ後、一八四六年十二月末から一八四七年四月にかけて『哲学の貧困』を書いた。マルクスの書物の原文はフランス語で書かれ、一八四七年七月にパリとブリュッセルで出版された。またこれは、一八八五年にカウツキーとベルンシュタインによって翻訳され、エンゲルスの序文をつけて出版された。

ともあれ、マルクスは独学者プルードンのなかに、青年ヘーゲル派にも「真正」社会主義たちにもみられるような、マルクスにとっては耐えがたい欠陥を嗅ぎつけた。その欠陥とは、観念論的な歴史観、具体的分析をともなわない図式的で体系的な思考、知的自己満足である。

互いに**協働する**ための労働者たちの最初の試みは、つねに団結というかたちをとって生まれた。

大工業は、互いに知らない人々の群をただひとつの場所に集める。たしかに競争は利害の面で彼らを分裂させる。けれども、賃金の維持、彼らが工場主に対抗してもつ協働の利害は、彼らを団結という同じ抵抗思想でもって結びつける。このように、団結はつねに二重の目的をもっている――彼らのあいだで競争を停止させる目的と、資本家に対して全面的に競争する能力をもつという目的である。抵抗という最初の目的が賃金維持にすぎなかったとしても、資本家たちのほうが抑圧するという考えをもって団結するにつれて、最初は孤立分散的であった団結も集団となり、ますます団結する資本に対抗するために、連合の維持は賃金維持よりもずっと大切になる。これはまことに真実であって、イギリスのエコノミストたちは、労働者たちが連合のために賃金の大部分を犠牲にする様子を見て大いに驚いているほどである。エコノミストの眼から見れば、連合は賃金のために作られたにすぎないかにみえるからである。この闘争――本当の市民戦争〔内乱〕――のなかで、来るべき戦闘に必要な諸要素が結集されて発展する。ひとたびこの一点に達すると、協働は政治的性格を帯びることになる。

経済の諸条件は、最初にその国の大衆を労働者に変えた。資本の支配は、この大衆に対して共通の状況、共通の利害を作りだした。だからこの大衆はすでに資本に対するひとつの階級であるのだが、まだその事実を自覚していない。われわれが指摘したごくわずかのケースをみただけでも、この闘争のなかで大衆は結合し自覚した階級へと自分を作りあげる。この闘争が守る利益は階級の利益になる。しかし階級と階級の闘争はひとつの政治闘争なのである。

ブルジョワジーについては、二つの段階が区別されなくてはならない。封建体制と絶対君主体制のもとでブルジョワジーが階級として形成される段階と、すでに階級として形成されたブルジョワジーが封建制と君主政を打倒し、社会をブルジョワ社会に作り替える段階である。最初の段階はきわめて長く、多大な努力を要した。この段階もまた、封建領主に対抗する部分的団結をもって始まった。

中世自治都市から階級としての形成に至るまでブルジョワジーがたどった種々の歴史的段階を跡づけるために、すでに多くの研究がおこなわれている。しかしストライキ、団結、そしてプロレタリアがわれわれの眼前で自己を階級として組織していく他の諸形態を正確に説明する段になると、あるものは正真正銘の恐怖にとらわれるし、他のものは**先験的な**軽蔑をひけらかす。

抑圧された階級は、階級敵対に基づく社会の死活にかかわる条件である。したがって抑圧された階級の解放は、必ず新しい社会の創造を意味する。抑圧された階級が自分を解放できるためには、すでに獲得された生産的諸力と現在の社会関係がもはや両立できなくなっていなくてはならない。あらゆる生産手段のなかで最大の生産力は革命的階級そのものである。革命的諸要素を階級として組織することは、古い社会の内部で生みだされることができたすべての生産諸力の存在を前提する。

これは、古い社会の没落の後に、新しい政治権力に凝縮される新しい政治支配が存在することを意味するのだろうか。けっしてそうではない。

第三身分すなわちブルジョワ身分の解放がすべての身分とすべての特権団体の廃棄であったのと同様に、労働階級の解放の条件はあらゆる階級の廃棄である。

労働階級は発展過程のなかで、古い社会の代わりに、諸階級と階級敵対を排除する連合をうち立てる。そこにはもう本来の政治権力は存在しないだろう。というのは、政治権力はまさに市民社会における敵対の公的要約であるからだ。

当面は、プロレタリアートとブルジョワジーの敵対は階級対階級の闘争であり、それが最高度の表現をとるとき、全体的革命になる。とはいえ、諸階級の**対立**に基礎を置く社会がむきだしの**矛盾**に、最終決着としての身体と身体の衝突に行き着くとしても驚く必要があろうか。

社会運動は政治運動を排除すると言わないでほしい。同時に社会運動でない政治運動などはけっして存在しないのだから。

諸階級も階級敵対もない状態が当たり前になってはじめて、**社会の進化**は**政治革命**であることをやめるであろう。そのときまでは、すなわち社会の全面的な手直しの直前までは、社会科学の最後の言葉はいぜんとして次のようであろう。


戦いか、さもなくば死あるのみ。血なまぐさい闘いか、さもなくば無あるのみ。このように問題は厳然として立てられる。(ジョルジュ・サンド)

(MEW, IV, S. 180–182.)

テクスト12　「『ライニッシャー・ベオバハター』紙のコミュニズム」

解　題

マルクスのこの論文は一八四七年九月十二日の『ブリュッセル・ドイツ語新聞』に発表された。これは少しばかり前にケルンの政府系保守派新聞『ライニッシャー・ベオバハター』紙上に出たばかりの論文への返答である。『ライニッシャー・ベオバハター』紙の論文は、プロイセン教育宗教大臣アイヒホルンの「宗教監督会議の一メンバー」が書いたものである。問題の「宗教監督官」はおそらくハーマン・ヴェゲナーであった。彼は一八七一年以前からビスマルク時代の「社会的」傾向をもつ保守主義のなかで重要な役割を演じたようだ。

『ライニッシャー・ベオバハター』の議論の筋立ては次の通りである――プロイセン政府も「社会問題」に関心を払うほうが得策である。なぜなら、君主政の利益と「人民」の利益は一致し、両方ともリベラルなブルジョワジーと対立しているからだ。逆に、リベラルなブルジョワジーは自己の政治的・経済的要求をおしすめるために「人民」を利用するが、自己のエゴイスト的利益しか念頭にない、云々。問題の「宗教監督官」はこれに加えて言う――政府の社会政策はキリスト教の原理に足場を置いて、その原理を実践のなかに持ち込んで、「コミュニスト」の宣伝を無効にしなければならないと。

マルクスの反論は進歩主義的〝リベラル・ブルジョワジーの歴史的役割をはっきりさせた。実際に、このブルジョワジーは、労働運動の発展とその政治的闘い――リベラル・ブルジョワジーとの闘いも含めて――を容易にする法的・政治的形態を要求し、またそれを創造する。マルクスは、ドイツの例とは正反対のイギリスやフランスの例を挙げて論じた。だからマルクスによれば、プロレタリアートはリベラル・ブルジョワジーに何ら幻想を抱くこともなく、絶対君主制とプロイセン官僚制に対するブルジョワジーの政治闘争を利用して、自分自身の利益と要求をつきつけ、プロイセンの君主政と官僚制との取引をいっさい拒否しなければならない。

一八六五年二月二十三日には、マルクスとエンゲルスは一八四七年九月十二日のマルクスの論文にはっきりと言及しつつ、一八六〇年代初めにラッサールとその仲間によって推奨され実行されてきた政策、すなわちリベラル・ブルジョワジーに対抗するために、プロレタリア勢力とビスマルク政府との同盟政策を拒否するであろう (cf., MEW, XVI, S. 79)。

一八八〇年代には、ビスマルクの社会的保護政策、「講壇者社会主義」、およびその他の「社会派キリスト教徒」の潮流は、マルクスが批判した「宗教監督官」によって一八四七年に推奨された政策をいっそう精緻に仕上げて受け継ぐことになる。

キリスト教の社会的原理は現在までに一八〇〇年かけて発展してきたのだから、いまさら宗教監督官諸氏によって発展させられる必要はさらさらない。

キリスト教の社会的原理は古代奴隷制を正当化し、中世農奴制を賛美してきた。そして現在でも同様に、必要とあればいささか後悔のふりをみせながら、プロレタリアートの弾圧を率先して弁護するつもりである。

キリスト教の社会的原理は支配する階級と圧迫される階級が存在する必要を説教し、圧迫される階級のために支配する階級が慈悲深くしてほしいというあだな願いを口にするだけである。

キリスト教の社会的原理はあらゆる破廉恥行為の宗教監督官的補償を天国にまかせ、そうすることで地上の破廉恥の永続を正当化する。

キリスト教の社会的原理は被抑圧者に対する抑圧者のあらゆる悪行を、原罪とその他の罪の正当な罰とみなすか、無限の知恵をもつ主なる神が罪から解放された人間たちに課す試練とみなすか、のどちらかである。

キリスト教の社会的原理は臆病、自己軽蔑、屈辱、謙虚、要するに下賤のものたちの特質を説法するが、下賤のものとして扱われることを拒否するプロレタリアートは、パンの必要よりも、勇気、威信感情、自負心、自立心を比べようもないほど必要とする。

キリスト教の社会的原理は狡猾だが、プロレタリアートは革命的である。

キリスト教の社会的原理に関しては以上で十分である。もっと後に出てくる文章を見てみよう。

「われわれは社会的改革を君主政の最も高貴な使命だと認めた。」

本当に認めたのだろうか。そんなことは一度も問題になったことはなかったのだが、ともかく一応そうだとしておこう。それでは、君主政の社会改革とはどんなものであったのだろうか。それは、リベラリズムの代弁者たちに対して隠された所得への課税——財務大臣の知らない余剰金をもたらす課税——を呑ませることであり、支払い能力のない農業信用銀行を作ることであり、東プロイセンに鉄道を敷設し、なかでも原罪と贖罪である巨大資本から利潤を引き出すことであった！

「これは王政が命じることである」——王政もよほど落ちぶれたものだ！

「これは社会の窮乏が要求することである」——社会の窮乏にとって、さしあたりドグマよりも保護関税のほうがずっと必要だ。

「これは福音書が勧めることである」——福音書だけでなく、万事と万人がこれを勧めることだろう。ただし、プロイセン国庫の恐ろしくひどい状態、三年間のうちに一五〇〇万ルーブルを取り返しようもなく呑みこんでしまうようなこの奈落はきっとお勧めではないだろうが。ともあれ福音書は何でもかんでも勧めるのだが、そのなかでも自己自身に向けられた社会改革の始まりとして去勢をさえ勧めるのである（マタイ伝、第一二五章）。

「王政は——とわが宗教監督官は説明する——人民と一体である。」この言葉はあの古い決まり文句「**国家、それは私だ**」の言い換えにすぎない。もっと正確に言えば、それは一七八九年六月二十三日に反逆する三部会に対してルイ十六世が使った決まり文句である。すなわち、諸氏が恭順の意を示さないなら、私は諸氏を追放しなくてはならない、という定型句である。「私だけが人民を幸福にするだろう。」〔これはルイ十四世の言葉。〕

このような決まり文句を使わざるをえなくなったとは、王政もすでにひどくつらい状況にあったにちがいない。わが宗教監督官は、ルイ十六世がこの文句を使ってくれたことにフランス人民が感謝したことをたしかに知っていたのである。

「玉座は――と監督官氏はさらに請け合って言う――人民の広い支持基盤をもたなくてはならない。まさにそれによって玉座は最も安定する。」ただし、人民が広い肩を激しくふるわせて、この邪魔な上部建築物をドブのなかに投げ込まないとしての話だが。

「**貴族は**――と監督官氏は結論する――王政に威信を残し、詩的な飾りを与えるが、現実的権力を王政から奪い取る。**ブルジョワジーは**、王室費だけを残して、王政から権力も威信を奪い去ってしまう。**人民**は王政にその権力も威信も詩情も残してくれる。」

この文章を書いた宗教監督官氏は、フリードリヒ・ヴィルヘルムが国会開会勅辞(1)のなかにある**人民に訴える**という形式をとった大法螺をまじめに取りすぎている。勅辞の最後の言葉はこうだ――貴族の没落、ブルジョワジーの凋落、人民の支持を得た君主政の樹立。

これらの要求がまったく妄想でないとしたら、ひとつの完璧な革命をひそかに用意することもできたかもしれない。

貴族階級はブルジョワジーと人民の連合による以外には打倒されないという事実、また貴族とブルジョワジーが手をとりあって共存している国では人民の支配などはまったくのナンセンスであるという事実は自明であって、これ以上語る必要はない。アイヒホルン大臣管轄下の一宗教監督官の妄想に対してまじめな議論をもって応対するわけにはいかないのだ。

おびえきったプロイセン王政を人民のなかに命がけで飛び込むことによって救おうとする諸氏に対して、われわれは好意的な忠告を少しばかりしておこう。

すべての政治的要素のなかでも人民は王にとって最も危険である。この人民はフリードリヒ・ヴィルヘルムが語るような人民ではなく、足蹴にされたり小銭をもらったりすると涙を浮かべて感謝する人民ではない。こうした人民はまったく危険ではない。なぜなら、それは王の空想のなかにしか実在しないのだから。ところが、プロレタリアート、小農民、下層民といった現実の人民は、ホッブズがいうように、たくましいがいじわるな子供（puer robustus sed malitiosus）であって、痩せた王によっても肥った王によってもだまされない。

こうした人民なら国王陛下から、普通選挙権、結社の自由、出版の自由、その他の不愉快なこととならんで、とりわけ憲法をもぎとることだろう。

そしてひとたびこれらのものすべてをわがものにすれば、人民はそれらを利用して、王政の**権力**、**威信**、**詩情**とは何であるかをできるだけ速やかに解き明かすだろう。

この王政の現在の堂々たる所有者は、もし人民が二五〇ターラーの年歳費と一日につき大ジョッキ一杯の白ビールをつけて、ベルリン労働者組合の公式の華麗なる代弁人として雇うなら、自分を幸福と思ってしかるべきだろう。

もしプロイセン君主政と『ライニッシャー・ベオバハター』の運命を今日握っている宗教監督官諸氏がこのテーマに疑念をもつことがあれば、諸氏は歴史を一瞥したらよい。歴史は人民に訴える王に対しては〔前に触れたドイツ王の妄想〕とはかなり違った運勢判断をするものである。

イギリスのチャールズ一世もまた、諸身分の頭越しに**彼の人民**に訴えた。彼は議会に対して武器を取れと自分の人民に訴える。ところが人民は王に対する反対宣言をして、人民を代表しないすべてのメンバーを議会から追放し、ついに人民の真の代表者となった議会によって王の首を切り落とさせることになった。

チャールズ一世の人民への訴えはこのような結末になったのである。これは一六四九年一月三十日に起きたことで、その二百年祭は一八四九年に祝われるであろう。

フランスのルイ十六世もまた、**彼の人民に**訴えた。彼は人民の他の部分の名のもとに人民のもうひとつの一部分に向かってたえず訴えた。彼は**自分の**人民、真実の人民、**彼**のために熱狂的に燃え尽くす人民を探したが、どこにも見つけることができなかった。最後に、彼はプロイセン軍とオーストリア軍の隊列を背後にひかえたコブレンツの戦場のなかにそれを見つけた。いいかげんにしろ、とフランスの彼の人民は腹を立てた。一七九二年八月十日、フランスの人民は人民に訴えた男〔上訴人に掛けた言葉〕をタンプル監獄に監禁し、あらゆる点で人民を代表する国民公会を召集した。

この国民公会は元国王の**訴え**〔上訴〕を審判する資格ありと宣言し、数回の審議の後に、この上訴人を革命広場に送った。一七九三年一月二十一日、彼はこの広場で処刑された。

王たちが**自分の人民に訴える**とき何が起きるかは以上の通りである。宗教監督官たちが民主的君主政をうち立てようとするとき何が起きるかについては、なおしばらく待たなくてはならない。

(1) プロイセン王フリードリヒ・ヴィルヘルム四世は、一八四七年四月十一日、「連合議会」――プロイセンの八つの地方議会の連合――開催にあたって、こう宣言した――自分を人民に結びつける「自然の」絆を司法的・憲法的性格の絆に変えるつもりはないと。これは、王の人格(または王と王妃)と生きている全体性――フランス風に法典化された個人的権利と政治的権利から独立した全体性――としての人民との有機的統一というロマン派の理論の二番煎じである(フリードリヒ・ヴィルヘルム三世と王妃が玉座に座った一七九七年に、ノヴァーリスが発表したテクスト「信仰と愛または王と王妃」がこのことを教えているので、参照せよ)。

(MEW, IV, S. 200–203.)

テクスト13　「道学者的批判と批判的道徳　ドイツ文化史のために　カール・ハインツェンへの反論」

解　題

マルクスのこの長大な論文は、一八四七年十月二十八日号と三十一日号、十一月十一日号、十八日号、二十五日号の『ブリュッセル・ドイツ語新聞』に発表された。この論文は、一八四七年十月初めの同じ新聞紙上にエンゲルスが展開した長いハインツェン批判〔「コミュニストたちとカール・ハインツェン」〔MEW, IV, S. 309–326〕を見よ〕を補足したものである。ハインツェンもまたコミュニストたち、とくにエンゲルスに関して論文をいくつか同じ『ブリュッセル・ドイツ語新聞』に発表した。ハインツェンはプロイセン国家とその官僚制に敵対した、きわめて活動的な共和派の政論家であり、一八四〇年代の他の多くのドイツ人「ラディカルたち」と同様に、連邦制のドイツ共和国に賛同していた。彼は青年ヘーゲル派や「真正」社会主義の論客たちとつきあっていたけれども、ヘーゲル主義の知的洗練をひどく嫌って、「コミュニストたち」の闘いを主要な闘いの障害物とみなしていた。彼のいう主要な闘いとは、貴族階級、絶対君主制、官僚制に反対する共和派と民主派の闘いである。

彼の多数の論文やパンフレットは多くの書物にまとめられている。とくに次のものを参照せよ。

――『二〇ボーゲンを超えて』、ダルムシュタット、一八四五年（二〇ボーゲンは、この分量を超えるとドイツ語圏では書物があらかじめの検閲を受けないですむ限界線であった）。

――『プロイセンの官僚制』、ダルムシュタット、一八四五年。

――『ドイツ革命　パンフレット集』、ベルン、一八四七年。

要するに、マルクスのハインツェン批判は、その要点をとっていえば、ハインツェンの政治的立場が粗雑で一面的で非弁証法的な性格をもつことに向けられている。とりわけマルクスが憤懣やるかたないのは、ハインツェンがヘーゲル哲学に単純素朴な常識を対置したり、ブルジョワジーとプロレタリアートの社会的・政治的対立の分析に対して共和派の闘いを対置していることである。こう言ってよければ、マルクスはハインツェンがプロレタリアートとブルジョワジーを、二つの社会階級の敵対を無視して、統一しようとする共和派の闘いというジャコバン的幻想に陥っていると非難しているのである。

このテクストは前のテクスト（テクスト12を見よ）を補う。君主政との協力関係を拒否するからといって、ブルジョワジー――たとえリベラルであっても――とプロレタリアートとの解消不可能な対立を無視することになってはならない、という趣旨である。しかしその場合、マルクスが一八四七年九月十二日に書いた論文「『ライニッシャー・ベオバハター』のコミュニズム」のなかで語っていた「人民」、「現実の人民、プロレタリア、小農民、下層民」は、マルクス主義の図式のなかではどうなるのだろうか。まさにこれが一八四八年のドイツ革命の挫折の問題であり、またそれをも越えて、自立したプロレタリア戦略の問題である。『コミュニスト宣言』はまさにこの問題を提起し、解決しようと試みる。

ブルジョワジーが政治的に、すなわちその国家権力によって、「所有関係のなかの不正」を「維持している」とはいえ、ブルジョワジーがこの不正を**創造する**のではない。「所有関係のなかの不正」は、近代的分業、交換の近代的形態、競争、集中、等々から生じるのであって、けっしてブルジョワ階級の政治的支配の結果ではない。むしろ反対に、ブルジョワ階級の政治的支配は、ブルジョワ的エコノミストたちが永遠の必然的法則と宣言した近代生産関係の結果なのである。したがって、プロレタリアートがブルジョワジーの政治的支配をひっくり返すとしても、その勝利は一時的にすぎず、一七九四年の場合と同様に、**ブルジョワ革命**に奉仕する一要因にすぎないだろう。歴史の進展にそって、歴史の「運動」のなかで、ブルジョワ的生産様式の廃棄、したがってブルジョワの政治的支配の決定的没落を必然にする物的条件が創造されないかぎり、そうなるだろう。したがって、恐怖政治体制はフランスでは封建制の廃墟をフランスの大地からハンマーの一撃のもとに魔術のように消滅させることに役立っただけである。実際のブルジョワジーは臆病で妥協的であるから、たとえ数十年をかけてもこのつらい仕事をなしとげることはできなかっただろう。だからこそ、人民の流血の行為が、ブルジョワジーのために道を用意してやったのである。同様に、絶対君主制の没落は、ブルジョワ階級の支配のために必要な経済条件がまだ熟していないかぎりは、一時的なものにすぎないであろう。人々はたしかに新しい世界を建設するが、それはがさつな迷信が信じているような「現世の善行」によるのではなくて、沈没しつつある人間界が作りだした歴史的成果のおかげなのである。人間は近代化するなかで、まずは自力で新しい社会の物的条件を**生産し**なければならない。精神や意志がどれほど努力したところで、それは人間をこの運命から解放することはできない。

「充実した人生」から活力を吸い上げ、哲学その他の研究によってもその**生まれついての**傾向をいささかも弱めない「良識」の粗雑さ、これがグロービアニスムス〔マルクスはこの論文の冒頭で十六世紀のグロービアン文学を説明している。グロービアンとは「野卑なもの」を意味する〕であるが、これの特徴は、それが**差異**を見るところで**統一**を見ず、**統一**を見るところで**差異**を見ないことにある。それが**差異規定**をいくつか立てると、これらの規定はただちにその手のなかで化石化する。それは、薪の束のような概念が燃え出すように互いに衝突させることを、きわめていとわしいソフィスト的なものとみなすのである。

たとえば、**貨幣と権力**、**所有と支配**、**貨幣取引と権力取引**は同じものではないとハインツェン氏が言うとき、彼はこのわずかの言葉のなかにすでに姿をみせている**同義反復**を述べているのである。言葉を区別するという単純な行為は彼にとっては英雄的行為にあたるらしく、彼は**千里眼の人**の自覚をもって、この英雄的行為を認めるようにコミュニストに要求するのだが、彼によればコミュニストのほうは、ハインツェン流の子供じみた知覚にとどまるつもりはないので、よほど「盲目」ではないかと彼から思われてしまうほどなのだ。

どのように「貨幣取引」が「権力取引」に変わるのか、どのように「所有」が「政治的支配」に変わるのか、したがってどのように両権力の関係が、ハインツェン氏が**ドグマ**として認める固定した区別ではなくて、融合するまでに至るのか、について彼は速やかに納得できるためには、次のことを見ればよい。どのように農奴が自由を**買い取った**のか、どのように都市コミューンが自治権を**買い取った**のか、どのようにブルジョワたちが、一方で、商業と産業によって封建領主のポケットから金銭をかすめとり、領主の土地財産を為替手形に蒸発させ、他方で、どのように土台を崩された大封建領主に勝利するように絶対君主制を助けて、特権を**買い戻して**やったのか、どのようにブルジョワたちが後になって絶対君主制の財政危機をすら利用したのか、どのように最も絶対的な諸君主国が、近代産業と商業の産物たる公債制度のゆえに、取引所の大立者の意のままになるまでに落ちぶれたのか、どのように諸国民の国際関係のなかで、産業独占がただちに政治的支配に変わるのか、という事実である。このようにして、たとえば神聖同盟の君主たちは、「ドイツ解放戦争」においては、イギリスに雇われたドイツ人歩兵にすぎなかったのである。

〔MEW, IV, S. 338–340.〕

人々の**政治的**関係は当然ながら**社会的**関係でもある。それは人々が他人と隣り合って生きるすべての関係と同様である。したがって、人々の相互関係に関連する問いは社会的な問いでもある。八歳の子供のための教理問答にふさわしいこのような自明の事実のおかげで、グロービアニッシュとよばれる粗雑で粗野な連中は何か重要なことを言ったつもりになっているばかりでなく、現代の敵対関係のなかで影響力を示したと思い込んでいる。

「**われわれの**時代に扱われた社会問題」は、絶対君主制の外に出てみればますます重要性を増していることがたまたまわかってくる。ソーシアリズムやコミュニズムはドイツで生まれたのではなく、イギリス、フランス、北アメリカから出てきたこともわかる。

真に活動的なコミュニスト派が最初に出現したのは、立憲君主制を除去した時期のブルジョワ革命の最中である。最も首尾一貫した**共和主義者**は、イギリスでは「水平派」であり、フランスではバブーフとブオナロッティであったが、彼らがはじめてこの「社会問題」を宣言したのである。バブーフの友人とブオナロッティの仲間が書いた『バブーフの陰謀』を読むと、この共和主義者たちが歴史の「運動」からひとつの確信を汲み取ったことがわかる。すなわち、**王政**か**共和政**かといった社会問題を解決したとしても、プロレタリアートの意味での「社会問題」だけはいっこうに解決できないという確信である。

「われわれの時代」に提起されたような**所有の問題**は、ハインツェンが与える形式ではまったく理解できなくなる。「誰かがすべてを**所有**し、他のものが何ももたないのは**正当**なのか、あるいは一般に個人が何かを所有する**権利をもつ**のは正当なのか」、といった問い方、良心の問題や司法上の空論といった愚論などは、ハインツェン式の問いの形式である。

所有問題は、一般的には産業の発展の種々の度合いに応じて、また特殊にはさまざまの国々における産業発展度の個々の違いに応じて、実に多様な姿をみせる。

たとえば、ガリツィアの農民にとって所有問題は封建的土地所有のブルジョワ的小所有への転換に要約できる。ガリツィア農民にとって所有問題は一七八九年以前の**フランス**農民の場合と同じ意味をもっているが、**イギリス**の日雇い農業労働者は土地所有とはまったく無関係である。彼は借地農とかかわるだけである。借地農とは、機械制農業を営む産業資本家である。反対に、直接に土地所有者とかかわりをもつのは、土地所有者に地代を払う産業資本家のほうである。したがって、土地所有を廃絶することは、イギリス産業ブルジョワジーにとってその所有（財産）にかかわる最も重要な問題である。穀物法に反対するブルジョワジーの闘いはこれ以外の意味はない。逆に、イギリスの日雇い農業労働者や工場労働者にとっての所有問題とは資本の廃棄なのである。

フランス革命でもイギリス革命でも、所有問題が提起された次第は次の通りである——自由競争を強制し、十六世紀から十八世紀までに発展してきた産業にとって足枷となった領主制・同職組合幹事会・独占等々の封建的所有関係を廃絶すること、これが所有問題であった。

最後に、「**われわれの時代**」の所有問題が意味するところは、大工業、世界市場の拡大、自由競争から生じる数々の敵対関係を消滅させることである。

所有問題は、産業発展の種々の段階に応じて違いがあるが、つねにひとつの特定の階級の死活にかかわる問題であった。十七世紀と十八世紀には**封建的**所有関係をなくすことが課題であったが、この時期の所有問題は**ブルジョワ**階級の死活にかかわる問題であった。十九世紀には**ブルジョワ的**所有関係を廃絶することが課題になっているから、この時期の所有問題は**労働者階級**にとっての死活にかかわる問題なのである。

「われわれの時代」において歴史的意義をもつ問題である所有問題は、だから**現代ブルジョワ社会**のなかでしか意味をもたない。この社会が発展するにつれて、つまりブルジョワジーが一国のなかで経済的に発展し、したがって国家権力がますますブルジョワ的表情をみせるにつれて、それだけますます**社会**問題も鋭い相貌をみせるようになる——フランスではドイツよりも鋭く、イギリスではフランスよりも鋭く、立憲君主制では絶対君主制よりも鋭く、現れる。同様にたとえば、信用制度や投機等々から生じる数々の衝突が北アメリカ以上に現れるところはどこにもない。さらに、**社会的**不平等が最も残虐な仕方で現れるところは北アメリカの東部諸州である。なぜかといえば、そこでは社会的不平等が政治的不平等によって粉飾されることが最も少ないからである。アメリカ東部諸州では極貧層がまだイギリスほど発展していない。その理由は経済事情にあるのだが、ここではこれ以上語る必要はあるまい

(MEW, IV, S. 340–342.)

ハインツェン氏は君侯たちがドイツの社会的建築物の頂点にはじめからいると思い込んでいる。君侯たちは過去に自分たちの社会的基礎を築き、いまもそれを日々新たに築いていることを一瞬も疑わずに信じている。君主政と、君主政が**公式の**政治的表現となっている社会的条件とのつながりを説明するために、このつながりを君主たちに**作らせる**ことほど簡単なことがあろうか。議会が現代ブルジョワ社会と、議会が代表する現代ブルジョワ社会とのつながりは何だろうか。議会が現代ブルジョワ社会を**作った**のである。政治上のオリンポスの神々は、その装置と階層組織をもって世俗的世界を**作った**のだが、政治的なオリンポス神こそ、この俗界のなかの最も聖なるものなのである。同様に、**宗教上の**オリンポスの神々は世俗的状況を作るだろうが、俗界はオリンポスの神々のなかに想像的に反映され、神格化される。

下司の知恵をそれに見合った下卑た情熱をもって売りさばく**グロービアニスム**〔野卑文学〕は、リンゴの実がリンゴの木を作ったのではないのだと親切にも証明する労をとってくれる相手をみて、当然にも驚

くにちがいないが、道徳的に憤慨することだろう。
現代の歴史が証明したように、**絶対君主制**は過渡期に出現したのであって、この時期に古い封建的秩序は衰頽し、城塞市民層身分（Bürgerstand）は少しずつ近代のブルジョワ階級に転換し、**ブルジョワ階級**へと生成するが、闘争のなかの当事者の一方が他方に打ち勝つまでには至らない。だから絶対君主制がよって立つ土台的諸要素は、君主政の産物ではない。それらは君主政の社会的前提条件であって、この前提の歴史的生成はあまりにも知られているので、ここで繰り返すまでもない。ドイツでは絶対君主制が他より遅れて作られ、他より長く続いているが、これはドイツ・ブルジョワ階級が十分に発展しないで萎縮してしまっているという事実によってはじめて説明できることである。この発展の謎を解く鍵は商業と工業の歴史のなかに見いだすことができる。

(MEW, IV, S. 345–346.)

テクスト14 『コミュニスト宣言』

解　題

正義者同盟を引き継いだコミュニスト同盟の最初の会議は、一八四七年六月にロンドンで開催された。その年の夏にマルクスは同盟のブリュッセル支部の議長に選出された。一八四七年末にロンドンで開催された同盟の第二回会議は、この組織の「宣言」を書く仕事をマルクスとエンゲルスに委嘱した。後になってエンゲルスは『宣言』の真の著者がマルクスであることを強調している（一八八三年のドイツ語版への序文を見よ。MEW, IV, S. 577.）テクストの文体は明らかにマルクスのものである。このテクストは基本的に一八四八年一月に書き下ろされて、二月末にロンドンでドイツ語のまま出版された。

一八四三―一八四四年以後にマルクスが検討してきた本質的な政治問題のひとつは、政治革命（「ブルジョワ的」または「ブルジョワ民主主義的」革命）と社会的（「プロレタリア的」）革命との関係という問題である。またそれこそが『宣言』の主要な問題のひとつである。フランス革命は、『宣言』のテクストのなかでは、明らかにごくわずかしか顔をださない。けれども、フランス革命が話題になるときには、つねに政治革命と社会革命との関係の観点からとりあげられている。

以下に抜き出した文章のなかで、「ソーシャリストとコミュニストの文献」とよばれるものは「真正」社会主義の文献のことであることに注意を喚起しておかなくてはならない。マルクスとエンゲルスは、一方の、一八三〇年代と一八四〇年代のフランスのソーシャリズムとコミュニズムに対する「真正」社会主義の理論家たちの関係と、他方の、フランス革命に対する十八世紀ドイツの哲学者たちの関係（明らかにカントが、おそらくはフィヒテも念頭にある）、この二つの事柄を平行関係のなかにおいている。これは、少なくともドイツの知性に関しては、「悲劇」を「笑劇」として反復することを示唆しているのだろうか。マルクスとエンゲルスが前に「真正」社会主義者たちに浴びせた嘲笑と皮肉を考慮すれば、これもありそうなことである（テクスト9とテクスト10を参照）。

コミュニストの理論的命題は、あれこれの世界改良主義者たちが発明ないし発見した理念や原理に基づくものではけっしてない。

それは単に、現実に存在する階級闘争、つまりわれわれの眼前で展開している歴史運動の事実的諸関係を一般的に表現したものにすぎない。従来の所有関係を撤廃することは、なにもコミュニズムに固有の特徴ではない。

あらゆる所有関係は、たえまない歴史的変遷、たえまない歴史的変化に支配されてきた。

たとえばフランス革命は封建的所有を廃し、ブルジョア的所有を実現した。

コミュニズムを特徴づけているのは、あらゆる種類の所有を廃絶することではなく、ブルジョワ的所有を廃絶することである［……］。

（MEW, IV, S. 475.）

フランスにおける社会主義および共産主義に関する書物は、ブルジョア支配の圧迫下で書かれ、このブルジョア支配に対する闘争の文章上の表現であった。ところがこうした文献がドイツに輸入されたのは、ドイツのブルジョアジーが、封建的絶対主義に対する闘いを始めたばかりの時であった。

ドイツの哲学者たち、半哲学者たち、それに似非教養人たちは、こうしたフランスの著作をどん欲に吸収していったが、そのさいに、こうした著作がフランスから入ってきたときに、フランスの生活状況も同時に入ってきたわけではないことを忘れてしまった。ドイツの生活状況を前にして、こうしたフランスの文献は、いかなる意味でも直接的な実践的関係を持たなくなってしまった。純粋に読み物としての体裁しかもたなくなってしまった。人間の本質の実現について暇つぶしに思いめぐらした書物にしか見えなくなった。だからこそ十八世紀のドイツの哲学者たちにとっては、最初のフランス革命の掲げたさまざまな要求は、「実践理性」一般の要求なるものを意味しただけである。そして、フランスの革命的なブルジョアジーの意志表明は、彼らドイツの哲学者たちの目には、純粋意志の諸法則、本来あらねばならないような意志、つまり真正に人間的な意志の諸法則を意味しただけであった。

（MEW, IV, S. 485–486.）

ここでは、すべての近代の大革命の渦中でプロレタリアートの要求を表明してきた文献（バブーフの著作他）についてはとりあげない。

一般的な混乱の時代、封建社会の転覆の時代に、直接に自分自身の階級利益を貫徹しようとしたプロレタリアートの初期の試みは、プロレタリアート自身が未発達の状態にあり、またプロレタリアート解放のための物質的条件が欠落していたため、必然的に失敗に終わった。プロレタリアート解放のための物質的条件は、ほかならぬブルジョア時代になってはじめて生み出されるのである。プロレタリアートのこの初期の運動に付随した革命的文献は、その内容からすれば必然的に反動的である。それが教えているのは、一般的な禁欲主義と粗野な平等主義である。

（MEW, IV, S. 489.）

ポーランド人のあいだでは、コミュニストは農業革命を民族解放の条件としている党、すなわち一八四六年のクラクフの反乱を起こした党を支持する。

ドイツでは、コミュニスト党は、ブルジョアジーが革命的に行動するならば、ただちにブルジョアジーと協力して絶対君主制、封建的土地所有、小ブルジョア層と闘う。

しかし同党は、ブルジョアジーとプロレタリアートとの敵対について、労働者ができるだけ明確な意識を持ちうるよう、一瞬たりとも努力をおこたらない。それは、ブルジョアジーがその支配によって招かざるをえない社会的、政治的諸条件を、ドイツの労働者がただちに、そのまま武器としてブルジョアジーにむけることができるようにするためである。それによって、ドイツの反動的諸階級が倒れた後、ただちに、ブルジョアジー自身にたいする闘争が開始されるのである。

コミュニストはその主たる注意をドイツに向ける。それは、ドイツがブルジョア革命の前夜を迎えているからである。またドイツが、十七世紀のイギリスや十八世紀のフランスよりも、いっそう進歩したヨーロッパ文明全般の条件のもとで、またはるかに発展したプロレタリアートによって、この革命を遂行するからであり、それゆえドイツのブルジョア革命がプロレタリア革命の前哨戦とならざるをえないからである。

一言でいえば、コミュニストは、いずこにあっても現存する社会的、政治的状態を覆すすべての革命運動を支持する。

これらの運動すべてにおいてコミュニストは、所有の問題を、その発展形態の程度にかかわらず、運動の根本問題として強調する。

(MEW, IV, S. 492–493. 三島憲一・鈴木直訳、『マルクス・コレクション』Ⅱ、筑摩書房、二〇〇七年、所収。)

テクスト15　「一八四六年二月二十二日ポーランド革命二周年記念講演（ブリュッセル）、A・J・スノー、カール・マルクス、ルルヴェル、F・エンゲルス、ルイ・ルブリネ（弁護士）の諸氏による演説」

解　題

三二ページのこの小冊子は、一八四八年にブリュッセルのC・G・ヴォグレル書店から出版された。この冊子の一ページから一四ページまでがマルクスの演説である。われわれはこのテクストを、マルクスとエンゲルスのドイツ語版全集（旧 MEGA, VOL. I, 1932, S. 409–411）に拠って再録しておく。マクシミリアン・リュベルは親切にもこのテクストの所在を教えてくれた。

ナポレオン時代が終わった後に、一八一五年のウィーン会議は、ポーランドの土地をプロイセン、オーストリア、ロシア間で分割した。プロイセンはポーランド西部地域（基本的にポズナニ〔ドイツ名ポーゼン〕地方）を、オーストリアは中部地域（ガリツィア）を、ロシアは中央部と東部にある最も広い地域、つまりポーランド王国または議会のポーランドとよばれる地域を得た。このようにして、十八世紀の三列強間分割政策（一七七二、一七九三、一七九五の諸年）に再び戻ることになった。

ロシア地域で一八三〇―一八三一年に起きた全国蜂起が失敗した結果、三つの占領地域で教育と行政の反民族的弾圧とゲルマン化（またはロシア化）が強化された。三つの地域のポーランド・ナショナリストたちは多くの困難をかかえていて、彼らの闘争を統一することができなかった。そのうえ、彼らは対立する諸党派に分裂していた。リベラル派と民主派――ブルジョワと知識人――が、貴族がいやがる農民解放を重視していたからである。さらに、このような分裂の起源は部分的には一八三〇―一八三一年の運動の挫折にあった。

クラカウの小共和国は、一八一五年以来、ポーランドの唯一の独立地域であった。それは三地域における、とくにガリツィアでの、ナショナリストのプロパガンダの主要な拠点であった。一八四六年二月二十一日から二十二日にかけての夜に、クラカウで樹立された国民政府は全国蜂起ならびに農民賦役の廃止を宣言した。しかしガリツィアの農民大衆はこの運動から離れたままでいた。加えて、この地域のルテニア農民たちは、彼らの正統宗教によってポーランド人とは違っていたから、ポーランド人の土地所有者の城を攻撃し、革命運動を弾圧するためにやってきたオーストリア軍を支持するありさまであった。

一八四六年十一月、ロシアとプロイセンの公認のもとに、オーストリアはクラカウ共和国を併合する。ウィーン政府はガリツィア農民の「愛国心」に感謝するが、再び彼らに封建的賦役を強制するために軍隊を派遣する。

カール・マルクスの演説

会場の皆さん

歴史にはおどろくべき類似があります。一七九三年のジャコバンは現代のコミュニストにあたります。一七九三年に、ロシア、オーストリア、プロイセンがポーランドを分割したとき、三列強は、いわゆるジャコバン的原理の上に誰からも非難されてきた一七九一年憲法をもちだしました。

では、その一七九一年のポーランド憲法はいったい何を宣言したのでしょうか。それは〔ジャコバン憲法どころか〕立憲君主制にほかなりません。それは国の代表者の手中にある立法権、出版の自由、裁判所審議の公開、農奴制の廃止、等々をうたっています。これらのことは、昔なら純粋のジャコバン主義とよばれたものです。皆さん、御覧のように、歴史はこのように進んできました。昔のジャコバン主義は今日では事実上リベラリズムのなかでも最も穏健なものになってしまいました。

三つの列強も歴史とともに歩んできました。一八四六年に、クラカウをオーストリアに合併させて、ポーランドの国民性の最後の一片をも没収し尽くした列強は、彼らが昔ジャコバン主義とよんだものにコミュニズムの名を与えました。

では、クラカウ革命のコミュニズムとは何でしょうか。それはポーランドの国民性を再建しようとしたという理由でコミュニスト的であったのでしょうか。そうした言い草は、諸国民を救うために連合ヨーロッパがナポレオンに仕掛けた戦争がコミュニスト的であったとか、ウィーン会議が玉座についたコミュニストたちから構成されていたとか、言うようなものです。それともクラカウ革命は、民主政府を樹立しようとしたという理由で、コミュニスト的であったのでしょうか。ベルンやニューヨークの百万市民たちを、コミュニスト的気分をもっているといって非難するものはいないでしょう。

コミュニズムは諸階級の存在の必然性を否定し、あらゆる階級、あらゆる階級区分を廃止するつもりです。クラカウの革命家たちは、諸階級のなかの政治的区別だけを消し去ろうとしました。彼らは異なる諸階級に対して平等の権利を与えようとしたのです。

ところで、このクラカウ革命は、結局、どういう点でコミュニスト的であったのでしょうか。

ひょっとしてその革命が封建制の鉄鎖を打ち砕き、従属的所有を解放して自由な所有、現代的所有に変換しようと試みたから、コミュニスト的であったのでしょうか。

かりにフランスの有産者たちに向かって、「ポーランドの民主主義者は何を望んでいるか御存じですか。ポーランドの民主主義者はすでにわが国に存在している所有の形態をポーランドに導入しようと考えているのです」と言ったとしたら、そのときフランスの有産者はこう答えるでしょう――「きっとうまくいくだろう」と。しかし、ギゾー氏とともに、フランスの有産者に向かって、「ポーランド人は諸君が一七八九年の革命によって確立した、今もなお存続しているような所有権を廃止しようとしている」と言ったとすれば、彼らはこう言うでしょう――「何ということだ！　彼らは革命家だ、コミュニストだ！　破廉恥なやつらをやっつけなくてはならない」。同職組合幹事会と同職組合の廃止、自由競争の導入は現今のスウェーデンでは**コミュニズム**とよばれています。『ジュルナール・デ・デバ』紙はもっとうまく言います――二万人の有権者を買収する権限を与えてくれるような地代を廃止することは、収入源を廃止することであり、既得権益を廃止することだから、それはコミュニストの手口なのだと。おそらくクラカウ革命もまた所有権を廃止しようとしたのでしょう。しかしどのようなタイプの所有権なのでしょうか。スイスの分離派[1]（Sonderbund）が破壊できないのと同様に、ヨーロッパの他の地域でも破壊できないタイプの所有です。両方とも今ではどこにもないからです。

ポーランドでは政治問題が社会問題と密着している事実を誰も否定しないでしょう。いつでも二つの問題は不可分なのです。

いっそのこと反動家たちに質問したらどうでしょうか――王政復古期に、諸君は政治的自由主義やヴォルテール主義的知識とだけ闘争していたのかと。

大変著名な一人の反動的著作家は、ド・メーストルやド・ボナルド流の深淵な形而上学といえども結局は金銭問題に落ち着くと公然と告白していますが、およそ金銭問題はそのまま社会問題ではないでしょうか。王政復古期の人々は、良い政治を取り戻すためには、莫大な財産《プロプリエテ》、封建的土地所有《プロプリエテ》、道徳的適性《プロプリエテ》が必要であることを隠しませんでした。誰もが知っているように、君主政的忠義は十分の一税と賦役なしにはたちゆかないのです。

もっと昔にまでさかのぼってみましょう。一七八九年では、人間の諸権利という政治的問題は自由競争という社会問題を封印していました。

イギリスではどうなったでしょうか。選挙法改正法案から穀物法廃止に至るまでのあらゆる問題のなかで、多くの政党は所有権の変更、所有問題、社会的諸問題のために闘う以外のことをしたでしょうか。

当地ベルギーにおいても、リベラリズムとカトリシズムの闘いは、産業資本と大土地所有との闘争とは別ものでしょうか。

この十七年来人々が論争してきた政治的諸問題は、根本のところでは社会的諸問題ではないでしょうか。

このように、皆さんが身を置く見地がどうあれ、その見地がリベラルであろうと、ラディカルであろうと、貴族主義的であろうと、クラカウ革命が社会問題を政治問題に直結させたといって非難することができるでしょうか。

クラカウの革命運動の先頭に立った人々は次のように心中深く確信するところがありました——すなわち、民主的ポーランドになってのみ独立することができるのであり、ポーランドの民主主義は封建的権利を廃棄し、隷属農民と自由な土地所有者を現代的な所有者に変える農民運動なしには不可能であると。ロシアの専制君主に代えてポーランドの貴族支配を復活させたところで、専制政治に帰化認可証を与えるだけのことでしょう。ドイツ人がやったことも同じであって、彼らは外国との戦争のなかで一人のナポレオンと三十六のメッテルニヒとを交換したのでした。

ポーランドの領主が自分の頭上にロシア人の領主を戴くことがもうないにしても、ポーランドの農民はあいかわらず頭上に領主を、しかも以前の奴隷的領主に取って代わった自由な領主を戴いているのです。政治的変化は農民の社会的地位を少しも変えなかったのです。

クラカウ革命は、民族の大義を民主主義の大義と抑圧された階級の解放と同一視することによって、全ヨーロッパに栄光ある手本を示してくれました。

かりにこの革命が金で雇われた暗殺者の血まみれの手によって一時的に窒息させられるとしても、革命は今度はスイスとイタリアで栄光に輝き勝利を誇ることになるでしょう。アイルランドでも革命とその原則の正しさを確認しています。アイルランドでは、偏狭な民族主義的党派はオコンネルとともに墓場にくだりましたが、新しい民族的党派はとくに改革的で民主的であります。(2)

今度もまたポーランドが主導権をとりました。今回はもう封建的ポーランドではなくて、民主的ポーランドです。このときを境にして、ポーランド解放は、ヨーロッパのすべての民主主義者の面子にかかわる問題になりました。

（1）一八四七年にスイスで起きた分離派の内戦は、少数派のカトリック保守派の諸州と、多数派の急進派と世俗派諸州とを闘わせた。少数派の諸州はたちまちのうちに鎮圧された。
（2）フランス語原文における「その〔革命の〕原則」は、ドイツ語訳（MEW, IV, S. 521）では「彼らの原則」になっている。しかしわれわれは「その」を原文通りに残す。なぜなら、一八四八年のフランス語原本のなかでどちらがよいかを確かめるすべがないからである。

（旧 MEGA, I, VI, 1932, S. 409–411. 原文はフランス語。）

テクスト16　「封建的負担撤廃法案」

解　題

この論文は『新ライン新聞』の一八四八年七月三十日号に掲載された。

一八四八年三月初めにベルギーから追放されたマルクスは、フランス共和国の臨時政府からフランスに戻るように勧められた。三月末に書き終えられ、パリで広められてから種々のドイツ語新聞に転載された小冊子『ドイツ・コミュニストの諸要求』のなかで、マルクスとエンゲルスは「一にして不可分の」ドイツ共和国の創造のために弁説をふるっている（MEW, V, S. 3）。四月には、マルクスはエンゲルスやコミュニスト同盟の仲間たちと一緒に、パリを去ってケルンに向かう。プロイセン・ライン州の首都ケルンで、マルクスとエンゲルスは民主主義的で革命的な日刊新聞『新ライン新聞』――「民主主義的機関」がそのサブタイトルである――の編集と伝播に積極的に従事する。この新聞はマルクスを主筆として、一八四八年六月一日から一八四九年五月十九日まで続く。

一八四八年三月のドイツ革命は、マルクスにとっては、ブルジョワ革命を成功させた後でプロレタリア革命を継続させる可能性――彼が一八四七年の諸テクストと『宣言』のなかで予想していた仮説――を示していた。したがって、『新ライン新聞』はコミュニスト同盟から影響を受けたプロレタリア勢力に訴えるばかりでなく、民衆的な民主主義勢力にも、またリベラルなブルジョワジーにさえよびかけるのである。事実、政治革命が前もって成功していることが社会革命の条件である。労働者（または民衆）の勢力とブルジョワ的勢力との分裂がすぐに現れたこと（一八四八年夏以降）、ウィーンやベルリンにおける王室と貴族階級の反撃――軍事的攻撃も含めて――などは、革命を挫折させる。一八四八年夏以降、マルクスは民衆運動に対抗するために仕組まれたブルジョワジーと諸王家との提携をなげいている。マルクスによれば、ドイツのブルジョワジーの政治的未成熟――マルクスは一八四〇年代の初めからこのような診断をしていた――は革命運動を退潮させるからである。

マルクスの多くの論文はドイツのブルジョワジーの「裏切り」を論じている。ブルジョワジーは貴族や王家と手を組み、「本来の」同盟者である労働者と農民の大衆を見捨てたというのがマルクスの判断である。『新ライン新聞』の七月三十日号に発表された論文〔以下の論文〕はまさにその問題を扱っている。そのなかでマルクスは、フランス革命とナポレオン時代に制定された法律の一部が一八一五年以後にも通用している（とくに封建的負担の廃止と民法典）ライン州と、まだ「封建的」性格をもつ法に服している他のプロイセン地域とのあいだにある政治的なずれを強調している。

七月二十九日、ケルン

もしあちこちで、ライン州人が「外国人の支配」、「コルシカの暴君の弾圧」のおかげで得たものを忘れることがあれば、恵みの年の一八四八年にハンゼマン氏(1)が「詳細説明」のために協定側議員の手に委ねた種々の封建的負担や貢租の無償廃止法案を是非読んでもらいたい。(2) 封建的支配権、自由領地化のための地代、死亡税、死手権〔領主による臣下の遺産没収権〕、農奴遺産没収権、外国人遺産没収権、領主裁判税、村落裁判税〔年三回開かれる村落裁判権の代償〕、育種税、捺印手数料、家畜十分の一税、養蜂十分の一税、これらの不合理な名前は、フランス革命とナポレオン法典によって文明化されたわれらの耳にはなんと奇妙に、そして野蛮に聞こえることか！　これらの中世風の賦役と負担のがらくたの山や、洪水以前の虫食いだらけの骨董品がひしめいている博物陳列室を理解しようとしても、とうてい不可能なことである。

にもかかわらず、ドイツの愛国者よ、靴をぬぐべし。なぜなら、君は聖なる大地を踏みにじっているからだ。これらの野蛮な名前は、キリスト教ゲルマンの光輝の残骸であり、歴史を貫いて続きはるか昔のケルスケル人の森にまでさかのぼる君の父祖たちの偉大さに君を結びつける連鎖の最後の環なのだ！　われわれが古典的真正さの姿で再び見いだすこのよどんだ空気、この封建的な汚辱は、われらの祖国の最も独創的な産物であり、しかも真実のドイツ人であれば誰であろうと、詩人とともに次のように叫ばなくてはならない。

これはたしかに祖国の空気なのだ！
焼けつくようなわが頬がそう感じたのだ。
それに街道のこのぬかるみ！
それはわが祖国のくそなのだ！(3)

(MEW, V, S. 278.)

まちがいなく**ギールケ氏**(4)**は所有権を攻撃している**。これは否定しがたいことである。けれども、彼が攻撃しているのは、現代のブルジョワ的所有権ではなく、封建的所有権である。封建的所有権の廃墟の上に立ち上がるブルジョワ的所有権を、彼は封建的所有権を破壊する力のおかげで補強するのである。そして彼が償還契約を改訂したくない理由はひとつしかない。それは、この契約が封建的所有関係をブルジョワ的関係に変えてしまったからであり、したがってブルジョワ的所有権を形式上同時に侵害することなしには、件の契約を改訂することができないからである。そしてブルジョワ的所有権は神聖にして侵すべからざるものであるが、それと同じ程度に封建的所有権は、大臣諸公の必要があれば、また彼らの**勇気**次第で、攻撃されてよく、侵害しうるのである。

ところで、この長ったらしい法律の意味とは、要するに何であろうか。

それは、一八四八年のドイツ革命が**一七八九年のフランス革命**のパロディにすぎないことの最も顕著な証拠である。

バスティーユ監獄攻撃の三週間後の一七八九年八月四日、フランス人民はたった一日で封建的負担を片づけた。

三月のバリケード戦の四カ月後の一八四八年七月十一日、封建的負担がドイツ人民を片づけた。**ギールケ氏とハンゼマンがその証人である**。

一七八九年のフランスのブルジョワジーはその同盟者である農民たちを一瞬も見捨てなかった。ブルジョワジーは、その支配の基礎が農村における封建制の破壊であり、土地をもつ自由農民の創造であることを知っていた。

一八四八年のドイツのブルジョワジーは、一瞬のためらいもなく、農民を裏切った。ところが、ブルジョワジーにとって農民たちは**最も自然な同盟者**であり、ブルジョワジーの血肉を分けた仲間であって、彼らがいなければブルジョワジーは貴族に対して無力なのである。

（人目をあざむく）償還形式での封建的権利の存続と確認、これが一八四八年のドイツ革命の成果なのである。あれほど大騒ぎをしたあげく手にしたものはたったこれだけのことなのだ！

（MEW, V, S. 282–283.）

（1）ダーフィト・ユストゥス・ハンゼマン（一七九〇―一八六四）は産業家で、ライン州のリベラルなブルジョワジーの指導者の一人であった。プロイセン国民議会の代議士、一八四八年三月から九月までプロイセンの財務大臣。

（2）マルクスは、一八四八年末にカンプハウゼンとハンゼマンを中心にしてプロイセンで成立した穏健リベラル内閣によって展開されたいわゆる「協定」理論（協定は和解とも協調とも訳せるが、ドイツ語ではVereinbarung）を暗に指している。それは、一八四八年の革命運動に対抗して、リベラルなブルジョワジーとプロイセン王とのあいだにできた「協定」〔共謀〕である。

（3）ハインリヒ・ハイネ『ドイツ　冬物語』第三章からの引用。

（4）ギールケはプロイセン国民議会のリベラルな代議士、一八四八年三月から九月までプロイセンの農業大臣。

テクスト17　「ブルジョワジーと反革命」

解　題

この論文は一八四八年十二月十日から三十一日までの『新ライン新聞』（この新聞についてはテクスト16を見よ）紙上に掲載された。マルクスは一八四八年三月以降のドイツ・ブルジョワジー、とくにプロイセンのブルジョワジーの政治的行動の痛ましい一覧表を作成する――ひとたび利益が保証されると、自分の同盟者である農民階級を見捨てて、貴族階級に屈服したこと。この長い論文の結論部分を抜粋しておく。

「三月から十二月までのプロイセンのブルジョワジーの歴史は、ドイツのブルジョワジー一般の歴史と同様に、次の事実を証明する――ドイツでは、純粋の**ブルジョワ革命**も立憲君主制のかたちをとるブルジョワ支配の確立も不可能であって、ただひとつ可能なのは、絶対主義的な封建的革命か、共和政的・社会的革命か、のどちらかである」(MEW, VI, S. 124)。

三月革命を、一六四八年の**イギリス**革命とも一七八九年の**フランス**革命とも混同してはならない。一六四八年では、ブルジョワジーは王権、貴族、教会権力と対抗して人民と同盟した。一七八九年の革命の手本は――少なくともヨーロッパでは――一六四八年の革命しかなかったし、一六四八年の革命の手本はスペインに対するオランダの蜂起〔独立戦争、一五六八年に始まり、一五八一に独立した〕しかなかった。どちらの革命も、時代に関しても内容に関しても手本よりも一世紀前進していた。

二つの革命において、ブルジョワジーは現実に運動の先頭に立つ階級であった。**都市では、プロレタリアートとブルジョワジーの属さない社会層**は、その利害の面でブルジョワジーの利害と違わなかったといえるし、自立的に発展する階級または階級分派がまだなかったともいえる。したがって、たとえば一七九三年から一七九四年のフランスの場合のように、そうした階級がブルジョワジーと対立するときでさえ、彼らはブルジョワのやり方と同じではないにしても、ブルジョワジーの利益を勝利させるためにのみ闘ったのである。**フランスにおける恐怖政治**は、絶対主義、封建制、小ブルジョワ精神といったブルジョワジーの敵をやっつける**平民的な方法にほかならなかった**。

一六四八年と一七八九年の革命は、**イギリス**や**フランス**の革命ではなくて、**ヨーロッパ**スタイルの革命であった。二つの革命は**古い政治制度**に対する社会のなかの特定の階級の勝利ではなくて、**新しいヨーロッパ社会のための政治制度の宣言**であった。それらはブルジョワジーの**勝利**ではあったが、このブルジョ

ワジーの勝利は当時では**新しい社会制度の勝利**であった。すなわち、封建的所有に対するブルジョワ的所有の勝利、地方割拠主義に対する国民感情の勝利、同職組合に対する競争の勝利、世襲相続に対する均分相続の勝利、土地が所有者を支配することに対する所有者が土地を支配することの勝利、迷信に対する啓蒙の勝利、家名に対する家族の勝利、英雄戦士的怠惰に対する勤勉の勝利、中世風の古くさい特権に対するブルジョワ的権利の勝利。一六四八年の革命は十六世紀に対する十七世紀の勝利であり、一七八九年の革命は十七世紀に対する勝利である。これらの革命は、それらが生まれた地域――フランスとイギリス――の欲求よりも、当時の世界の欲求を表現していた。

以上述べたことのなかのどれかひとつですら**プロイセンの三月革命**にはなかった。〔フランスの〕二月革命は現実に立憲王政を**消滅させ**、理論上ではブルジョワジーの支配を消滅させた。プロイセンの三月革命は理論上では立憲王政を、現実にはブルジョワジーの支配を、**創造**しなければならなかった。それは**ヨーロッパ革命**であるどころか、遅れた国でのヨーロッパ革命のかすかな残響でしかなかった。それは自分の世紀に先駆けるどころか、少なくとも五十年は自分の世紀に遅れをとっていた。それはもともと**副次的な**革命であったが、よく知られているように、副次的病気はしばしば治しにくいもので、主要な病気以上に身体をだめにする。この革命で新社会の建設などは問題にもならず、パリで死滅した社会をベルリンで復活させることが問題であった。プロイセンにおける三月革命は**ドイツ国民の**革命ではなかった。それはもともと**田舎者的**であり、**プロイセン的**であった。ウィーン、カッセル、ミュンヘンの蜂起があり、この種の地方的蜂起がプロイセンの革命の後に続き、また指導権をプロイセンと争った。

一六四八年と一七八九年は創造行為の先頭に立っていることを十分に自覚していたが、これとは違って一八四八年のベルリン人たちの野心は一個の時代錯誤たらんとすることにあった。彼らの光は、光を発した物体がすでに十万年前に消滅した後でようやくわれわれ地球の住民に届く星の光に似ていた。ヨーロッパにとって、プロイセンの三月革命はこれらの星のひとつをミニチュアにしたものである。しかもこの革命はあらゆる面でミニチュアであった。その光線は、ずっと以前に解体した社会の屍体の放つ光であった。

ドイツのブルジョワジーは、無気力に、だらしなく、のろのろと進化してきたので、それが封建制と絶対主義にとって脅威として立ち現れたまさにそのときに、自分の面前に立ちはだかるプロレタリアートや、プロレタリアートの考え方や利益に近いブルジョワ分派に脅かされていることに気づいた。ドイツのブルジョワジーは、自分の背後にひとつの階級の敵意を感じただけでなく、自分の前面にヨーロッパ全体の敵意をも感じた。プロイセンのブルジョワジーは一七八九年のフランスのブルジョワジーではなかった。というのは、このフランスの階級は、旧社会・王権・貴族の代表者たちに対抗して、単独で近代社会**全体**を体現していたが、プロイセンのブルジョワジーはそうではなかったからである。プロイセンのブルジョワジーは王権にも人民にも敵意をもち、両者に喧嘩を売る一種の**カースト**になり下がっていて、いつも腹と背に二つの敵をかかえていたから、どちらの敵にも断固たる態度をとれなかった。彼らは自身が旧社会に属していたから、はじめから人民を裏切りやすく、旧社会を代表する王座と妥協しやすかった。彼らは**古い**社会に対抗して新しい社会の利益を代表するのではなく、古い社会の内部で更新される利益を代表していた。彼らが革命の舵をとったのは、背後の人民に支えられていたからではなくて、人民が彼らに圧力をかけたからである。彼らが先頭に立ったのは、社会の新時代の指導権をとったからではなくて、社会の古い時代の恨みを代表していたからである。彼らは自力で立ち上がった旧国家の社会層ではなく、地震によって新国家の表面に投げ出されたにすぎない。このブルジョワたちは、自分自身を信ぜず人民を信ぜず、上の連中には牙をむき、下の連中を見て震え上がり、上下のどちらに向かってもエゴイストであり、自分のエゴイズムを自覚していて、保守派に対しては革命的で、革命家に対しては保守的になり、自分自身のスローガンを主張せず、思想を作る代わりに空語をひねりだし、普遍の嵐におびえるが、この普遍の嵐を食い物にし、どちらに向かっても無気力で、あらゆるところから剽窃し、独創的でないがゆえに通俗的、通俗のなかで独創を発揮し、自分自身の欲望と闇取引し、創意もなく、自己への信頼もなく、人民への信頼もなく、歴史的使命もない。たくましい人民の青春の最初の現れを、自分の利益のためにひきまわしてまどわす宿命しか与えられていない、これが年をとってくたばりぞこなった老いたるモグラ、目もない！耳もない！　歯もない！　何もない。こうして、**プロイセンのブルジョワジー**は三月革命の後で、プロイセン国家の舵取りになった。

(MEW, VI, S. 107–109.)

テクスト18　「書評　フランソワ・ギゾー著『イギリス革命はなぜ成功したか　イギリス革命史論』(パリ、一八五〇年)」

解　題

一八四九年七月と八月に、マルクスはドイツを去って、まずパリへ、つぎにロンドンに行く。彼はドイツ革命〔の挫折〕にもめげないで、かなり近い将来に新しいヨーロッパ革命の波が来るという仮説を立てている。マルクスとエンゲルスは一八五〇年の春に、コミュニスト同盟員、フランスのブランキ派、イギリスのチャーチストと共同して、国際的なプロレタリア革命党の萌芽——革命的コミュニスト世界協会——を作った。一八五〇年四月にマルクスとエンゲルスは、ロベスピエール生誕記念のための国際集会に参加する。

一八四八—一八四九年の『新ライン新聞』を引き継ぐかたちで、マルクスとエンゲルスは雑誌『新ライン新聞　政治・経済評論』を創刊する。その第一号はハンブルクで一八五〇年一月末に出た。この雑誌の各号に、エンゲルスとマルクスの重要な諸論文が現れる。エンゲルスのものではとくに「ドイツの憲法戦役」と「ドイツ農民戦争」が、マルクスのものではとくに「フランスにおける階級闘争　一八四八—一八五〇年」が注目される。

ギゾーの著書の書評は、一八五〇年二月の第二号に掲載された。

イギリス革命はフランス革命より有利な経過をたどったが、これをギゾー氏は二つの主要な理由から説明する。第一の理由は、イギリス革命は本質的に宗教的性格をもっていたから、過去の伝統とけっして断絶しなかったという事実である。第二の理由は、イギリス革命ははじめから破壊的力としてではなく、反対に保守的な力として現れ、議会は古くからある法律を王権の侵害から守ったという事実である。

第一点に関して、ギゾー氏がフランス革命のなかに見いだしてあれほどひどく恐怖した自由思想は、ほかならぬイギリスからフランスに輸入されたのであって、イギリスとは別の国から来たのではない、という事実をギゾー氏は忘れている。ロックが自由思想の父であり、自由思想はシャフツベリとボーリングブルックのなかですでに、のちにフランスで輝かしく発展する精神的形態をそなえていた。こうしてわれわれは次のような奇妙な結果にたどりつく——この同じ自由思想は、ギゾー氏によればフランス革命の挫折の原因であったが、それはまた宗教的なイギリス革命の最も本質的な産物でもあった、という結果である。

第二点に関して、ギゾー氏は、フランス革命が当初にはイギリス革命とまったく同様に保守的であったことを完全に忘れている。絶対主義は、とりわけそれが最後に見せた姿では、フランスでも新しい現実であり、この新しい現実に対して各種の高等法院は反撃し、古い封建的君主制や古い法律や慣習法を絶対主義から守ったのである。フランス革命の最初の一歩は、アンリ四世とルイ十三世のときに開かれて以来眠り込んでいた全国三部会を復活させることであった。これと同じほど古典的な保守主義の場面をイギリス革命のなかに見ることはできない。

（MEW, VII, S. 208–209.）

ギゾー氏にはなんとしても解けない謎があるらしく、彼はその謎をイギリス人のきわめて沈着冷静な性格に求めているようだが、私に言わせればイギリス革命の保守性の謎とは、ブルジョワジーと大土地所有者の大部分との切れ目ない同盟であり、この同盟こそイギリス革命とフランス革命の本質的な違いなのである。というのも、フランス革命は大土地所有を細分化によって消滅させたからである。ブルジョワジーと同盟した大土地所有者階級は——この階級は実はヘンリー八世治世以来すでに発生していたのだが——一七八九年においてフランスの封建的大土地所有の場合と同様に、矛盾していたのではなくて、むしろ反対にブルジョワジーの存在条件と完全に一致していたのである。大地主の土地所有は、実際には、封建的所有ではなくて、ブルジョワ的所有であった。

（MEW, VII, S. 210–211.）

テクスト19　『フランスにおける階級闘争　一八四八—一八五〇年』

解　題

このテクストはマルクスによって論文形式で『新ライン新聞　政治・経済評論』（一八五〇年一月から十月

まで）に発表された。エンゲルスは一八九五年になってはじめてこれを小冊子で出版させた。マルクスは、一八四八年の諸種の運動の挫折以降、ヨーロッパに新しい革命の波が来るのかという問いに取り組んでいたが、この論文のなかで彼が示そうとすることは、フランス流の「ブルジョワ共和国」はブルジョワジー、小ブルジョワジー、プロレタリアートのあいだにある決定的対決点を隠す欺瞞にすぎないということである。彼の証明はしばしば、一八四八―一八四九年の運動と一七九〇年代の運動とを対照させ比較することによっておこなわれるが、前者の運動はしばしば後者のパロディまたは戯画として描かれる。以下に抜粋された文章で問題にされているのは、一八四八年の臨時政府の行動、一八四八年六月の流血の対決、そして一八四八年十二月十日共和国大統領へのナポレオン・ボナパルトの選出、である。

パリの労働者の創造物であるリュクサンブール委員会には、ヨーロッパ的観点から見て、**プロレタリアートの解放**という十九世紀革命の秘密を暴露したという功績が残る。それまで社会主義者の外典的著作のなかに埋めこまれていて、遠いところから聞こえてくる、半ば恐ろしげで、半ばこっけいな伝説のようにときどきわずかにブルジョワジーの耳にひびいてくるあの「気違いじみたタワゴト」を公式に広めなくてはならなくなったとき、『モニトゥール』紙〔官報〕は気が狂わんばかりに怒り狂った。ヨーロッパはそのブルジョワ的まどろみを突然に襲われて、はっと目覚めたのであった。こうして、一般に金融貴族とブルジョワジーを混同していたプロレタリアの頭のなかでも、諸階級の存在を否定するか、せいぜいその事実を立憲君主制の名残とみなしていた愚直な共和主義者の想像力のなかでも、これまで権力から排除されてきたブルジョワ分派の偽善的な空文句のなかでも、**ブルジョワジーの支配**は共和政の創設と同時になくなったことになっていた。そのとき、すべての王党主義者は共和主義に変身し、パリのすべての百万長者は労働者に衣替えをとげた。階級関係の想像上の撤廃に照応する言葉が**友愛**であって、すなわち万人が兄弟になること、万人に友情を抱くことであった。階級敵対の甘ったるい消去、矛盾しあう階級利害の感傷的な均衡、階級闘争の熱狂的な超克、すなわち**友愛**、これが本当のところ二月革命のスローガンであった。諸階級を分裂させたのは、たんなる**誤解**であったというわけだ。だから二月二十四日に、ラマルチーヌは臨時政府を「異なった階級間に存在する恐るべき誤解を一時停止させる政府」とよんだのである。パリのプロレタリアートは心広やかに友愛感情におぼれ陶酔することになった。

臨時政府のほうは、共和政を宣言することを余儀なくされたうえは、これをブルジョワジーと各地方の住民に周知徹底させるために全力を尽くした。フランス第一共和政の流血の恐怖は政治犯死刑の廃止によって解消され、新聞はすべての意見に対して自由に開かれた。軍隊、裁判所、国家行政は、いくつかの例外を除いて、昔の高官の手に残され、七月王政の主要な罪人は誰一人として罪を問われなかった。『ナシオナル』紙のブルジョワ共和主義者は王政時代の名前と衣裳を旧共和政時代の名前と衣裳と取り換えて喜んでいる。彼らからみると、共和政は古いブルジョワ社会のための新しい舞踏会用衣裳にすぎなかった。新しい共和政の主要な功績は、誰も怖がらせず、むしろ自分のほうからたえずビクビクし、その優柔不断と受け身の姿勢によって生き延びる権利を獲得し、さまざまな抵抗勢力の意気を挫いた。国内の特権階級と国外の専制主義列強に向かって、共和国が平和的性格をもち、自分も生き他者も生きるにまかせるのが共和国のモットーであると声高に宣言された。加えて、二月革命に続いてすぐに、ドイツ人、ポーランド人、オーストリア人、ハンガリー人、イタリア人が、それぞれの国状に応じて反逆した。ロシアとイギリスでは反逆の容疑ができていなかった。というのは、イギリス自身が変化の真っ最中にあり、ロシアは恐怖によって身動きできなかったからである。したがって、共和国は自分の前にただひとつも**敵対国民**に出会うことがなかった。だから活動力に掻き立てられて革命過程を加速させたり、臨時政府を前方に押したり、逆に厄介払いするような大きい対外紛争もなかった。**パリのプロレタリアート**は、共和政を自分自身の創造物だとみなしていたので、当然ながら臨時政府のやることなすことのすべてに拍手喝采を送ったのだが、ところがどの行動も臨時政府がブルジョワ社会にもっと容易に根づかせることになった。パリのプロレタリアートは、労働者と雇用主との賃金紛争を友好的に決着させるようルイ・ブランにまかせたのと同様に、パリにある財産を保護するために、コーシディエールに雇われて従順に警察機能を果たした。全ヨーロッパが見ている前で共和国のブルジョワ的名誉を無傷のまま保持することが、パリのプロレタリアートの**名誉にかかわる問題**になった。

共和国は国内でも国外でもいっさいの抵抗に出会うことがなかった。この事情が共和国を武装解除させてしまった。その課題はもはや世界を革命的に変革することではなく、ブルジョワ社会の条件に順応することだけであった。

(MEW, VII, S. 21–22.)

労働者にはもう選択の余地はなかった。彼らは餓死するか、それがいやなら闘いを挑むほかはなかった。六月二十二日、彼らはすさまじい蜂起をもって応えた。このなかで、現代社会を分かつ二つの階級のあいだの最初の大戦闘の火蓋が切られた。それは**ブルジョワ的**秩序を守るのか死滅させるのかの闘争であった。共和政を覆っていたヴェールは引き裂かれた。

周知のように、労働者たちは比類のない勇気と天賦の才をもっていたが、指揮者もなく、共同の計画もなく、資金もなく、誰も武器さえこと欠くありさまだったが、五日間のうちに軍隊と機動憲兵隊を、地方から流入した国民軍はもとよりパリの国民軍をも、身動きできないようにした。これまた周知のことだが、ブルジョワジーは死ぬほど激しい恐怖を感じさせられたことのお返しに、未曾有の残忍さを発揮して、三〇〇〇人以上の捕虜を虐殺した。

フランス民主主義の公式の代表者たちは共和主義イデオロギーに深くとらわれていたので、数週間を経た後でやっと六月闘争の意味をわずかながら気づきはじめた。彼らは硝煙に巻かれて茫然自失していたが、実はその硝煙のなかで彼らの想像上の共和国は雲散霧消してしまったのである。

六月の敗北という消息がわれわれに及ぼした直接の印象がどうであったかを読者に知ってもらいたいために、次の『新ライン新聞』の記述を読んでもらいたい。

二月革命の最後の公的遺物たる執行委員会は、事件の重みを前にして幻灯《ファンタスマゴリー》のなかの虚像のように消えてしまった。ラマルチーヌの照明弾はカヴェニャックの焼夷弾に変わった。一方が他方を搾取する敵対階級の友愛、二月革命で宣言されたこの友愛はパリの額の上に、つまりどの監獄や兵営にも、大文字で大書されていた。だがそれの真実の・現実の・散文的な表現は**市民戦争**〔内乱〕である。最も恐るべきかたちをとる市民戦争、労働と資本のあいだの戦争である。この友愛は六月二十五日の夕べにはパリのすべての窓辺に燃えるように輝いていた。そのときブルジョワジーのパリは光に満ちていたが、プロレタリアートのパリは焼け落ち、血を流し、死にあえいでいた。友愛は、ブルジョワジーの利益がプロレタリアートの利益と友愛関係にあったあいだだけ続いた。一七九三年の古い革命的伝統を物知り顔にしゃべる徒輩、人民のためにブルジョワジーに物乞いし、プロレタリアのライオンを眠り込ませるに必要があるあいだだけ長たらしい説教を垂れて恥をさらす社会主義のメソジストたち、王冠を載せた頭を除いただけの古いブルジョワ的秩序を要求する共和主義者たち、たまたま内閣が交替する代わりに王家が転覆して野に下った王朝派、廷臣服を脱ぎ捨てようとはせず、ただ仕立て方を変えようとした正統王朝派、これらの連中こそ、人民がともに二月革命を起こした同盟者であったのだ。二月革命は**美しい**革命、万人が共感しあう革命であった。なぜなら、王権に反逆して爆発した敵対関係の数々は萌芽のまま仲良く平和に眠りこんでいて、革命の背景をなした社会的闘争はまだおぼろげで、空語のなかにのみある存在、言葉のなかにあるだけの存在でしかなかったからである。六月革命は**唾棄すべき**革命、不快な革命である。なぜなら、事物が言葉に取って代わり、共和国が、怪物を保護し隠していた王冠を叩き落として怪物の素顔をあばきだしたからである。**秩序**！　これがギゾーの鬨の声であった。**秩序**！　と、ギゾーを小型にしたセヴァスチアーニはワルシャワがロシアの軍門に降ったときに叫んだ。**秩序**！　と、カヴェニャックも叫ぶ。これはフランスの国民議会と共和派ブルジョワジーの酷薄なこだまである。**秩序**！　と、カヴェニャックの銃弾はプロレタリアートの肉体を切り裂きながらうなり声をあげた。一七八九年以降のフランス・ブルジョワジーの多くの革命はどれも、**秩序**への攻撃ではなかった。なぜなら、どの革命も階級支配を存続させ、労働者の奴隷状態を放置し、**ブルジョワ的秩序**を手つかずのままにしたからである——この支配と奴隷状態の政治形態がしばしば変わったとしても、事情に変わりはなかった。六月はこの秩序に攻撃を仕掛けたのである。六月に災いあれ。（『新ライン新聞』一八四八年六月二十九日号。）

六月に災いあれ！　とヨーロッパ中のこだまが繰り返す。

パリのプロレタリアートを六月蜂起に向かうようにと**強制した**のは、まさにブルジョワジーであった。まさにそこにプロレタリアートが有罪判決を受ける理由がある。プロレタリアートの公然の直接的欲望だけでは、ブルジョワジーを暴力によってひっくり返すまでには進まないし、またプロレタリアートはこの課題を実現する力量もまだなかった。共和国がプロレタリアートの夢想に敬意を払うのは時宜を得ていると判断した時期はもう終わったと、『モニトゥール』紙がプロレタリアートに教えてやらなくてはならなくなった。そして敗北だけがプロレタリアートに次の事実を納得させたのである――すなわち、ブルジョワ共和政の**内部では**、どれほど小さい状況の改善でさえもユートピアにとどまるほかはなく、ユートピアを実現しようとすれば、ユートピアはただちに犯罪に変わる、という事実である。プロレタリアートが二月革命から譲歩をもぎとろうとした諸要求は、形式上は過激で、内容上では児戯にひとしく、まさにそのゆえにまだブルジョワ的であったから、これらの要求に取って代わって、革命的闘争の大胆なスローガンが登場する――**ブルジョワジーの打倒**！ **労働者の独裁**！

プロレタリアートは**ブルジョワ的共和政**のゆりかごを自分の墓場としたとき、この共和政がただちに**国家**としての純粋の姿をとって現れるように強制したのである――この国家の公然たる目的は、資本の支配、労働の奴隷制を永続させることにあった。

(MEW, VII, S. 31–33.)

小ブルジョワジーとプロレタリアートは**団結して**ナポレオンのために投票したが、それはカヴェニャックに**反対し**、彼らの投票数をあわせて立憲議会から最終決定をもぎとるためであった。しかしこの階級のうち最も前進した部分は、独自候補を立てた。ナポレオンは、ブルジョワ共和政に反対して連合したあらゆる党派の**集合名**であった。**ルドリュ゠ロラン**と**ラスパイユ**は固有名であって、前者は民主主義的な小ブルジョワジーの、後者は革命的プロレタリアートの、固有名であった。ラスパイユへの賛成投票は――プロレタリアとその社会主義的代弁者はこれを声高に宣言したものだが――おそらくたんなる示威運動であっただろうし、大統領自身への抗議、すなわち憲法自体への抗議であり、ルドリュ゠ロランへの反対の声であっただろう。それはプロレタリアートが独立した党派として民主党派と手を切る最初の行為であった。

反対に、この党派——民主主義的小ブルジョワジーとその議会内代表である山岳派——はルドリュ＝ロランの立候補を大まじめにうけとったが、この恭しい態度はこの党派が自分をあざむくときによく使う手口である。ちなみに、これは、独立の党派としてのプロレタリアートに対抗したこの党派の最後の企てであった。ブルジョワ共和派だけでなく、民主的な小ブルジョワジーとその〔議会内代表の〕山岳派もまた、十二月十日に打倒されてしまった。

いまやフランスはひとつの**山岳派**と一人の**ナポレオン**をもつことになったが、それは両者が名前だけを借りている偉大な出来事の生命なき戯画にすぎない証拠である。皇帝帽と鷲の紋章を身につけたルイ・ナポレオンは昔のナポレオンのみじめなもじりにすぎなかったが、それとまったく同様に、一七九三年から借りた文句とデマゴーグ的ポーズをとる山岳派もまた昔の山岳派のみじめなもじりであった。このように、一七九三年を仰ぐ伝統的迷信は、ナポレオンを仰ぐ伝統的迷信と同時に破壊された。革命は**自分自身の本来の名**を手に入れた後ではじめて自己自身に戻ることになったが、それが可能であったのは、産業プロレタリアートという現代の革命的階級が堂々と闘いの前面に出現したからであった。十二月十日は昔の革命との古典的なアナロジーをいじわるな農民風茶番劇によって笑いとばしながらだったのだから、山岳派は面くらい、正気を失うことになったのだ。

(MEW, VII, S. 45–46.)

テクスト20　「一八五〇年のコミュニスト同盟員への中央委員会のよびかけ」

このよびかけは一八五〇年三月末にマルクスとエンゲルスによって書かれ、ドイツ国内と亡命中のコミュニスト同盟員のあいだに伝えられた。マルクスとエンゲルスは、希望と同時に不安を抱きながら、ヨーロッパとドイツに革命状況と革命運動が戻ると期待していた。このような見通しのなかで、彼らは次のように指導方針をまとめた――まずリベラルなブルジョワジーに対抗して、しかしそれ以上に現在のドイツで権力樹立に対する大きな反対派となっている共和主義と民主主義の小ブルジョワジーに対抗して、プロレタリアの自主組織と自立的行動を実現すること。近い将来に革命的局面があいつぐ状況が予想されるが、これを社会革命の方向に利用すること。この最後の点に関して、マルクスとエンゲルスは、一七九〇年代のフランスの革命的モデルから示唆された。

一八四八年革命の直前に書き終えられた『宣言』のなかで、マルクスとエンゲルスは旧秩序との闘いにおいては少なくとも一時的にリベラル・ブルジョワジーを支援するよう「プロレタリア党派」に提案した。革命の挫折とドイツ・ブルジョワジーの裏切りの後で、彼らはブルジョワジーが革命的行動をなしうるとはもう信じていなかった。彼らの警戒心は革命的小ブルジョワジーにまで広がったが、それはこの階級がプロレタリアートにとってリベラル・ブルジョワジーよりずっと危険だとみなされたからである。二つの点に関しては、マルクスとエンゲルスは一七八九年の革命に言及し、労働者党派と共和派の小ブルジョワジー「ブルジョワ的民主派」との峻別の必要を説明している。二つの点というのは、農民所有と政治的・行政的中央集権の二つである。

ブルジョワ民主主義者がいずれ労働者と衝突する最初の争点は、封建制の廃止であろう。最初のフランス革命の場合のように、小ブルジョワジーは封建的領地を自由な所有として農民〔農業企業家〕に与えるであろう。すなわち小ブルジョワジーは農民プロレタリアートをそのまま残し、小ブルジョワ的農民階級を作ろうとするだろう。そうなれば、この農民階級は、今日でもなおフランス農民を苦しめている貧困と債務の循環にとらえられることだろう。

労働者は、農業プロレタリアートの利益と自分自身の利益のために、この計画に反対しなければならない。没収される封建的財産は国有財産のままにしておいてから、労働者コロニー〔入植地〕に転換すると、それを結合した農業プロレタリアートが大規模経営から生じるあらゆる長所を利用して耕作するであろう。これを労働者は要求しなければならない。こうした方針によって、ぐらついているブルジョワ的所有関係の真っ只中で、集団所有の原理が急速に堅固な土台を獲得することだろう。民主派が農民〔農業企業家〕と連合するのと同様に、労働者は農業プロレタリアートと連帯しなければならない。そのうえ、民主派はただちに連邦共和国を設立しようと努力するだろう。あるいはもし単一不可分の共和国が避けられない場合には、民主派は市町村や州を可能なかぎり自律的・独立的にすることによって、中央政府を麻痺させようとするだろう。こうした目論見に対抗して、労働者は単一不可分のドイツ共和国に向かうように努力するばかりでなく、この共和国のなかで国家権力を掌握し、権力を最大限に集中化するように努めなくてはならない。労働者は、市町村の自由とか自主管理といった民主派の駄弁に惑わされてはならない。多くの封建遺制がこれから廃止されなくてはならず、地方や州のおびただしい数の自立割拠主義を打破しなくてはならないドイツのような国では、どの都市や地方も、唯一の中央からの指示を受けてはじめて活発に展開できるのだから、労働者は都市や地方がこの革命活動の途上に立ちふさがる新しい障害物となることを、けっして許してはならない。ドイツ人が進歩という同じ目標を掲げながら、それぞれの都市や地方でバラバラに闘わなくてはならないという現状を再現させてはならない。〔……〕とくに、現代の私的所有に比べてまだ遅れをとっているが、いまやいたるところで私的所有に場所をゆずり消滅しはじめている所有形態、すなわち共同体所有が、貧しい自治体と豊かな自治体との対立をもたらし、また公認権と共存しつつ自治体の市民権が労働者に対する一連のいいがかりをつけるといった状態が地方自治体の自由な構成という口実のもとで永続することを許してはならない。一七九三年のフランスの場合と同様に、最も厳格な中央集権化の樹立は、今日のドイツでは、真実の革命派の課題なのである。(1)

(1) 一八八五年の注のなかで、エンゲルスは一八五〇年の見地を修正している――マルクスと私は「ボナパルティストと自由主義者による歴史の捏造」に幻惑されて、中央集権と革命過程とのつながりをまちがって考えてしまった。ところが実際には、ボナパルトが「反動的に」知事制度を作ったために、市町村や県の真に革命的な自律が破壊されてしまったのである、と。(cf. MEW, VII, S. 252–253.)

(MEW, VII, S. 251–252.)

テクスト21 「一八五〇年八月十五日付小コミュニスト同盟員中央執行委員会会議報告」

解 題

一八四八―一八四九年のフランスとドイツにおける小ブルジョワ的共和派と「社会主義的民主派」の挫折(フランスではルドリュ゠ロランとルイ・ブラン)の結果として、「ブランキスト」とその影響力が革命組織のなかに強まった。ブランキストの考えの中心は、自覚し決意した少数者によって指導された革命を時をおかずに今すぐに実行することであった。コミュニスト同盟のなかでこの傾向を代表した人は、カール・シャッパーとアウグスト・ヴィリッヒであった。シャッパーに対してマルクスは、一方で社会革命の客観的条件が成熟するには長い時間がかかり、他方ではるかに多数の小ブルジョワと農民の階級に対抗して労働者が単独で権力を握ることは不可能である、と説明した。マルクスは最後に、プロレタリアートの自立組織の必要と息の長い根気のいる活動の必要を説き、一七九二―一七九四年のパリ・コミューンの例を引いて、政府機関の外にいても政治的事件に働きかけることができると指摘した。以下のテクストのなかで、マルクスはフランスとドイツの「ブランキスト」の立場と自分の立場との違いを説明している。

現実の状況ではなく、意志が革命の本質的な要素である、と主張する人たちがいる〔すなわち「ブランキスト」的傾向〕。われわれは労働者に向かってこう言う――諸君が状況を変革して権力を行使できるには、十五年、二十年、五十年の市民戦争を経なければならないと。ところが〔ブランキ派の〕諸君は労働者に向かってこう言う――われわれは**ただちに**権力を握らなくてはならない、そうでなければ寝ていたほうがましだと。民主派が使う「人民」という言葉と同様に、「プロレタリアート」という言葉はいまでは空語をもてあそぶために利用されている始末である。〔……〕

われわれは、党派のためにはいいことだが、権力に至りえない党派に献身している。かりにプロレタリアートが権力の座についたとしても、プロレタリアートはプロレタリア的施策を実行できず、小ブルジョワ的施策を実行することになるだろう。われわれの党派が権力の座につくことができるのは、われわれ**自身の**見地が実行に移される状況が生まれたときでしかない。ルイ・ブランは、時期尚早に権力についたときどうなるかの最良の例である。〔……〕パリ・コミューン〔一七八九年から一七九四年までの都市の自治組織〕は、何かを実現するためには、政府に参加する必要がないことの証拠である。

(MEW, VIII, S. 598, 600.)

テクスト22　『ルイ・ボナパルトのブリュメール十八日』

解　題

本書は一八五一年十二月から一八五二年三月にかけてロンドンで書かれ、一八五二年五月にニューヨークの雑誌『革命』（マルクスの友人で亡命ドイツ人のヨーゼフ・ヴァイデマイヤーの雑誌）に発表された。そのなかでマルクスは、一七八九年のフランス革命の諸局面と一八四八年革命の諸局面とを詳細に比較している。一八四八―一八五一年の動向は、一七八九―一七九九年の動向のしばしばみじめなまでの戯画のごときものである。この事態はマルクスにとっては政治革命と時代の終焉ならびに政治革命よりも緩慢であり同時にずっと深刻な社会革命の時代への移行期を意味していたようにみえる。

この著作の終わりのほうで、この比較はさらに拡大されて、絶対王政からナポレオン・ボナパルトまでのフランスの政治的・社会的発展を一望におさめる記述となる。とくにマルクスが強調することは、この時期を通じて執行権と国家権力がたえず強化されていった事実である。

ヘーゲルはどこか〔『歴史哲学講義』第三部第三篇末尾〕で、世界史的な大事件と大人物はすべて、いわば二度現れると言っている。彼は、一度目は偉大な悲劇として、二度目はみすぼらしい笑劇として、とさらに付け加えるのを忘れたのだ。ダントンのかわりにコーシディエール、ロベスピエールのかわりにルイ・ブラン、一七九三―一七九五年の山岳派のかわりに一八四八―一八五一年の山岳派、ちび伍長とその元帥たちの円卓騎士団のかわりにロンドンの警官と行き当たりばったりに集めた一ダースばかりの借金だらけの中尉たち、伯父のかわりに甥、という風に。天才のブリュメール十八日の代わりに白痴のブリュメール十八日という具合に。そしてブリュメール十八日の第二版が出た状況にも同様の戯画が見てとれる。一度目には、フランスが破産の瀬戸際にあったが、今度はボナパルト自身が債務者刑務所行きの瀬戸際だった。当時は国境に列強の連合がいたが、今度はイギリスにルーゲ＝ダラシュ〔ルーゲはドイツの小ブルジョワ民主主義者、ダラシュはポーランドの民族解放運動指導者、いずれもマルクスに対立〕連合が、アメリカにキンケル＝ブレンターノ〔キンケルとブレンターノは、マルクスと対立するドイツの小ブルジョワ民主主義者〕連合がいる。当時はサン＝ベルナール峠を越えなければならなかったが、今度は憲兵隊一個中隊をジュラ山脈を越えさせて派遣しなくてはならない。当時はひとつならずマレンゴの戦いに勝たなければならなかったが、今度はサンタンドレナ大十字勲章を獲得し、ベルリンの『ナツィオナール・ツァイトゥング』紙の敬意を失わなくてはならない。

人間は自分自身の歴史をつくるが、自分が選んだ状況下で思うように歴史をつくるのではなく、手近にある、与えられ、過去から伝えられた状況下でそうするのである。死滅した全ての世代の伝統が、生きている者たちの脳髄に夢魔のようにのしかかっているのだ。そして、生きている者たちは、ちょうど、自分自身と事態を変革し、いまだになかったものを創り出すことに専念しているように見える時に、まさにそのような革命的な危機の時期に、不安げに過去の亡霊たちを呼び出して助けを求め、その名前や闘いのスローガンや衣装を借用し、そうした由緒ある扮装、そうした借りものの言葉で新しい世界史の場面を演じるのである。かくして、ルターは使徒パウロに仮装し、一七八九―一八一四年の革命はローマ共和国に扮したかと思えばローマ帝国に扮し、一八四八年の革命となると、やむをえず、一七八九年をもじることもあれば、一七九三―一七九五年の革命的伝統をもじることもあった。新しい言葉を学んだ初心者は、いつもその言葉を母語に訳し戻すものだが、母語を思い出すことなく新しい言葉で活動し、それを使う際昔からの言葉を忘れてはじめて、新しい言葉の精神をわがものにしたのであり、その言葉で自由に創作することができるのである。

これらの世界史的な死者の呼び出しを観察すると、すぐに際立った違いのあることがわかる。カミーユ・デムーラン、ダントン、ロベスピエール、サン゠ジュスト、ナポレオン、これら昔のフランス革命の英雄たちも党派も大衆も、ローマの衣装を着、ローマの決まり文句を使って、自分たちの時代の任務、つまり近代市民社会の解放と確立を成し遂げたのである。はじめの四人は封建制の地盤を粉砕し、その上に生えていた封建制の首を刈り取ったのだ。あとのひとり〔ナポレオン〕は、はじめて自由競争が発展し、分割土地所有が活用され、国民の解き放たれた工業生産力が利用され得る条件をフランス国内につくりだし、またフランス国境の向こうのいたるところで、フランス市民社会のために、それに相応しい、時代に合った環境をヨーロッパ大陸に用意するために、封建制の産物を必要な限り一掃したのである。新しい社会が一旦形成されるや、太古の巨人たちは消え去り、彼らとともに、甦ったローマ的なもの――ブルートゥス、グラックス、プブリコラのような人々、護民官たち、元老院議員たち、それにカエサル自身も消え去った。市民社会は、酔いが覚めて現実に戻ると、セー、クーザン、ロワイエ゠コラール、バンジャマン・コンスタン、ギゾーといった人々を、自分の本当の通訳や代弁者として生み出していたのであり、その真の司令官たちは、カウンターの後ろに座っており、でぶ顔のルイ十八世がその政治上の頭目だった。この社会は、富の生産と、競争という平和な闘いにすっかり没頭して、ローマ時代の幽霊たちが自分の揺りかごの番をしてくれたことがもう実感できなくなっていた。しかし市民社会がいかに非英雄的であるにせよ、この社会を生み出すには、英雄的行為、自己犠牲、恐怖、内戦、諸国民戦争〔一八一三年十月、プロイセン、オーストリア、ロシアの連合軍とフランス軍との間で行われたライプツィヒの戦い〕がやはり必要だったのである。そして市民社会の剣闘士たちは、ローマ共和国の古典的に厳格な伝統に理想と芸術様式を、つまり自己欺瞞を見い出した。自分たちの闘いの偏狭な市民的内容を自分自身に隠し、自分たちの情熱を偉大な歴史的悲劇の高みに留めておくために、そうした自己欺瞞が必要だったのだ。そのようなわけで、発展段階は別だが、一世紀前に、クロムウェルとイギリス国民は、自分たちの市民革命のために、旧約聖書から言葉と情熱と幻想を借用したのだった。本当の目的が達成され、イギリス社会の市民的変革が成し遂げられると、ロックがハバクク(1)を排除したのである。

それらの革命で死者を甦らせたことは、したがって、新しい闘いを賛美するのに役立ったのであって、昔の闘いをもじるためそうしたわけではなく、与えられた課題を空想で誇張するのに役立ったのであって、現実の中でそれを解決するのを恐れて逃げ出すためにそうしたのではなく、革命の精神を再び見出すことに役立ったのであって、革命の幽霊を再び徘徊させるのにそうしたわけではなかったのだ。

一八四八年から一八五一年にかけては、老バイイ〔フランス革命の政治家〕に扮した、黄色い手袋をはめた〔当時のダンディの風俗〕共和主義者マラストから、ナポレオンの鉄のデスマスクで陳腐で嫌な顔つきを隠したい冒険家・いかさま師〔ルイ・ナポレオン〕に至るまで、昔の革命の幽霊ばかりが横行した。革命によって運動を加速できたと思っている一国民全体が、不意に、死んでしまった時代に引き戻されているのに気づくのであり、そしてこの逆行に関して思い違いが起きないように、とうに骨董的知識の領分になっている、昔の日付や、昔の年号や、昔の名前や、昔の布告や、とっくに朽ち果てたと思われていた昔の裏切り者たちが、再び出現するのだ。国民はまるで、ベツレヘム精神病院(2)のあの狂ったイギリス人のようだ。この人物は、ファラオの時代に生きているのだと思いこみ、エチオピアの鉱山でやらなくてはならない金鉱掘りの辛い仕事を毎日嘆いている。地下牢に閉じ込められ、薄暗いランプを頭につけ、後ろには長い鞭をもった奴隷番がおり、出口には野蛮な傭兵たちがひしめいているが、彼らは、共通の言葉を話さないので、鉱山の中の強制労働者たちの言うことも、互いに言うこともわからないのだという。狂ったイギリス人はため息をついてこう言うのだ。「こうしたすべてが私に、自由な身に生まれたイギリス人である私に、要求されるのは、昔のファラオたちに金をつくってやるためなのだ。」フランス国民は、「ボナパルト家の借金を払ってやるためなのだ」とため息をついて言うのである。そのイギリス人は、正気でいる間じゅう、金づくりの固定観念を免れることができなかった。フランス人たちは、革命をやっている間じゅう、十二月十日の選挙が証明した通り、ナポレオンの記憶を免れることができなかった。彼らは、革命の脅威のゆえに、贅沢〔エジプトの肉鍋〕に憧れたのだが、十二月二日〔のルイ・ナポレオンのクーデタ〕がこれへの返答だった。フランス人は、ただ昔のナポレオンの戯画を手にしているのではない、昔のナポレオン自身を、戯画化して、十九世紀半ばにあるべき姿としてしまったのである。

十九世紀の社会革命は、過去から詩情を汲み取ることはできないのであり、未来から汲み取るほかはないのだ。十九世紀の社会革命は、過去の偏見をすべて振り捨てるまでは、自分の仕事に取りかかることができない。昔の諸革命は、自らの内容について自分を欺くために、世界史的な追想を必要とした。十九世紀の革命は、自らの内容に到達するために、死者たちに自分らの死者たちを葬ることを任せなくてはならないのだ〔『新約聖書』マタイ伝、第八章第二二節参照〕。前者では美辞麗句が内容を凌駕したのだが、後者では内容が美辞麗句を凌駕するのである。

二月革命は奇襲であり、古い社会にとって**驚き**だったが、民衆は、この**急襲**は世界史的な行為であり、これによって新しい時代が始まったのだと宣言した。十二月二日、二月革命はいんちきな賭博師のいかさまによってちょろまかされたのだが、倒されたと見えるのは、もう君主制ではなくて、一世紀にわたる闘いによって奪い取ってきた自由主義的な権利である。**社会**そのものが新しい内容を勝ちとったのではなく、**国家**がただ、その最古の形態に、つまりサーベルと僧服のずうずうしい単純な支配に戻っただけに見えるのだ。かくして、一八四八年二月の急襲〔coup de main フランス語、直訳すれば「平手打ち」〕に対して、一八五一年十二月の暴挙〔coup de tête フランス語、「頭突き」とも訳せる〕が応えるのである。悪銭身につかずだ。とはいえ、この期間が無益に過ぎたわけではない。フランス社会は、一八四八年から一八五一年までの間に、学習と経験の遅れを取り戻した、それも革命的であるがゆえに簡略的な方法によって取り戻したのだが、そうした学習と経験は、仮に二月革命が表層の衝撃をこえたものだったなら、より正常な方法によって、いわばもっと学則に合った〔正規な〕展開によって、二月革命よりも先に済んでいたはずでのものである。社会は今や出発点よりも後退してしまったように見える。実は、社会はまず、近代的革命が本物となるために不可欠な革命的出発点、情勢、環境、状況を創り出さなくてはならなかったのである。

十八世紀の諸革命のような市民革命は、突進して成功に次ぐ成功をおさめ、その劇的諸効果が凌駕しあって、人も物も炎のように輝き、恍惚が日々の活力となる。しかし、それらの革命は短命であり、やがてその絶頂に達して、その疾風怒濤の時期の成果をしらふでわがものとする術を学ぶ前に、社会は、長い二日酔いにかかる。これに対して、十九世紀の諸革命のようなプロレタリア革命は、たえず自己批判し、前進しながらも絶えず歩みを中断し、すでに成し遂げたと見えたものに戻って、それをまたはじめからやりなおし、自らが最初に試みたことの中途半端さ、弱さ、低劣さを情け容赦なく嘲弄し、敵を打ち倒しても、ただ敵が大地から新たな力を吸いとって、より大きくなって起き上がり自分に立ち向ってくるようにするためであるかに見えて、自分自身の目的の漠とした大きさに常に改めて驚きしりごみするが、ついにいかなる後退もできない状況が生まれ、情勢そのものがこう叫ぶのである。

Hic Rhodus, hic salta!(3)

〔いますぐにお手並みを拝見しよう。ラテン語の引用だが、もとはギリシアの諺で「ここがロードス島だ、ここで跳べ！」の意味〕

ここに薔薇がある、ここで踊れ！

〔右の諺をヘーゲルが『法哲学』序文でもじったもの〕

(MEW, VIII, S. 115–118.)

第一次フランス革命では、**立憲派**の支配のあとに**ジロンド派**の支配が、**ジロンド派**の支配のあとには**ジャコバン派**の支配が来る。これらの党派のおのおのは、自分より進歩的な党派に寄りかかる。どの党派も、革命を進めていくうちに、もう革命についていけなくなり、ましてや革命の先導をすることができなくなると、たちまち、その後ろに立っているもっと大胆な同盟党派によって押しのけられ、ギロチン送りにされる。革命はしたがって上昇線を辿る。

(MEW, VIII, S. 135.)

巨大な官僚組織、軍事組織をもった、つまり、層の広い、技能を有する国家機構、すなわち五〇万人のおびただしい官吏ならびにもう五〇万人の軍隊をもったこの執行権力は、網の目のようにフランス社会体の回りに絡みつき、その毛穴をすべて詰まらせているこの恐るべき寄生体は、封建制の衰亡の際、絶対王政時代に生まれたもので、封建制の衰亡が加速することに力を貸したのだった。地主と都市の領主特権は、そっくり国家権力の特権に変わり、封建制下の高位者は有給の官吏に、相矛盾した中世的諸絶対権の雑多な見本〔Mustercharte、これの charte の部分はフランス語では「勅許状」を指すので、おそらくこの意味が掛けてある」は、仕事が工場生産的に分業化、集中化された整然たる国家権力構想に変わった。第一次フランス革命は、国民の市民的統一を創出するために、地方的、領地的、都市的、地方的な特殊権力を打ち砕く使命を帯びて、絶対君主制が始めたこと、つまり集権化を発展させなくてはならなかったが、おまけに行政権力の規模、特権、手先も拡大しなくてはならなかった。ナポレオンはこの国家機構を完成した。正統王政復古と七月王政は、分業の拡大以外何も付け加えなかった。分業が市民社会内に新しい利害集団を、したがって国家行政の新しい分野を生み出すにつれて、分業が拡大したのである。**共通の**利害はみな、村の橋、校舎、公共財産から、フランスの鉄道、国有財産、国立大学にいたるまで、たちまち社会から切り離され、より高い、**一般的な**利害として社会に対立させられ、社会の構成員の自発的活動範囲からはずされて、政府の活動の対象にされたのである。議会共和制はついに、革命と闘う過程で、弾圧措置によって行政権力の手段を増強し、その集中化を進めざるをえなかった。すべての変革が、この装置を壊すのではなく、これを完全なものにしてきたのである。かわるがわる支配権奪取のために闘ってきた党派は、この巨大な国家組織の奪取を主な戦利品とみなした。

しかし絶対君主制下でも、第一次革命期でも、ナポレオン治下でも、官僚機構は、ブルジョワジーの階級支配を準備するための手段にすぎなかった。王政復古、ルイ＝フィリップ、議会共和制のもとでは、官僚機構がどれほど独自の権力の獲得に努めたにせよ、それは支配階級の道具だった。

二代目ボナパルトのもとではじめて、国家が社会に対して自立し、社会を服従させたように見える。執行権力の自立が露わになると、自己を正当化するのに、その首領はもはや天賦の才を必要とせず、その軍隊はもはや名誉を必要とせず、その官僚機構はもはや道義的権威を必要としなくなる。国家装置は、市民社会に対してきわめて堅固になるので、その頂点には十二月十日会の頭目がいれば十分となる。外国から駆けつけ、火酒とソーセージで買収した酔った雑兵どもによって指導者に祭り上げられた冒険家で十分なのだ。ただこの雑兵どもにはずっとソーセージを投げ与えなくてはならない。だから、フランスは、がっくり絶望し、この上なく屈辱を受け、貶められた感じがして、胸が締め付けられ、息が止まる思いがするのだ。フランスは陵辱されたような気持ちだ。ナポレオンが、自由のためには、ほとんど言いのがれを許さなかったように、二代目ナポレオンは、隷従に関しては、もはや言いのがれを許さないのである。

そうは言っても、国家権力というものは宙に浮かんでいるものではない。ボナパルトは、たしかに一階級を代表しているのだが、フランスで一番数の多い階級、**分割地農民**を代表しているのだ。

ブルボン家が大土地所有の王朝であり、オルレアン家が金の王朝であったように、ボナパルト家は、農民の、すなわち、フランスの国民大衆の王朝なのである。ブルジョワ議会に服従したボナパルトではなく、ブルジョワ議会を追い散らしたボナパルトが、農民の選んだ人物である。

(MEW, VIII, S. 196–198.)

(1) 古代ヘブライの十二人の預言者の一人。当時支配していた暴政を告発しながら、彼はイスラエルの民のカルデア人への屈服ならびにそれ以後の解放を預言し、その解放のなかに彼は悪に対する善の決定的勝利を幻視した。彼はおそらく紀元前七世紀に生きた人であったろう。

(2) ロンドンの精神病院。

(3) イソップの寓話の血筋をひくラテン語の諺。その意味は「いますぐにお手並みを拝見しよう」である。

(横張誠訳、『マルクス・コレクション』III、筑摩書房、二〇〇五年、所収。)

テクスト23　「一八五四年七月二十七日付マルクスのエンゲルスへの手紙」

僕にとって大変興味深かった一冊の書物があるが、それは一八五三年に出た〔オーギュスタン・〕ティエリの『第三身分の形成と進歩の歴史』だ。奇妙なことだが、フランスの歴史学のなかで「階級闘争」の父とされるこの人物がその序文のなかで、「若い歴史家たち」に対して怒りをぶちまけていることだ。というのは、この「若い歴史家たち」もまたいまやブルジョワジーとプロレタリアートとの敵対関係を認めて、さかのぼっては一七八九年までの第三身分の歴史のなかにこの独自の対立の痕跡を見いだそうとしているからなのだ。彼ティエリは、第三身分が貴族でも聖職者でもないすべての社会層を含んでおり、ブルジョワジーがこれらすべての分子を代表していることを証明しようと大いに苦労している。たとえば、彼は次のようなヴェニス大使の報告を引用している。

「王国の諸身分とよばれるこれらの身分は三つの層からできていて、その三層とは聖職者、貴族、一般に**人民**とよばれる残りの人々である。」〔原文はイタリア語。〕

もしティエリ氏がわれわれの書いたものを読んでいれば、ブルジョワジーと人民との歴然たる敵対関係は、ブルジョワジーが第三身分の名目を掲げて貴族や聖職者と対決する姿勢を投げ捨てた後になってはじめて、当然ながら存在しはじめるのだとわかったはずだ。「**昨日生まれたばかりの敵対関係**」の「**歴史的起源**」に関していえば、この「起源」が第三身分の生誕とともに生まれたことの最良の証拠をこの書物は与えてくれる。「ローマの元老院と人民」〔Senatus populusque romanus〕を分析するとき、他の点では才気に富んでいるこの批評家は、彼の理解ではローマには元老院と人民の対立以外の対立はなかったと結論せざるをえないだろう。僕にとって興味深かったことは、彼が引用する史料を通して、「catalla, capitalia」という言葉すなわち資本が、自治共同体（コミューン）の形成とともに現れたことが見て取れることだ。さらに、彼は自分の意図に反して証明していることだが、フランス・ブルジョワジーが一七八九年になってようやく農民階級と手を結ぶ決断をしたことは、ブルジョワジーの勝利への道をふさいだ最も大きい要因だった。彼があまり系統立っていないが上手に描いていることは、こうである――フランス・ブルジョワジーは最初から、少なくとも都市の勃興以来、ブルジョワたちが高等法院の判事となり、官僚組織を作る、等々の事実に、その影響力の大部分を負っているのであって、イギリスの場合のように、たんに商業と工業によるのではないと。この特徴はたしかに今でも現代のフランスの特徴である。彼の叙述を利用すれば、一方で階級がどう形成されるのか、他方で異なる時代に階級の重心が置かれる種々の団体がどう消滅するのか、またこれらの団体のおかげで一定の影響力を得ていた種々の分派がどう消滅したのか、をかなりよく明らかにすることができるだろう。僕の見解では、階級的支配に至るまでのブルジョワジーの転身過程を、これまで誰もこんなふうに描いたことはない。少なくとも内容に関してそういえると思う。残念なことだが、同職組合の親方層、同職組合代表制、等々に関して、要するに産業ブルジョワジーがそのなかで発展していく諸団体に関しては、彼〔ティエリ〕は、誰もが知っている一般的な考察だけで満足している。とはいえ、この論点に関しても、彼だけがその主題に精通しているのだが。

（MEW, XXVIII, S. 381–383.）

テクスト24　「一八五六年十二月二日付マルクスのエンゲルスへの手紙」

ところで僕が最近ポーランド史を研究するうちに断固としてポーランドに味方するようになったのだが、そうなった理由は、一七八九年以来のあらゆる**革命**の強度と活力がそれらの革命のポーランドに対する態度によってかなり確実に測定できるのだと確認したからだ。ポーランドは、革命にとって「外気温を計る」温度計である。このことはフランス史を通じて詳細に証明できるだろう。同じことはドイツにおけるわれわれの短かった革命期にも見られたし、ハンガリー革命のなかでも同じ程度に注目された。ナポレオン一世を含むすべての革命政府のなかで、フランスの公安委員会だけが例外であって、例外だというのは、弱さからではなくて、「警戒心」から公安委員会がポーランド介入を拒否したからである。委員会は、一七九四年に、ポーランドの反逆者の代理人を呼び寄せて、この「市民」に対して次の質問を発した。

「民衆的独裁者であるあなたがたのコシチューシコ(1)は、王がロシアによって玉座につけられたことを承知しながら、その王に寛容な態度をとっているのはどうしてなのか。あなたがたの独裁者は、一本の「手」も失うまいとする貴族たちへの恐怖から、農民の大衆的蜂起を促さないのはどうしてなのか。彼の宣言の革命的色彩は、彼がクラカウから離れるにつれて色あせていくのはどうしてなのか。彼はワルシャワの人民蜂起を**ただちに**絞首刑をもって罰していながら、「祖国の裏切り者」貴族階級はまったく自由に歩きまわり、あるいは望むかぎり裁判延期を享受しているのはどうしてなのか。応えてもらおうか」。

この質問に対して、このポーランド「市民」はただ沈黙するだけであった。

(1)　コシチューシコ (Tadeusz Andrzej Kosciuszko, 1746–1817) は十八世紀末のポーランド民族解放運動の主要指導者である。彼はイギリスに対するアメリカ合衆国の独立戦争（一七七六―一七八三）に参加し、一七八三年に将軍となり、一七九四年のポーランド蜂起を指導した。

（MEW, XXIV, S. 88–89.）

テクスト25 『剰余価値に関する諸理論』

解題

このテクスト〔草稿、旧訳では『剰余価値学説史』〕は一八六二年一月から一八六三年七月までに書かれたもので、『資本論』の第四巻となる予定であった。『剰余価値に関する諸理論』〔このタイトルはカウツキーがつけたもの〕は、カウツキーによって一九〇五年から一九一〇年のあいだに出版され、つぎに一九五四年から一九六一年にかけてソ連共産党マルクス‐レーニン研究所によって出版された。

このなかでマルクスはフィジオクラート〔重農主義者〕との関連でフランス革命に触れている。

したがって、近代のエコノミストたちは、ウージェヌ・デール氏(1)――彼はフィジオクラートの著書を出版すると同時に賞金を獲得した自分のフィジオクラート称賛論文をも出版している――もその一人だが、農業労働だけが生産性をもつこと、地代が唯一の剰余価値であること、生産体系のなかで土地所有者が優越した地位を占めること、といったフィジオクラートに特有の理論が、偶然を別とすれば、彼らの自由競争宣言とも、大工業や資本制生産の原理とももまったく無関係であるとみなすとき、フィジオクラートの理論体系をほとんど理解していないことがわかる。同時に、この体系の封建的な相貌や説明法の貴族主義的調子のゆえに、多数の封建領主たちが、封建制度の廃墟の上に基本的にはブルジョワ的な生産体系が建設されると教える体系の熱狂的な奉仕者と普及者になったことも、理解できるのである。

(MEW, XXVI, S. 23.)

エコノミスト〔フィジオクラート〕**の体系全体の諸矛盾**。なかでもケネーは絶対王政の信奉者であった。「権威は唯一無比であるべきである。〔……〕ひとつの政府のなかで諸勢力を対抗させるという体系は、大物たちのあいだの不和と小物たちの病弊を気づかせるだけの不吉な見解である。」(『一般的格率』、八一ページ(2)。)

メルシエ・ド・ラリヴィエールは言う。

「人間は社会のなかで生きる宿命にあるという事実だけで、人間は専制主義のもとで生きる宿命にある。」(第一巻、二八一ページ(3)。)

そして今度は「人民の友」ミラボー侯爵でさえ同じなのだ！　このミラボーは父ミラボーのことだ。しかもほかならぬこの学派こそ、そのレッセ・フェール、レッセ・アレ〔どちらも自由放任〕によってコルベール主義をひっくり返し、一般的にはブルジョワ社会の活動への政府の干渉を排除するのである。この学派は、エピクロスが神々を世界の隙間に住まわせたように、国家を社会の隙間に住まわせるのだ！　土地所有の賞賛は、実際には地代だけに課税することに変わる。これは、リカード信奉者のなかの急進分子の場合と同様に、国家による土地所有の実質的な没収にひとしい。フランス革命は、レドレルその他の抗議をしりぞけて、このフィジオクラートの財政理論を採用した。

テュルゴー自身は急進派ブルジョワの大臣であって、フランス革命へと通じるプロセスの先鞭をつける。フィジオクラートは表向き封建的外見を装っていたが、実際には百科全書派と提携して活動していたのだ！

(MEW, XXVI, S. 36–37.)

他方、スミスがフィジオクラートについて「彼らの仕事は彼らの祖国にいくぶんか役立ったのは確かである」[4]（仏訳、五三八ページ）と言っているが、これはテュルゴーの功績、たとえばフランス革命の直接の先祖という功績を、不当なまでに低く評価するものである。

(MEW, XXVI, S. 319.)

（1）『フィジオクラート　ケネー、デュポン・ド・ヌムール、メルシエ・ド・ラリヴィエール、ボードー、トローヌ』ウージェーヌ・デールによるフィジオクラートの理論への案内、注釈、歴史的注記を付す』、パリ、一八四六年。

（2）ケネー『農業王国の経済統治の一般的行動方針』。前出『フィジオクラート』に所収。前注参照。

（3）ポール＝ピエール・メルシエ・ド・ラリヴィエール『政治的社会の自然的・本質的秩序』、ロンドン、パリ、一七六七年。

（4）アダム・スミス『諸国民の富の本性と原因に関する研究』、ジェルマン・ガルニエによる新訳——注と考察を付す——全五巻、パリ、一八〇二年（マルクスが引用した巻は第三巻）。

テクスト26　「一八六五年一月三十日付マルクスのエンゲルスへの手紙」

進歩党員[1]がどんな連中であるかは、団結問題をめぐる彼らの態度があらためて明らかにしている。[2]（ついでに言っておくと、団結を禁止するプロイセンの法律は、同種のすべての大陸法と同様に、一七九一年六月十四日の立憲議会布告の精神を引き継いでいる。この布告によってフランスのブルジョワジーは、この種のものが何であれ、どんな種類の労働者の団結であろうと、団結が**同業組合を復活させる**とか、**憲法**

上の自由や「**人間の権利**」と矛盾するとかの口実をもうけて、きわめて厳しい罰則――たとえば、一年間の公民権剝奪――を科したのだ。一七八九年の議会の精神から見て「合憲的」であることがギロチンに値する犯罪であった時期に、議会が通過させた**反**労働者立法のすべてが維持されていたということは、ロベスピエールの顕著な特徴である。)

(1) 進歩党は、ビスマルクの政策に反対していたブルジョワ・リベラルの政党である。

(2) プロイセンで禁止された団結権のための闘争は一八六五年の初めに活発になっていた。とくにヴィルヘルム・リープクネヒトに影響されたベルリンの印刷工たちがそうであった。当時、進歩党は予想されるいくつかの刑罰の撤廃を要求する姿勢を取り下げざるをえないと感じていた。政府は一時的にだが、ブルジョワ派の野党に対抗して労働者カードを使うために、法律から予想される刑罰を廃止する意向をほのめかしていた。

(MEW, XXXI, S. 48.)

テクスト27 『資本論』(第一巻)

解　題

マルクスは『資本論』第一巻だけを生前に完成し出版した(一八六七年)。『資本論』の第二、第三、第四の諸巻は彼の死後に出版された(エンゲルスとカウツキーがマルクスの草稿をもとにして独自に編集したもの)。

遊牧民たちがいちはやく貨幣形態を発展させる。なぜなら彼らの財産はすべて**移動可能な**、したがって直接に譲渡可能な形態をおびているからであり、また彼らの生活様式は彼らをたえず外部の共同体と接触させて、生産物交換へと促すからである。人間たちはしばしば奴隷の姿をした人間たちを原初的な貨幣素材にしてきたが、**土地**を貨幣素材にしたことはけっしてない。土地を貨幣素材にするといった考えは、すでに成熟したブルジョワの市民社会でしか登場することができなかった。この考え方は十七世紀の最後の数十年に発生し、一世紀遅れてようやく、フランス人の市民革命において国民的規模で仕上がりをみせる。

(MEW, XXIII, S. 103–104.)

フランス革命の嵐がはじまるとすぐに、フランスのブルジョワジーは、たった今手にしたばかりの結社の自由の権利を労働者から取り上げることに踏みきった。一七九一年六月十四日の布告によってブルジョワジーたちは、労働者の**結社**はいかなるものであっても、「**自由と人権に対する暗殺行為**」であると宣言し、違反すれば五〇〇リーブルの罰金と一年間の公民権剝奪が科されるものとしている。(a) 資本と労働とが競り合う闘争を、国家警察権によって、資本に都合の良い枠内に封じ込めようとするこうした法律は、いくつかの革命や王朝の交代を越えて存続した。恐怖政治さえも、この法律には手を触れなかった。ようやくごく最近になって、フランス刑法典から削除されるにいたったのである。このブルジョワ的クーデターの口実以上に典型的なものはない。つまり「賃金が現在より上昇し、それによって賃金を受けとる者が、生活必需品の欠如による**絶対的依存状態**、**ほとんど奴隷状態**であるこうした状況から脱することができるならば、それはとても望ましいことである」と報告者ル・シャプリエ［カミーユ・デムーランは彼を「みじめな屁理屈屋」と評している(b)］は見ているが、しかし同時に、彼によれば労働者は「ほとんど奴隷状態である絶対的依存状態」を和らげるために、自分たちの利害について話し合い、共同の行動をすることは許されないのである。なぜならば、そうしたことをすればまさに「かつての**親方たち**の、つまり今の企業家たちの**自由を**」侵害することになるからであり（企業家たちの自由とは、労働者を奴隷状態にしておく自由のことである！）、また、**かつての職能団体の親方たちの専制に対抗する結社は**——さあ、どんな議う」というのだ。

論が出てくるか当ててみるがいい――「フランス憲法によって廃止された職能団体の再創造になってしま(c)

(a) この法律の第一条はこうなっている。「同一身分と同一職業のあらゆる種類の職能組合の廃止はフランス憲法の要石のひとつであるから、どんな口実であれ、またどんな形式であれそれらを実際に再建することは禁止される。」第四条はこうである。「もし同じ職業、同じ技能をもつ市民が談合し、取り決めを作って、彼らの職業や仕事の援助を共謀して拒否したり、あるいは一定の価格でのみ認めるような場合には、件の談合や取り決めは……憲法違反であり、自由と人権を侵害するものである。」すなわち古い定款でいう背信行為である（『パリの諸革命』パリ、一七九一年、第三巻、五二三ページ）。

(b) 『フランスの諸革命』（一七九一年五月九日、LXXVII号）

(c) ビュシェとルーの共著『フランス革命の議会史』第十巻、一九三―一九五ページ、その他（一八三四年刊）。

（MEW, XXIII, S. 769–770. 今村仁司・三島憲一・鈴木直訳、『マルクス・コレクション』IV・V、筑摩書房、二〇〇五年、所収。）

テクスト28 「一八六九年四月十日付マルクスのジョン・マルカム・ラドローへの手紙」

解題

ラドローは弁護士でジャーナリストであり、キリスト教社会主義者であった。以下のテクストのなかで、マルクスは国家による援助された協同組合というドイツの社会主義者ラサールの考えを攻撃している。

彼の活動指針――国家によって援助される協同組合――を、私は礼儀上彼の作りだしたものとよびますが、実を言えば、この考えは、ルイ＝フィリップ時代に協同組合を熱心に説いた元サン＝シモン主義者のビュシェ氏の著作の考えであって、それは『フランス革命の議会史』(1)のなかに書かれています。ビュシェ氏は、ロベスピエール賛歌と異端審問所賛歌を歌いあげた人で、当時のフランス・コミュニストの急進的見解と反対の立場から、たとえば雑誌『アトリエ』(2)を舞台にして自分の見解を発表しました。

（1）ビュシェとルーの共著『フランス革命の議会史または一七八九年から一八一五年までの国民議会の日録』全四〇巻、パリ、一八三四―一八三八年。

（2）『アトリエ　労働者だけが編集する労働者階級の特別機関誌』、一八四〇年から一八五〇年までパリで出版された月刊誌。キリスト教社会主義の性格が顕著である。

(MEW, XXXII, S. 600.)

テクスト29　「一八七〇年九月十四日付マルクスのセザール・ド・パプへの手紙」

解　題

フランスの共和政宣言の十日後に書かれた手紙。C・ド・パプ（一八四二―一八九〇）はベルギー労働運動の闘士、一八六四年創設の国際労働者協会の大変活動的なメンバーであった。この手紙のフランス語原本はマクシミリアン・リュベルによってはじめて『歴史のアトリエ』第二五号（一九五八年十月―十二月）に発表された――「カール・マルクスの未刊の三つの手紙」（マクシミリアン・リュベルの序文つき）。M・リュベルとL・ジャノヴェルは親切にもこの論文のコピーを送ってくれた。記して感謝する。

ブルンスヴィックにあるわが中央委員会は、(1)九月五日に、フランス共和国と平和のために、フランス領土併合に反対する「ドイツ労働者」へのよびかけを発表しました。［……］ドイツの労働者は、ブルジョワ的愛国主義の怒号にもめげずに立派に行動しました。

同じことがわれらのフランスの同志たちに言えないことを私は残念に思います。彼らの宣言はばかげたものです。(2)「ラインの向こう岸へ戻れ！」と彼らは言います。ドイツ人が故国に戻るためにはライン川を**再び渡る**必要はなく、ライン王領地とライン州（プロイセン側）へ戻るだけでいいことを彼らは忘れています。この狂信愛国主義がビスマルクの御用新聞によってどう利用されたかは御存じの通りです。この〔フランスの同志の〕宣言はばかげています、「インターナショナル」の精神にまったく悖るものです。

［……］近日中に起きる不可避のパリ陥落を前にして、こうしたことはすべて消え去るだろう、と私は期待しています。フランス人の不幸は、労働者たちの不幸でさえ、**偉大な思い出**〔をもっていること〕です。出来事がこうした過去の反動的崇拝を木っ端微塵にすることが決定的に必要です。［……］

（1）本文中の中央委員会とは「社会民主主義労働者党」の中央委員会のことである。ドイツ社会民主党はヴィルヘルム・リープクネヒトとアウグスト・ベーベルを中心に一八六九年にアイゼナハで創設された。これは、一八六三年にフェルディナンド・ラサールが創設した「全国ドイツ労働者協会」とは違う。二つの組織は一八七五年にゴータ会議で合同する。

（2）パリの連合委員会が発したよびかけ。「国際労働者協会のフランス支部の労働者協会の名のもとにドイツ人民とドイツ社会民主党によびかける」（一八七〇年九月五日）。

テクスト30　『フランスの内乱』

解　題

『フランスの内乱』は一八七一年四月と五月にマルクスによって書かれ、同年六月にロンドンで英語版が出版された（The Civil War in France）。ドイツ語版は、一八七一年六月二十八日から七月二十九日にかけてライプツィヒの『人民の国家』（Der Volksstaat）に発表された。このテクストは、国際労働者協会総評議会からヨーロッパとアメリカ合衆国の協会メンバーへの「よびかけ」である。マルクスは一八六四年の創立以来この協会のなかできわめて積極的な役割を果たした。彼は、新聞、手紙の交換、直接の接触によって、パリ・コミューンの出来事を注意深く、そして情熱的に追跡した。

このテクストは『ルイ・ボナパルトのブリュメール十八日』にすでに出ていた主題、すなわち絶対王政から第二帝政までのフランスにおける執行権力（軍隊）と国家権力（官僚制）の連続的強化という主題を再びとりあげる。この主題に加えて、これまた一八五一―一八五二年にすでに顔を出していたものだが、労働者は自分自身の革命を成就するためにはブルジョワ国家装置を破壊しなければならず、たんなる政治革命（一七八九年、一八三〇年、一八四八年）がやったように、この装置を占拠することに甘んじてはならないという主題が登場する。

フランス革命とパリ・コミューンのあいだのフランス国家の歴史に関して、マルクスは『フランスの内乱』のいくつかのページを何度も書き直した。われわれは以下に三つのヴァージョンを挙げておく。

軍隊、官僚、聖職者、裁判官といった遍在的で複雑な諸機関をそなえる中央集権国家装置は、市民社会の生きた身体を大蛇のように締めつけて（巻きついて）いたが、最初は絶対王政のもとで生誕期の近代社会が封建制度から解放されるために闘うなかで鍛えあげられた。中世における領主、都市、聖職者の封建的特権は統一された国家権力の属性に変えられた。統一国家は封建的な顕官たちを俸給を受ける国家官僚によって置き換えられた。国家は封建領主や都市の同職組合に奉仕する中世的奉公人から武器をとりあげ、それを常備軍の武器とし、対立しあう中世の諸勢力の雑多な（奇妙な）無政府状態に代えて、体系的で階層的な分業をともなう国家権力の秩序立った構造を据えた。国民統一を築く（ひとつの国民を創造する）ことを課題とした第一次フランス革命は、地方・地域・都市・州の自律性をことごとく破壊しなければならなかった。絶対王政が企てた事業を引き継ぎながら、革命は国家権力の中央集中と組織化を発展させ、その範囲と権限を大きくし、支配手段の数を増加させ、その自立性を大きくし、現実の社会に対する超自然的影響力を増すことを余儀なくされた。——この影響力は実際には、聖人をともなう中世の超自然的天界に取って代わるものであったが、社会集団の諸関係によって生みだされた小さくて孤立的な利害はすべて国家理性の名のもとに、社会そのものから切り離され、制限され、社会から独立させられ、そして社会と対立させられた。国家理性のほうは、正確に定められた階層上の機能をそなえた国家権力の司祭たちによって守られていた。

この寄生的な「瘤」は市民社会に接ぎ木されると、市民社会の理想的複製たらんとしたが、この「瘤」

が十分に発達するのは最初のボナパルトの治世下であった。復古王政と七月王政が加えたものといえば、せいぜいこの「瘤」の発達のためのより大きい分業ぐらいのものである。すなわち、市民社会のなかの分業が新しい利益集団を作りだすのに比例して大きくなった。一八四八年革命に対抗する闘争のなかで、フランスの議会共和政と大陸ヨーロッパ全域の諸政府は、民衆運動を弾圧するために、政府権力の行動手段と中央集権化を強化することを余儀なくされた。これまでのあらゆる革命は、人を窒息させる夢魔を追い払うのではなくて、国家装置を完成させるばかりであった。代わる代わる優位を競いあってきた支配階級内の分派と党派は、この巨大な統治装置を（掌握）（奪取）し指揮することを勝者の主要な戦利品とみなした。この装置の基本的機能は巨大な常備軍、国家に巣くう寄生虫の大群、巨額の国債を作りだすことであった。絶対王政の時代には、それは封建制度と闘う近代社会の闘争、フランス革命で絶頂に達する闘争の手段であった。最初のボナパルトの治世下では、それは革命を平定し、人民の自由をことごとく廃棄する手段であったが、外に向かってはフランスの利益のために大陸で封建王政に代わって、多少ともフランスに似た諸国家を鋳造するためのフランス革命の手段であった。復古王政と七月王政のもとでは、それは暴力によるブルジョワジーの階級支配の手段となったばかりでなく、直接の経済的搾取に第二の人民搾取を加えて、ブルジョワたちの家族に実入りのよい国家の閑職を保証してやる手段ともなった。最後に、一八四八年の革命闘争の時期に、それは革命と人民大衆の解放への希望を打ち砕く手段として役立った。寄生国家は第二帝政に至ってはじめて、その最終段階を迎えた。常備軍、全能の官僚制、人を愚鈍にする聖職者、隷属的な司法階層制をともなう統治権力は、社会自身から独立したグロテスクなまでに凡庸な一人の冒険家でも十分に動かせるぐらいの権力になってしまった。この権力はその存続を正当化する口実として、一七八九年の革命が基礎を据えた近代世界に対抗する旧ヨーロッパの軍事同盟をもちだす必要がなかった。それはもはや、議会の議院内閣に服従した階級支配の道具ではなかった。それは支配階級の利益さえ自己の権威のもとにひざまずかせ、議会の道化芝居を権力が選んだ立法団体と権力に雇われた上院に置き換えた。それはその絶対的権威の承認を普通選挙から得た。この統治権力は「秩序」の維持、すなわち生産者に対する土地所有者と資本家の支配の維持にとって不可欠だと宣言された。それは過去の仮装舞踏会用のぼろ衣裳の下に、現在の腐敗しきった乱痴気騒ぎと金融詐欺師という最も寄生的な分派の勝利を隠していた。それは過去の反動的影響力をすべて自由に**あばれる**ままにした。破廉恥の伏魔殿たる国家権力はその最後で最高の表現を第二帝政のなかに実現した。それは市民社会に対する統治権力の最終的勝利の外見を装っていたが、実際にはこの社会のあらゆる腐敗要素の乱痴気騒ぎであった。不注意な観察者の眼には、それが立法権力に対する執行権力の勝利にしかみえなかったし、社会の上にそびえ立つ権力たらんとする支配形態による自治的社会たらんとする階級支配の最終的敗北にしかみえなかった。しかし実際にはそれは、支配階級自身にとっても、それが鉄鎖で抑圧する労働者階級にとっても、恥ずべき階級支配の最後の堕落した形態であり、その支配の唯一の可能な形態にほかならなかった。

(MEW, XVII, S. 538–541.)

第二稿

常備軍、警察、官僚制、聖職者、司法官といった、いたるところに姿をみせる諸機関、系統的で階層化された分業計画に従って作られた諸機関をともなう中央集権的国家権力は絶対王政時代に起源をもち、生まれつつあったブルジョワ社会にとって封建制と闘う強力な武器として役立った。十八世紀のフランス革命は、領主、地方、都市、州の諸特権の不合理を一掃し、このようにして社会の国家という最終的上部構造に対立する中世の最後の障害物を根底から取り除いてしまった。この国家という上部構造は第一帝政期に決定的形態をとったが、第一帝政は近代フランスに仕掛けられた半封建的ヨーロッパ連合の戦争が生みだしたものである。その後に続いた議会体制のもとで、権威、利益、えこひいきといった抗いがたい魅惑をともなう統治権力の掌握は、一方では支配階級内の競合する諸分派間の不和の種になった。他方では、権力の政治的性格は、社会の経済的変化が起きると同時的に変化する。産業の進歩が資本と労働の階級敵対を発展させ、拡大し、強化するにつれて、統治権力は、労働に対する資本の全国支配、社会的隷属を保証するために組織された政治力、たんなる階級的専制主義の装置という性格をますます色濃くしていった。階級闘争の歩み（発展）（流れ）のなかで新しい前進局面を示す人民革命が起きるたびに、その直後に国家権力の抑圧的性格がますます苛酷になり、ますます偽装をかなぐり捨てるようになった。七月革命は、国家装置を土地所有者から資本家に移し、労働者の遠い敵から直接の敵へと移した。したがって、国家権力は労働者階級に対する敵意と抑圧の態度を以前よりずっと明白に示す。二月革命は「社会共和政」の旗を掲げたが、みずからの登場をもって国家権力の真実の意味を明るみに出すことができることを証明した。二月革命は、国家権力が公共の安寧の武装力であるとか、社会の普遍的利益の体現者であるとか、対立しあう私的利益を抑制してそれぞれにふさわしい位置を割り当てるといった主張の仮面を剝いだ。革命によって国家権力が階級的専制支配の道具という秘密が暴露された。共和政は古い階級支配組織のたんなる政治的修正などではなくて、階級支配そのものを破壊する革命的手段であることを、二月革命は実証した。「社会共和政」の脅威に直面した支配階級は、議会共和政の匿名体制が競合する諸分派の参加する株式会社に転化しうると本能的に感じ取った。これと違って、過去の君主政はその名前自身が示すように、一分派の勝利と他の分派の敗北、ひとつの階級分派の利益の他の分派の利益に対する勝利、資本に対する土地所有の勝利、あるいは土地所有に対する資本の勝利を意味していた。これまでの支配階級は、労働者階級に直面して、この階級が大衆から労働を搾取する特殊な形態がどうあれ、ただひとつの**経済的**利益しかもたない。すなわち、支配階級は労働の隷属を維持し、直接には土地所有階級または資本家階級として、間接には土地所有者と資本家という国家寄生虫として、隷属労働の成果を刈り取ろうとし、生産者大衆を「下賤な群衆」におとしめ、上流の人間にとっての富と支配のためのたんなる源泉でしかないようにする事物の「秩序」を保証しようとしている。まさにそのゆえに、正統王朝派、オルレアン派、ブルジョワ共和派、そして手始めに収奪を開始しながら財産擁護者の役割を買って出ようとしているボナパルト派の冒険者たち、この連中は一致団結して「**秩序党**」のなかで融合する。これが「**社会共和政を！**」という熱狂的な叫び声をあげてプロレタリアートがおこなった革命の実践的な到達点なのだ。秩序党の議会共和政はたんに支配階級の恐怖政治ではない。国家権力は、支配階級の手中では**市民戦争の公然たる手段**となり、資本家、土地所有者、国家寄生虫たちの手中では生産者の革命的希望を打ち砕く手段となった。

君主体制のもとで、当時の政府の抑圧装置と公然の原則が、支配階級のなかで権力についていない諸派によって人民の面前で告発された。支配階級の内部にいる反対分子は、人民自身の利益によびかけ、人民の護民官たる態度をとり、民衆の自由を守ることによって彼らの分派間党争のほうに人民の関心をひきつけた。しかし、共和政の匿名統治のもとで、過去の古い体制の抑圧手段を寄せ集め（過去のすべての体制の武器庫から抑圧の武器をとりだし）、それらを無慈悲に操りながら、支配階級の種々の分派は変節の放蕩三昧にふけっている。破廉恥な厚かましさで、彼らは以前の信仰箇条を裏切り、彼らのいわゆる原則を踏みにじり、この原則の名のもとに彼らが引き起こした革命を呪い、しかも共和政の名まで呪う始末である。もっとも、人民に対抗して彼らを共同の十字軍に結集させる能力があるのは、共和政の匿名統治しかないのだが。

階級支配のとりわけ残忍なこの形態は、同時にまた最もいとわしく、最も吐き気をもよおす形態でもある。この形態は、国家権力をもっぱら市民戦争の道具として使うのだから、市民戦争を永続させる以外に権力を保存することができない、上のほうには議会の無政府状態があり、それは「秩序」党の各分派が自分のお気に入りの体制を復活させるためにたえずおこなう陰謀である。この狭い圏内の外部には社会全体に対する公然たる戦争があるのだから、秩序党の支配は無秩序の最も耐えがたい支配となる。人民大衆に対する党争のなかで、人民のすべての抵抗手段を破壊し、人民を無防備のまま執行権力のサーベルにさらした後で、秩序党自身とその議会体制は執行権力のサーベルによって舞台から追い出される。秩序党の議会共和政は空位期にすぎない。それの自然な申し子は、第一帝政だろうと第二帝政だろうと、皇帝体制である。国家権力は帝政形式をとると、王笏の代わりにサーベルを握って、農民階級から支持を得たと称する。この広大な生産階級は労働と資本の階級闘争から遠ざかっているようにみえるからである。帝政権力は、議会主義を清算することによって支配階級への国家権力の直接的従属を終わらせるなら、それが労働階級を救うことになると称したり、労働者を侮辱せずに屈服させることが支配階級を救うことになると称したりする。この帝政権力は「秩序の救済者」とまではいわないが、少なくとも国民の栄光を保証するといわれている。この権力は、支配階級と国家の寄生虫の政治的虚栄心にとってどれほどいらだたしいとしても、それはブルジョワ的「秩序」にまことにふさわしい体制であり、ブルジョワの産業の乱痴気騒ぎ、投機の下劣さ、ブルジョワ的生活の放埒なけばけばしさを自由に暴れさせる。市民社会の上方にそびえるかにみえる国家は、同時にそれ自身がこの社会のあらゆる腐敗の温床である。国家の完全な腐敗と、国家が救わなくてはならなかった社会の腐敗は、プロイセンの銃剣によって暴露されたのだが、この帝政は「秩序」すなわちブルジョワ社会の秩序の不可避の政治形態であるから、プロイセンがおのれの帝政の本拠を破壊したのは、ただその帝政をベルリンに移すためでしかなかったようにみえる。

帝政はたんに正統な君主政、立憲君主制、議会共和政といった先行者と同様に、ブルジョワ社会の政治形態のひとつであるだけではない。それは同時に、ブルジョワ社会の最も汚れた、最も完成した、最後の形態である。それは近代の階級支配の国家権力である、少なくともヨーロッパ大陸ではそうである。

(MEW, XVII, S. 607–610.)

決定稿

常備軍や警察、官僚制、聖職制度、裁判所といった諸機関——系統だった階層的分業をもくろんでつくりあげられた諸機関——をあまねく配置した中央集権化された国家権力は、絶対君主制の時代に端を発するものであるが、生まれつつある中間階級の社会にとって封建制と戦うにさいしての強力な武器として役立った。とはいえ、この国家権力の発展はあらゆる種類の中世の廃物、領主権や地方的特権、自治都市やギルドの独占物、各地域の法慣習によって阻まれていたままであった。十八世紀のフランス革命という巨大な箒は、これら過去の遺物を一掃し、したがって同時に近代的な国家組織という上部構造の成立を阻む最後の障害物を社会の土壌からとり除いたのである。この近代的な国家組織は第一帝政のもとで築かれたものであるが、それ自体は近代フランスに対する古い半封建的なヨーロッパの同盟戦争の所産であった。

諸体制 régimes がその後に続く間に、議会による統制のもとに――すなわち、有産階級による直接の統制のもとに――置かれた政府は、巨額の国債と人々を押しつぶす重税の温床になっただけではない。官職や金銭、庇護といった抗いがたい誘惑とともに、支配階級の敵対する諸分派や冒険家たちの間の抗争の種になっただけではない。政府の政治的性格は、社会の経済的変化と同時に変化したのである。近代的産業の進歩が資本家階級と労働者階級の階級対立を発展させ、広げ、勧めたのと同じ歩調で、国家権力は、労働者階級を支配する資本家階級の全国的権力としての性格、社会的奴隷状態を促進するための組織された公権力としての性格、階級的専制支配のための機関としての性格をますます帯びるようになった。階級闘争において一歩進んだ段階を画する革命が起こるたびに、国家権力の純然たる抑圧的性格は、ますます露骨に突出してくる。一八三〇年の革命は、政府を地主から資本家の手へと移すことにあったが、そのことは政府を労働者にとってより遠い敵の手からより直接的な敵の手へと移すことを意味していた。二月革命の名において国家権力を掌握したブルジョワ共和主義者たちは、その国家権力を六月の虐殺のために行使したのだが、それは労働者階級に対して、「社会的」共和政とは彼らの社会的隷属を保証する共和政を意味するということを納得させるためであり、またブルジョワ階級と地主階級における大多数の王党派に対して、統治の心配事と利得をブルジョワ「共和派」に安んじて任せてよいということを納得させるためだった。しかしながら、六月に一度の英雄的功績を果たした後には、ブルジョワ共和主義者たちは前列から去って「秩序党」――今や公然と生産階級への敵対を表明している横領階級の、互いに競合する党派や分派すべてからなる徒党――の後尾へと退かねばならなかった。彼らの株式政府にふさわしい形態は、ルイ・ボナパルトを社長に戴く「議会的共和政」だった。彼らの体制 régime は、公然たる階級的テロリズムと「下賤な大衆」に対する意図的な侮辱によって成り立っていた。チエール氏が言ったように議会共和政が

「彼ら［支配階級のさまざまな分派］をもっとも分裂させない」ものであったにせよ、それはその階級と、彼らの貧弱な集団の外にある全社会との間に深淵を開くものだった。以前の諸々の体制 régime のもとでは彼ら自身が分裂していたことにより国家権力はまだ抑制されていたのだったが、彼らが連合したことによりその抑制がとり除かれてしまった。そしてプロレタリアートの興隆という脅威を眼の当たりにして、彼らは今や国家権力を、労働者階級に対する資本家階級の全国的な戦争手段として、容赦なくこれ見よがしに行使したのである。しかしながら、生産者大衆に対する間断なき聖戦のなかで、彼らは行政府に絶え間なく増大する抑圧権力を授けねばならなかっただけでなく、同時に彼ら自身の議会という名の要塞——国民議会——から、行政府に対する自らのあらゆる防衛手段を次々と奪わざるをえなかったのである。ルイ・ボナパルトという行政府は、彼らを追い払った。「秩序党」共和政の当然の所産が、第二帝政だったのである。

クーデター coup d'État を出生証明書とし、普通選挙権を認可証とし、剣を笏とする帝政は、農民、すなわち資本家階級と労働者階級の闘争に直接巻きこまれていない膨大な生産者大衆に立脚している、と称した。それは、議会政治を打倒し、それとともに有産諸階級に対する政府の卑屈さを打倒することによって労働者階級を救う、と称した。そして最後にそれは、国民的栄光の妄想を万人のために復活させることによってあらゆる階級を団結させると、称した。実のところそれは、ブルジョワジーが国民を統治する能力をすでに失っており、労働者階級がまだそれを獲得していない時期に唯一可能な統治形態だった。それは、社会の救世主として世界中で歓呼の声で迎えられた。その統治下では、ブルジョワ社会は政治的な心配事から解放されて、自身ですら予期しなかったほどの発展を遂げた。その産業や商業は、途方もない規模に膨張した。金融詐欺は、世界規模の底抜け騒ぎを謳歌した。豪華でけばけばしい、下劣な贅沢の恥知らずな誇示によって、大衆の窮乏が際立った。国家権力は一見すると社会の上空に舞い上がっているように見えたが、同時にそれ自体がその社会の最大の恥辱であり、その社会のあらゆる腐敗の温床そのものであった。国家権力自体の腐敗、ならびに国家権力によって救われてきた社会の腐敗は、プロイセンの武力によって暴露されたのだが、このプロイセン自身がその体制 régime の至上権をパリからベルリンへ移すことに熱中しているのである。帝政は、初期の中産階級社会が自らを封建制から解放する手段としてつくりはじめた国家権力、そして成熟したブルジョワ社会が結局は資本家階級による労働者階級の奴隷化のための手段に変えてしまった国家権力のもっとも堕落した形態であると同時に、その最後の形態なのである。

(MEW, XVII, S. 336–338. 決定稿のみ辰巳伸知訳、『マルクス・コレクション』VI、筑摩書房、二〇〇五年、所収。)

テクスト31 「一八八一年二月二十二日付マルクスのフェルディナンド・ドミラ・ニーウェンホイスへの手紙」

解題

ネーデルランド社会主義の指導者ニーウェンホイスはマルクスに手紙を書いて、社会主義の勝利を保証するためには、政治と経済の面で社会主義政府はどんな立法措置をとるべきかと質問した。ネーデルランドの社会主義者たちは、チューリヒで開かれる予定の国際社会主義者会議の議事日程にこの質問を登録することを要求するつもりであった。マルクスは返信のなかでこのような問いを発することはまちがいであると指摘する。なぜなら、すべては個々の歴史的事情に左右されるのであって、社会党政府にとって肝心なことは、有効に行動する時間をかせぐために十分な程度にブルジョワジーを恐れさせることであるからだ。マルクスによれば、パリ・コミューンの例は役立たない。なぜなら、パリ・コミューンはただひとつの都市にかかわるだけであり、しかも社会主義者は多数派ではなかったからである。つぎにマルクスは未来のプロレタリア革命とフランス革命の平行関係を素描している。

フランス・ブルジョワジーの一般的要求は、今日、資本制生産様式に服するすべての国でプロレタリアートの最初の直接要求がかなり画一的に提出されるのとほぼ同じ正確さで——若干の変更を加えるとして——一七八九年以前には提出されていました。しかし、フランス・ブルジョワジーの諸要求が首尾よく達成されるやり方など、十八世紀のフランス人の誰があらかじめ、アプリオリに、思いついたでしょうか。未来の革命の行動綱領を理論の上だけで先取りしたり、きっと幻想になりかねない仕方で先取りすることは、目前の闘争から目をそらすだけです。さし迫った世界の没落という夢想は原始キリスト教徒を燃え立たせ、彼らの勝利の確信を与えました。支配的な社会秩序の不可避の崩壊——眼前に次々と起きている崩壊——に関する科学的理解、昔の政府幻影によってますます感情が刺激される大衆の存在、および生産手段の巨大な発展、こうしたことすべては、真実のプロレタリア革命が勃発するときに、革命のただちになすべき行動様式（modus operandi）の条件（行動様式はなるほど牧歌的ではないのですが）もまた与えられることを保証するのに十分なのです。

(MEW, XXXV, S. 160–161.)

訳者あとがき

マルクスの仕事、とくに政治にかかわる著作を初期から後期まで通読するとき、マルクスの革命のイメージは一貫してフランス革命からとられていることがわかる。彼はフランス革命史を参照軸にして、さかのぼってはイギリス革命（クロムウェルの革命）を、くだっては十九世紀の諸革命（三〇年革命、四八年革命、七一年パリ・コミューン）を歴史的に位置づけ、意味づける。マルクスの政治理論的評価基準はひとえにフランス革命に据えられていた。このことは、専門家ではなくても、少し丹念にマルクスを読む人にはすぐに気づかれる事実である。

ところが、それほど重要なフランス革命を主題とした系統的著作がマルクスには欠けている。マルクスはフランス革命論を書くつもりでいろいろと資料を集め読んでいたのだが、ついに書くことができなかった。理由は多々あろう（個人的、社会的、政治的、等々の理由）が、なかでも大いにありうる理由は、マルクス自身がフランス革命に対して確定した判断をもてなかったことであろう。フランスの歴史学者たちの多数の著作をむさぼり読み、莫大な歴史的知識をうめこんだのだが、それでも彼がついに一冊のフランス革命論を完成することができなかったのは、おそらく決定的結論を出すまでに至らなかったからであろう。

マルクスがフランス革命に対して不確実な（曖昧な）態度をときに見せるのもそうした理由があったからにちがいない。こうしたときに矛盾する判断が生まれるのは、彼の研究不足や知識不足から来るのではまったくない。それどころか事情は逆であって、あまりに多くの事実の知識があり、それらを統一的図式（理論的枠組み）に収めることができなかったからであろう。

マルクスの念頭にあった歴史理論的枠組みはよく知られている。エンゲルスと共同で書いた『ドイツ・イデオロギー』の要点は次のようである。

一、政治過程は経済過程によって究極的には決定されている。経済（生産様式）が国家と政治を生みだすのであって、その逆ではない。

二、近代の歴史は、ブルジョワジーを主人公とする歴史である。絶対王政もフランス革命も、ブルジョワジーの動きに依存する。

この経済土台論から歴史を見る態度は、マルクスの生涯を通じて不変であった。しかし、経済決定論的因果関係に収まりきれない事実や事件があまりに多い。マルクスは図式からもれる事実を知れば知るほど、かえって強引に図式を押しつけることも敢えてした。歴史に通暁していたマルクスだからこそ、一方では豊かな歴史的世界への敬意を払いながら、他方では当時としては新鮮であった歴史における経済の「発見」の意義を強調するあまり単調な経済決定論へ傾くことにもなった（これは逆説ともいえるが、それはマルクスほどの人でこそ逆説になるのであって、彼ほどの人でなければ逆説にならない。マルクスにあっては、両極の傾向が極端にまで思索されるからである）。

結局、マルクスのフランス革命論は、種々の政治的諸著作、時局論文などにばらまかれているから、彼のフランス革命のイメージを把握するためには、それらの著作からフランス革命に関する断片的文章を寄せ集めるほかはない。フュレの著作がわれわれにとって貴重なのは、彼のマルクス批評も重要であるが、それにもまして多数の資料を集めた後半部をもっているからである。フュレのマルクス論に賛成するにせよ反対するにせよ、それとは別に、後半部（これは本書の半分以上を占めている）を読むことによって、マルクスの書かれざるフランス革命の概要（リジッドな図式、経済決定論的理論と並んでマルクスの内心のたゆたいと躊躇も含めて）を知ることができるだろう。論争があるなら、それからだ。

本書の狙いは、前半部のフュレの論文Ⅰで明快に述べられている。

「マルクスの思想をその後継者たちから解放し、その思想が本来もっていた動きやその思想が提起した諸問題を回復すること」である。

フュレはフランスの歴史学界ではアナール（年報）学派に属する学者であって、彼の専門は絶対王政史とフランス革命史である。この事実は重要である。十九世紀後半から二十世紀の後半までフランス革命史学は、マルクスその人の思想よりも、古くはドイツ社会民主党系のマルクス主義から影響を受けて、二〇世紀に入ると圧倒的にロシア革命とレーニン（＝スターリン）主義の影響下にあった。ソルボンヌ革命史講座は、ロシア・マルクス主義によって制圧された歴史学講座であった。その代表者は、二十世紀ではアルベール・ソブールである。フュレもある時期まではフランス共産党員であったから、ロシア・マルクス主義の信奉者であったが、ハンガリー事件の後で離党し、ロシア・マルクス主義に対して批判的になる。彼はソブールが樹立したロシア・マルクス主義的フランス革命の解釈図式から完全に決別する。フュレ自身の内面の自己批判の歴史が本書のなかに反映していると見てよい。

フュレはロシア・マルクス主義と手を切るが、だからといってマルクスとロシア・マルクス主義とを混同しない。むしろマルクスが歴史と格闘した経験を高く評価し、前の引用文のなかで彼自身が述べているように、マルクスをエピゴーネンから救出しようとする。本論が示すように、彼はマルクスのフランス革命に関する試行錯誤の研究努力を高く評価しながら、同時に硬直的な経済決定論に流れる思考傾向を厳しく批判する。フュレは歴史理論家としてマルクスと対決しているのではなく、フランス史の専門的歴史学者としてマルクスの図式に収まらない事実を念頭に置きながらマルクスを批判するのである。本書におけるマルクスを論じる記述は淡々としているが、フュレとマルクスとの静かな論議過程である。

フュレのマルクス批判の要点を列挙しておこう。

1　青年期のマルクスに対して

若きマルクスは政治を論じるとき、哲学的に語るのだが、その語りの特質はフュレによれば「修辞学的」である。マルクスが駆使するレトリックの典型は、対比描写である。たとえば、ブルジョワジーによる「政治革命」はまだ**部分的**革命にすぎないが、「社会革命」は哲学的プロレタリアートによる人間の全体的解放の意味で**全体的**革命である、といった対比である。

他方、若きマルクスは、プロレタリアートを「理念」として立てるのだから、プロレタリアートはけっして経験的な現実の存在ではなく、一種の統制理念であるはずである。ところがマルクスは、**理念的**プロレタリアートを**現実の**労働者貧民に重ねる。たとえば、蜂起したシレジア地方の織工は、マルクスのなかでいつのまにか人間の普遍的解放を実践するプロレタリアートに変身させられる。この二重化の思考は、青年期に限らず終生マルクスのなかで生き続ける。統制理念が経験的事実と等置されるという操作は、理論的というよりも修辞学的である。善し悪しは別にしていえば、このような思考は弁証法的でもなく科学的でもないが、世界をドラマティックに描く手法としては、少なくともマルクスのなかではつねに輝かしい成功を収めた。有名な例だが、歴史のドラマは悲劇で始まり笑劇で終わるというマルクスの有名な比喩もひとつの対比描写である。悲劇／笑劇の対比は、『ルイ・ボナパルトのブリュメール十八日』の冒頭の文句であるが、これだけでなく、マルクスの著作のいたるところにみられる。英雄と小物、本物と偽物、等々のヴァリエーションを含めると、マルクスの記述法の特質が取り出せるだろう。(なお、以上の文章はフュレの「修辞学的」という言葉に刺激された私が敷衍したものである。)

2　国家と市民社会をめぐって

ヘーゲルの意図にそって解釈すれば、ヘーゲルの国家は、現実の市民社会から派生したのではなくて、反対に市民社会を包摂し、乗り越える全体性である。むしろ市民社会は筋からいえば国家から派生したともいえる。国家またはポリス共同体のなかで人間は自由を実現し、人間の可能性を開花させ、人間の存在を完成させる。ヘーゲルの国家は近代のブルジョワ国家がモデルではなくて、古代ギリシアやローマの共同体(ポリス、レスプブリカ)がモデルになっている。その点で、国家を市民社会から導き出すイギリス流功利主義的国家とは根本的に異なる。

ところがマルクスは、ヘーゲルのなかにブルジョワ国家を外から読み込み、ヘーゲルの「転倒」を批判する。マルクスはイギリス人にならって国家を市民社会から導出しようとするのが正しいと確信するのだから、当然にもヘーゲルの議論と衝突する。マルクスは市民社会は歴史の「かまど」であり、国家はそこから派生した「想像の共同体」であると考える(『ドイツ・イデオロギー』の「フォイアーバッハ」の章)。マルクスのヘーゲル批判は、ヘーゲルの「唯物論的転倒」ではなく、実際にはヘーゲルをイギリス人風に読み、市民社会から国家を批判したにすぎない。このときヘーゲル国家論とロック的国家論との差異は消滅し、ただ市民社会か国家かという対比のみが残るにすぎない。その点でマルクスのヘーゲル批判は、哲学的衣裳をまとっているが、実際には「ブルジョワ的」・経済的発想から出ている。

フュレは言う。「マルクスの考えの出発点は、イギリスやフランスの自由主義思想と同じである。」もちろん自由主義者は現実を肯定し、マルクスは同じ現実を否定するが、そのような立場上の違いとは別個に、両者は現実を同じように捉えている。いやむしろ、マルクスが英仏の「ブルジョワ思想」に影響されている。この場合、フュレの見解にひとつの条件をつけなくてはならない。十九世紀の歴史的現実の評価に関してのみ、マルクスはイギリス人（ロック、スミス）やフランス人（ギゾー）から多くを学んだとはいえるが、他の点ではそうではない。中世や古典古代に関してはむしろドイツの歴史学者の影響が強く、歴史的展望に関してはいぜんとしてヘーゲリヤンであった。

マルクスが『経済学・哲学草稿』以来、フォイアーバッハの影響下に唯物論に転換すると同時に、英仏エコノミスト、とくにアダム・スミスとデイヴィッド・リカードの影響を受ける。それは決定的な影響であって、これがなければ彼の生涯の研究課題を「経済学批判」と名付けることもなかったであろう。経済社会の重要性に目覚めたのはおそらくヘーゲルの『法哲学』の第三篇（のなかの市民社会の項）を読んでからだろうが、やはり英仏の経済学者の書物との出会いは決定的である。マルクスの理論的思考は極限まで進む。歴史における経済の位置が重要であるというばかりでなく、経済は歴史の土台であり、他のいっさいの現象が「原因性」となり、それらを「産出する」という意味で他のすべての現象を「決定する」という理論を作りあげたのである。いわゆる唯物史観の誕生である。マルクスもエンゲルスも言葉でいうほど経済一元論ではなかった（のちにエンゲルスは自己批判して言ったように）、むしろ幅のある含みがあったようだが、しかし言説としては経済決定論に聞こえることを否定することはできない。経済は間接的に、したがって「最終審級で」（最終的に）他を決定する（規定する）のであるというのがエンゲルスの言い分だが、おそらく実際の気持ちはその通りであっただろうが、中間領域にある無数の連鎖をたどるうちに経済の決定する作用を本当に把握できるのかといえば、その保証はない。ともあれ、すでにマルクスのなかに経済決定論的ドグマ化の種がまかれていた。それはルカーチなどが言うような、エピゴーネンの創作とばかりは言えない、とフュレは言う。

3　政治過程について

以上のように、経済中心的な歴史の見方は、歴史理解に重大な結果を生む。もしマルクスとマルクス主義が言うように、社会現象と歴史的事実が経済（生産様式）から「派生する」のであれば、政治過程の独自性も自立的運動もありえないことになる。経済の主導権という発想は、近代ブルジョワジーの指導権（英・仏・オランダに見られたような）と資本主義経済の発展という事実の印象が強烈であったから出てきた考えであるが、しかしそれは——いちおうフュレとは無関係にここで挿入していえば——哲学的人間学からみても本末転倒の見方である。マルクスもよく承知していたはずだが、すでにヘーゲルが教えていたように、まずは政治（闘争）があり、しかるのちに勝者と敗者が生まれ、勝者は政治権力を握り、社会秩序を作るが、敗者は勝者のために「生産する人」（労働者）になる。この社会形成の順序は逆にできない。政治の枠があってはじめて、生産と労働のエコノミーが成り立つ。経済のほうがはじめから政治に依存している。資本主義の強烈な勢いと英仏エコノミストの理論に拘束されて、マルクスはヘーゲルの遺訓を忘れたかのようである。

だからマルクスは、フランス革命の政治的事件をことごとく経済過程に還元しようとするが、とうていそれはできない。原理的に経済還元は不可能である。たとえば、ロベスピエールの恐怖政治やナポレオンのクーデターなどは経済的利害だけで説明できるものではない。歴史分析に政治の独自性を取り戻すべきだとフュレは言う。

4　フュレによる総体的なマルクス批評

『ドイツ・イデオロギー』のこのくだり〔フランスのエルヴェシウスとドルバック、イギリスの自由主義経済学を扱うところ〕は、マルクスが冒頭で掲げた史的唯物論の原理の具体的な中身を描き出そうと努めている数少ない箇所のひとつである。だが、その結果は、すでに確認されているように、まったくといってよいほど説得力がない。フランスとイギリスの思想史を概観することに関して、マルクスが二十世紀における彼のエピゴーネンたちよりも優れているといえる点は、ほとんどない。このことは、彼の方法論がまちがっているということを証明するものであろう。……彼は、……経済的・社会的な下部構造による決定という考えをまったく恣意的に用いているのである。……マルクスはこれらのことを、証明するというよりもむしろ主張しているのである。……マルクス主義を歴史の理論として機械的に利用することは、マルクスとともに始まったのである。」（前半部のフュレの論文II、本書五七―五八ページ）

フュレのマルクス批判の骨子を紹介してきたが（少々訳者の主観的解釈も付加しながらだが）、少なくともフランス革命や歴史一般に限定して言うかぎりで、彼の批判はおおむね妥当だと思われる。あまりに経済に重点を置いた歴史分析は、十九世紀に生きたマルクスにとっては自明であったとしても、いまや成り立ちがたい。政治と文化の独自の自立運動を承認しないでは、とうてい歴史研究はありえないからである。経済は重要であり、社会生活にとって不可欠であるという事実と、経済が社会や人間の歴史過程の「中心」あるいは説明上の「原因性」の位置に座るという主張とは、まったく違う二つの事柄である。かつてスピノザが教えたように、精神が物質を生みだしたり、物質が精神を生みだしたりすることは原理的にありえないのと同様に、経済が他の諸現象を「生みだす」とかそれらの「起生原因」になるといったことは原理的にありえないからである。

フュレの批判はいわば歴史学の常識に戻った発言であり、健全な考え方である。ロシア・マルクス主義以来の逸脱とぶれを元に戻す役割をフュレはしてくれたといえる。
ところで、マルクスは今も重要な思想家であり理論家であるが、エピゴーネンが作りあげたイメージから解放して、再検討しなくてはならない時期が来たと思われる。そのために元マルクス主義者のフュレの、実証研究を踏まえたマルクス批判は、マルクス再検討にとって重要な踏み台または出発点になるだろう。そのような思いからわれわれは本書を翻訳した次第である。

翻訳の分担は次の通りである。
序文および前半部のフュレの本論（I〜III）……今村真介
後半部の資料集翻訳……今村仁司
なお、本文および後半部（テクスト2・4・5・14・22・27・30）のマルクスからの引用文集成を翻訳するにあたっては、筑摩書房から出ている『マルクス・コレクション』全七巻（今村仁司・三島憲一監修）の既訳を使用させていただき、それぞれの末尾にそのむね記した。コレクションの翻訳担当者にここでお礼を申し上げる。その他のテクストはすべてドイツ語原文から直接に翻訳した。そのとき仏訳の恩恵を蒙った。
最後に、編集部の平川俊彦氏と藤田信行氏は本書刊行の意義を認められ、出版を決定してくださった。二人の訳者はお二人に心から感謝したい。

二〇〇七年二月二八日
今村仁司

〔付記〕

本書後半部の翻訳と全体解説（訳者あとがき）を担当した今村仁司教授は、二〇〇七年五月五日に急逝しました。そのため、校正刷以後の作業は主として共訳者である今村真介がおこなうことになり、その過程で、故人の担当部分についてもいくつかの修正を加えるなどして訳文全体を調整しました。それでも思わぬ読み違いがあるかと惧れ、読者諸賢のご叱正とご教示をいただければ幸いです。

（今村真介）

《叢書・ウニベルシタス　882》
マルクスとフランス革命

2008年 2 月29日　　初版第 1 刷発行

フランソワ・フュレ
今村仁司／今村真介 訳
発行所　財団法人　法政大学出版局
〒102-0073 東京都千代田区九段北3-2-7
電話03(5214)5540／振替00160-6-95814
製版，印刷　三和印刷／鈴木製本所

Printed in Japan

ISBN 978-4-588-00882-5

著者

フランソワ・フュレ
(François Furet)
1927年パリ生まれの歴史学者．国立科学研究センター研究員などを経て1977–85年社会科学高等研究院院長をつとめる．1997年アカデミー・フランセーズ会員．フランス革命史研究の大家として知られる．多くの著書があり，邦訳に『フランス革命を考える』(岩波書店)，『幻想の過去——20世紀の全体像』(バジリコ)，共編『フランス革命事典』(みすずライブラリー・全7巻）などがある．

訳者

今村仁司（いまむら ひとし）
1942年生まれ．京都大学大学院博士課程修了．前東京経済大学教授．2007年5月死去．
著書：『労働のオントロギー』『暴力のオントロギー』(以上，勁草書房)，『近代性の構造』『アルチュセール』(以上，講談社)，『貨幣とは何だろうか』『マルクス入門』(以上，筑摩書房)，『近代の労働観』『清沢満之と哲学』『社会性の哲学』(以上，岩波書店)，ほかに著書・訳書多数．

今村真介（いまむら しんすけ）
1971年生まれ．一橋大学大学院博士課程修了．現在早稲田大学非常勤講師．著書：『王権の修辞学』(講談社)，『儀礼のオントロギ—』(共著，同)．